주양곤 편저

중국어 제일
(주)시사중국어사
book.chinasisa.com

지은이

주양곤 중국어 저술·강의 프리랜서

저서
* 《문형으로배우는 중국어첫걸음(상·하)》
* 《해설된 마스터중국어(상·하)》
* 《만화로배우는 중국어회화(1·2)》(스포츠조선 연재)
* 《회화로배우는 중국어첫걸음(일상편·실용편)》
* 《중국어표현다루기》(중국어관용구의 알파오메가)
* 《Easy&Express 중국어회화사전》
* 《한중한자어비교사전》(한중동형이의어 총망라)
* 《중국어프로젝트360구》
* 《유머 중국어 VOCA》 외 다수

유머중국어 VOCA

초판인쇄 2010년 8월 5일
초판발행 2010년 8월 10일

저자 주양곤
책임편집 조희준 张进凯 최미진
표지 디자인 윤미주
내지 디자인 디자인풍선
삽화 정병철
펴낸이 엄호열
펴낸곳 (주)시사중국어사
　　　　 book.chinasisa.com
등록일자 1988년 2월 13일
등록번호 제1 - 657호
주소 서울 종로구 원남동 4-1
전화 (02) 745 - 9594 **팩스** (02) 3671 - 0500
홈페이지 book.chinasisa.com
이메일 china@sisabook.com

* 이 교재의 내용을 사전 허가없이 전재하거나 복제할 경우 법적인 제재를 받게 됨을 알려 드립니다.
* 잘못된 책은 구입하신 서점이나 본사에서 교환해 드립니다.
* 정가는 표지에 표시되어 있습니다.

머리말

우리나라는 중국과의 지리적인 여건으로 인한 접근성이 탁월할 뿐만 아니라, 동일한 한자문화권에 속해 있는 관계로, 알파벳 문자를 쓰는 서구인들에 비해, 중국어에 대한 이해나 습득 속도가 상대적으로 견줄 수 없을 만큼, 훨씬 쉽고 빠르다고 할 수 있습니다. 더군다나 오랜 역사를 통해 우리는 중국과 때로는 긍정적으로, 때로는 부정적으로 서로에게 수많은 영향을 끼치면서 지내오는 동안, 우리말 속에서 한자어가 절대적인 비중을 차지하게 되었으니, 그러한 한자어의 동일성과 유사성이 중국어 학습에 있어서 긍정적인 천이(遷移)작용을 하는 것도 어쩌면 당연하다고 할 수 있을 것입니다.

하지만, 그와는 반대로 우리가 언어생활 속에서 이미 터득하고 있는 한자 혹은 한자어에 대한 적지 않은 지식이, 중국어 학습 과정에서 의미 파악에 혼란을 초래하거나 알게 모르게 방해가 되는 경우도 없지 않기 때문에, 한편으로는 주의를 기울여야 하는 측면도 있습니다. 그것은 우리말 속에 녹아있는 한자어가 중국에서도 같은 뜻을 나타내는 경우가 물론 많지만, 똑같은 한자어라도 그 의미나 용도에 있어서 상이한 동형이의어(同形異義語)도 결코 적지 않기 때문입니다. 우리말에서와는 달리 180도 전혀 엉뚱한 뜻으로 쓰이는 것이 있는가 하면, 어떤 어휘는 일부의 뜻에서는 일치하지만, 일부는 전혀 판이한 뜻으로 쓰인다든지, 유사한 뜻이긴 하되, 뉘앙스에 약간의 차이가 나서 활용하는 데 오류를 범할 수 있는 것, 기존의 한자 상식으로는 도저히 짐작조차 할 수 없는 것 등등 다양합니다.

그러한 동형이의어 즉,
A : 같은 한자어로서 한중간에 전혀 다른 뜻으로 쓰이는 어휘
B : 일부는 일치하지만 일부는 또 다른 별개의 뜻을 갖는 어휘
이러한 한중이의어(韓中異義語)를 나름대로 정리한 것이 졸저 〈한중 한자어 비교사전〉이었습니다.

여기서 한걸음 더 나아가, 이 책에서는 소개(紹介)를 개소(介紹)라 하고, 시설(施設)을 설시(设施), 치아(齒牙)를 아치(牙齿)라 하는 것처럼 한중간에 음절의 앞뒤가 서로 뒤바뀐 역순어휘와, 비행기(飛行机)를 비기(飞机)라 하고, 전문가(專門家)를 전가(专家), 우체국(郵遞局)을 우국(邮局)이라 하는 것처럼, 우리말 한자어에서는 3음절로 되어 있는데, 중국어에서는 그 중 1음절이 빠져 2음절로 되어 있는 등 같은 한자를 쓰면서도, 단지 음절수에 차이가 나는 어휘들을 모아, 가나다순으로 배열하고, 활용 예문과 더불어 그 어휘가 포함된 유머를 하나씩 소개함으로써, 잔잔한 재미와 함께 가볍게 정리할 수 있도록 했습니다.

이 책이 일종의 Vocabulary 성격을 띠고 있는 만큼, 표제어휘에는 물론, 그에 대한 유사어, 반대어 등 참고어휘와 유머에서 나오는 어휘의 앞머리에도 新HSK 6등급 체계의 해당 등급표시를 부가함으로써, 또한 그 어휘의 중요도를 가늠해 볼 수 있도록 했습니다. 아무쪼록 이 책을 통해서, 한중간에 유사하면서도 상이한 어휘들에 대해 착오와 혼동 없이 활용하는 데 다소나마 도움이 될 수 있었으면 합니다.

끝으로 번다한 업무 속에서 짧지 않은 기간 동안 유머 내용은 물론, 표제어 선정에 이르기까지 세심하고 엄격한 기준으로 꼼꼼하게 다듬고 교정하여 흠결을 보정해주신 출판사 편집진 여러분께도 감사의 말씀을 드립니다.

朱良坤

목차

PART A 음절의 순서가 반대인 어휘

ㄱ 12

- 감축(減縮) ▶ 缩减 suōjiǎn
  · 聪明的新娘 (총명한 신부)
- 강연(講演) ▶ 演讲 yǎnjiǎng
  · 各位爸爸 (아빠 여러분)
- 결재(決裁) ▶ 裁决 cáijué
  · 耳光与银币 (따귀와 은화)
- 경감(輕減) ▶ 减轻 jiǎnqīng
  · 温泉浴的功效 (온천욕의 효험)
- 고통(苦痛) ▶ 痛苦 tòngkǔ
  · 奇特的疗法 (괴상한 치료법)
- 관장(管掌) ▶ 掌管 zhǎngguǎn
  · 夫妻吵架 (부부싸움)
- 구걸(求乞) ▶ 乞求 qǐqiú
  · 得寸进尺 (과한 욕심)
- 구급(救急) ▶ 急救 jíjiù
  · 多功能闹钟 (다기능 알람시계)
- 근접(近接) ▶ 接近 jiējìn
  · 奖品 (상품)
- 기력(氣力) ▶ 力气 lìqi
  · 未婚妻的来信 (약혼녀의 편지)
- 기일(期日) ▶ 日期 rìqī
  · 记号 (기호)

ㄴ 33

- 난잡(亂雜) ▶ 杂乱 záluàn
  · 杂文 (잡문)
- 노쇠(老衰) ▶ 衰老 shuāilǎo
  · 让座儿 (자리 양보)
- 논쟁(論爭) ▶ 争论 zhēnglùn
  · 最古老的职业 (가장 오래된 직업)
- 누적(累積) ▶ 积累 jīlěi
  · 苦尽甘来 (고진감래)
- 누추(陋醜) ▶ 丑陋 chǒulòu
  · 狗与丈夫 (개와 남편)

ㄷ 43

- 단계(段階) ▶ 阶段 jiēduàn
  · 戒烟 (금연)
- 단축(短縮) ▶ 缩短 suōduǎn
  · 两条隧道 (두 개의 터널)
- 단편(斷片) ▶ 片断 piànduàn
  · 祝贺中了彩票 (복권당첨을 축하해요)
- 도달(到達) ▶ 达到 dádào
  · 一个窍门 (절묘한 방안)

ㅁ 51

- 매매(賣買) ▶ 买卖 mǎimai
  · 正点到站 (정시 도착)
- 매수(買收) ▶ 收买 shōumǎi
  · 诚实的政治家 (성실한 정치가)
- 매출(賣出) ▶ 出卖 chūmài
  · 配套书籍 (세트 서적)
- 면회(面會) ▶ 会面 huìmiàn
  · 相亲 (맞선)
- 목축(牧畜) ▶ 畜牧 xùmù
  · 公平交易 (공정한 거래)

ㅂ 60

- 반감(半減) ▶ 减半 jiǎnbàn
  · 初步妈妈 (초보엄마)
- 발산(發散) ▶ 散发 sànfā
  · 情绪的变化 (감정의 변화)
- 배가(倍加) ▶ 加倍 jiābèi
  · 机器人的效用 (로봇의 효용)
- 병폐(病弊) ▶ 弊病 bìbìng
  · 隐私权 (프라이버시)
- 보수(補修) ▶ 修补 xiūbǔ
  · 补针鼻子 (바늘귀 수선)
- 부담(負擔) ▶ 担负 dānfù
  · 吝啬的富翁 (인색한 부자)
- 부탁(付託) ▶ 托付 tuōfù
  · 房客与房东 (세입자와 집주인)
- 분규(紛糾) ▶ 纠纷 jiūfēn
  · 所罗门的选择 (솔로몬의 선택)

ㅅ ... 76

- 산부인과(産婦人科) ▶ 妇产科 fùchǎnkē
  · 胆小的演员 (소심한 배우)
- 산출(産出) ▶ 出产 chūchǎn
  · 随机应变 (임기응변)
- 상시(常時) ▶ 时常 shícháng
  · 捂耳朵的理由 (귀를 막는 이유)
- 상호(相互) ▶ 互相 hùxiāng
  · 碰酒杯的来历 (건배의 내력)
- 선조(先祖) ▶ 祖先 zǔxiān
  · 夸耀祖先 (조상 자랑)
- 소개(紹介) ▶ 介绍 jièshào
  · 误会 (오해)
- 소박(素朴) ▶ 朴素 pǔsù
  · 恭维话 (아첨 떠는 말)
- 숙식(宿食) ▶ 食宿 shísù
  · 梦见真主 (꿈에 본 알라)
- 시설(施設) ▶ 设施 shèshī
  · 阴间高尔夫球 (저승 골프)
- 실증(實證) ▶ 证实 zhèngshí
  · 强盗与绅士 (강도와 신사)
- 심취(心醉) ▶ 醉心 zuìxīn
  · 抽象派学生 (추상파 학생)

ㅇ ... 97

- 암흑(暗黑) ▶ 黑暗 hēi'àn
  · 亲吻与耳光 (키스와 따귀)
- 액수(額數) ▶ 数额 shù'é
  · 政府看重的儿子 (정부에서 중시하는 아들)
- 야반(夜半) ▶ 半夜 bànyè
  · 酒鬼与警察 (술꾼과 경찰)
- 양식(樣式) ▶ 式样 shìyàng
  · 得体的回答 (적절한 답변)
- 양식(糧食) ▶ 食粮 shíliáng
  · 聪明的经理 (영리한 지배인)
- 언어(言語) ▶ 语言 yǔyán
  · 猩猩的语言 (오랑우탄의 언어)
- 여과(濾過) ▶ 过滤 guòlǜ
  · 又喝多了 (또 과음했어)
- 열광(熱狂) ▶ 狂热 kuángrè
  · 结婚, 离婚与再婚 (결혼, 이혼과 재혼)
- 열악(劣惡) ▶ 恶劣 èliè
  · 家庭夫妇守则 (가정 부부수칙)
- 영광(榮光) ▶ 光荣 guāngróng
  · 失言 (말실수)
- 예민(銳敏) ▶ 敏锐 mǐnruì
  · 调皮的老师 (짓궂은 선생님)
- 완주(完走) ▶ 走完 zǒuwán
  · 不能同路的理由 (동행할 수 없는 이유)
- 운명(運命) ▶ 命运 mìngyùn
  · 不同的反应 (다른 반응)
- 운반(運搬) ▶ 搬运 bānyùn
  · 价值观的差异 (가치관의 차이)
- 위안(慰安) ▶ 安慰 ānwèi
  · 半斤八两 (피장파장)
- 융통(融通) ▶ 通融 tōngróng
  · 不协和音 (불협화음)
- 응답(應答) ▶ 答应 dāying
  · 搭卖 (끼워팔기)
- 이탈(離脫) ▶ 脱离 tuōlí
  · 转会 (이적)

ㅈ ... 131

- 적합(適合) ▶ 合适 héshì
  · 婚姻法 (혼인법)
- 전개(展開) ▶ 开展 kāizhǎn
  · 万能机器人 (만능 로봇)
- 절도(竊盜) ▶ 盗窃 dàoqiè
  · 荒唐的借口 (황당한 변명)
- 점검(點檢) ▶ 检点 jiǎndiǎn
  · 不够分量 (중량 미달)
- 정결(淨潔) ▶ 洁净 jiéjìng
  · 饿死的医生 (굶어 죽은 의사)
- 정숙(靜肅) ▶ 肃静 sùjìng
  · 投机 (의기투합)
- 제거(除去) ▶ 去除 qùchú
  · 神奇的老鼠药 (신통한 쥐약)
- 제한(制限) ▶ 限制 xiànzhì
  · 限制级的故事 (제한 등급의 이야기)

- 준엄(峻嚴) ▶ 严峻 yánjùn
  · 证人 (증인)

ㅊ · · · · · 148

- 채소(菜蔬) ▶ 蔬菜 shūcài
  · 挑剔的客人 (까다로운 손님)
- 축적(蓄積) ▶ 积蓄 jīxù
  · 自由恋爱 (자유연애)
- 치아(齒牙) ▶ 牙齿 yáchǐ
  · 纪念品 (기념품)

ㅍ · · · · · 154

- 평생(平生) ▶ 生平 shēngpíng
  · 女明星的丈夫 (여배우의 남편)
- 평화(平和) ▶ 和平 hépíng
  · 你来我往 (주거니받거니)
- 포옹(抱擁) ▶ 拥抱 yōngbào
  · 要用脑子 (머리를 써야 해)

- 폭풍(暴風) ▶ 风暴 fēngbào
  · 水手的回答 (선원의 대답)

ㅎ · · · · · 162

- 한계(限界) ▶ 界限 jièxiàn
  · 牛粪也不好找 (소똥도 찾기가 쉽지 않아)
- 해독(害毒) ▶ 毒害 dúhài
  · 戒酒 (금주)
- 허용(許容) ▶ 容许 róngxǔ
  · 先试试 (먼저 시험해보다)
- 형제(兄弟) ▶ 弟兄 dìxiong
  · 因为了解你 (너를 알기 때문에)
- 호칭(呼稱) ▶ 称呼 chēnghu
  · 女士的超短裙 (여사의 미니스커트)
- 회수(回收) ▶ 收回 shōuhuí
  · 嗜酒如命 (술을 목숨처럼 좋아하다)
- 희비(喜悲) ▶ 悲喜 bēixǐ
  · 误会 (오해)

PART B 음절을 줄여서 쓰는 어휘

ㄱ · · · · · 176

- 가로등(街路燈) ▶ 街灯 jiēdēng, 路灯 lùdēng
  · 人手不足 (일손 부족)
- 간소화(簡素化) ▶ 简化 jiǎnhuà
  · 简化 (간소화)
- 간행물(刊行物) ▶ 刊物 kānwù
  · 节约 (절약)
- 간호사(看護師) ▶ 护士 hùshi
  · 证明 (증명)
- 건강미(健康美) ▶ 健美 jiànměi
  · 产后减肥 (산후 다이어트)
- 경계선(境界線) ▶ 界线 jièxiàn
  · 区别公母 (암수 구분)
- 고사장(考查場) ▶ 考场 kǎochǎng
  · 心里医生 (정신과 의사)
- 고위층(高位層) ▶ 高层 gāocéng
  · 简单的窍门 (간단한 요령)
- 공공연(公公然) ▶ 公然 gōngrán
  · 厚颜无耻的抢劫犯 (뻔뻔한 강도)
- 과수원(果樹園) ▶ 果园 guǒyuán
  · 惯偷 (상습절도)
- 기숙사(寄宿舍) ▶ 宿舍 sùshè
  · 门上留言 (문 위의 메모)

ㄴ · · · · · 194

- 남학생(男學生) ▶ 男生 nánshēng
  · 抬头挺胸 (고개를 들고 가슴을 펴라)

ㄷ 196
- 도박장(賭博場) ▶ 独唱 dǔchǎng
  - 合法继承人 (합법 상속인)
- 도주범(逃走犯) ▶ 逃犯 táofàn
  - 白桃与白逃 (흰복숭아와 헛된 도주)

ㅁ 199
- 모국어(母國語) ▶ 母语 mǔyǔ
  - 会说外语的猫 (외국어를 할 줄 아는 고양이)
- 모성애(母性愛) ▶ 母爱 mǔ'ài
  - 伟大的母爱 (위대한 모성애)
- 무도회(舞蹈會) ▶ 舞会 wǔhuì
  - 面具 (가면)
- 무용극(舞踊劇) ▶ 舞剧 wǔjù
  - 牛肉拉面 (소고기 국수)

ㅂ 206
- 방문객(訪問客) ▶ 访客 fǎngkè
  - 乞丐与吝啬鬼 (거지와 자린고비)
- 배우자(配偶者) ▶ 配偶 pèi'ǒu
  - 你的配偶 (당신의 배우자)
- 분실물(紛失物) ▶ 失物 shīwù
  - 婚前婚后 (결혼 전 결혼 후)
- 분위기(雰圍氣) ▶ 氛围 fēnwéi
  - 最后的镜头 (마지막 신)
- 비행기(飛行機) ▶ 飞机 fēijī
  - 口香糖的效用 (껌의 효용)
- 비행선(飛行船) ▶ 飞船 fēichuán
  - 登上太阳的办法 (태양에 오르는 방법)

ㅅ 216
- 삽입곡(插入曲) ▶ 插曲 chāqǔ
  - 五音不全 (음치)
- 상대방(相對方) ▶ 对方 duìfāng
  - 近亲结婚 (근친결혼)
- 생산량(生産量) ▶ 产量 chǎnliàng
  - 乐天主义 (낙천주의)
- 쌍방향(雙方向) ▶ 双向 shuāngxiàng
  - 单行道 (일방통행로)
- 성인(成人) ▶ 成年人 chéngniánrén
  - 大话 (큰소리)
- 소아과(小兒科) ▶ 儿科 érkē
  - 夸耀孩子 (자식 자랑)
- 시험관(試驗管) ▶ 试管 shìguǎn
  - 化学实验 (화학실험)
- 식중독(食中毒) ▶ 食物中毒 shíwù zhòngdú
  - 喝水的理由 (물 마시는 이유)
- 신입생(新入生) ▶ 新生 xīnshēng
  - 我的女儿 (내 딸내미)
- 심지어(甚至於) ▶ 甚至 shènzhì
  - 检查尿液 (소변검사)

ㅇ 234
- 약방문(藥方文) ▶ 药方 yàofāng
  - 死人不会开口 (죽은 자는 말을 못해)
- 여객기(旅客機) ▶ 客机 kèjī
  - 旅客名单 (여객 명단)
- 여학생(女學生) ▶ 女生 nǚshēng
  - 某个留学生的听力 (어떤 유학생의 히어링)
- 연예인(演藝人) ▶ 艺人 yìrén
  - 难看与发型 (밉상과 헤어스타일)
- 영도자(領導者) ▶ 领导 lǐngdǎo
  - 会拍马屁的爸爸 (아부 잘 하는 아빠)
- 완성품(完成品) ▶ 成品 chéngpǐn
  - 求婚 (구혼)
- 외국어(外國語) ▶ 外语 wàiyǔ
  - 掌握外语 (외국어 습득)
- 우체국(郵遞局) ▶ 邮局 yóujú
  - 总统的屈辱 (대통령의 굴욕)
- 우체통(郵遞筒) ▶ 邮筒 yóutǒng
  - 超重 (중량초과)
- 원고지(原稿紙) ▶ 稿纸 gǎozhǐ
  - 电脑迷的说法 (컴퓨터광의 화법)
- 유람선(遊覽船) ▶ 游船 yóuchuán
  - 实现梦想的办法 (꿈을 실현하는 방법)
- 유목민(遊牧民) ▶ 牧民 mùmín
  - 一幅抽象画 (한 폭의 추상화)
- 음식물(飮食物) ▶ 食物 shíwù
  - 恢复视力 (시력 회복)

- 이모부(姨母夫) ▶ 姨夫 yífu
  - 有什么关系 (무슨 관계가 있는가)
- 인내심(忍耐心) ▶ 耐心 nàixīn
  - 两者选一 (양자택일)

ㅈ 259

- 자서전(自敍傳) ▶ 自传 zìzhuàn
  - 奇异的自传 (기이한 자서전)
- 잠재력(潛在力) ▶ 潜力 qiánlì
  - 放心好了 (안심하세요)
- 잠재의식(潛在意識) ▶ 潜意识 qiányìshí
  - 同病相怜 (동병상련)
- 장모(丈母) ▶ 丈母娘 zhàngmuniáng
  - 最长的六个月 (가장 긴 6개월)
- 재봉사(裁縫師) ▶ 裁缝 cáifeng
  - 勉强的借口 (억지스러운 변명)
- 전당포(典當鋪) ▶ 当铺 dàngpù
  - 人上有人, 天外有天 (뛰는 놈 위에 나는 놈)
- 전문가(專門家) ▶ 专家 zhuānjiā
  - 岗位重复 (직위 중복)
- 전시실(展示室) ▶ 展室 zhǎnshì
  - 最关心的事 (최대 관심사)
- 전시품(展示品) ▶ 展品 zhǎnpǐn
  - 夸张 (과장)
- 전용기(專用機) ▶ 专机 zhuānjī
  - 没有假的 (가짜가 없어서)
- 정육점(食肉店) ▶ 肉店 ròudiàn
  - 质量很差的舌头 (품질 떨어지는 혀)
- 조미료(調味料) ▶ 调料 tiáoliào
  - 做菜的手艺 (음식솜씨)
- 중매인(中媒人) ▶ 媒人 méirén
  - 马的代言人 (말의 대변인)
- 증거물(證據物) ▶ 证物 zhèngwù
  - 确凿的证物 (확실한 증거물)
- 증정품(贈呈品) ▶ 赠品 zèngpǐn
  - 光盘驱动器的用途 (CD드라이브의 용도)
- 지하도(地下道) ▶ 地道 dìdào
  - 老实巴交的妻子 (고지식한 아내)
- 지하철(地下鐵) ▶ 地铁 dìtiě
  - 扶手与领带 (손잡이와 넥타이)

- 진료비(診療費) ▶ 诊费 zhěnfèi
  - 健忘症 (건망증)
- 진료소(診療所) ▶ 诊所 zhěnsuǒ
  - 特效药 (특효약)

ㅊ 291

- 찰과상(擦過傷) ▶ 擦伤 cāshāng
  - 我也不是新手 (나도 초보가 아니야)
- 처방전(處方箋) ▶ 处方 chǔfāng
  - 绝妙的提问 (절묘한 질문)

ㅌ 295

- 특산물(特產物) ▶ 特产 tèchǎn
  - 幸运 (행운)

ㅍ 297

- 편집인(編輯人) ▶ 编辑 biānjí
  - 指南针的用处 (나침반의 용도)
- 피부색(皮膚色) ▶ 肤色 fūsè
  - 母女对话 (모녀 대화)

ㅎ 301

- 혈액형(血液型) ▶ 血型 xuèxíng
  - 大象与蚂蚁 (코끼리와 개미)
- 회의장(會議場) ▶ 会场 huìchǎng
  - 幼稚的辩解 (유치한 변명)

일러두기

이 책은 음절 구성이 한중간에 앞뒤가 서로 뒤바뀐 역순어휘 80여 개 항목과 음절수에 차이가 있는 음절차 어휘 60여 개 항목을 표제어휘로 하여, 그 어휘를 포함한 예문과 간단한 유머를 통해서 그를 확인해보는 일종의 중국어 Vocabulary로서, 대략 다음과 같은 형식으로 구성되었습니다.

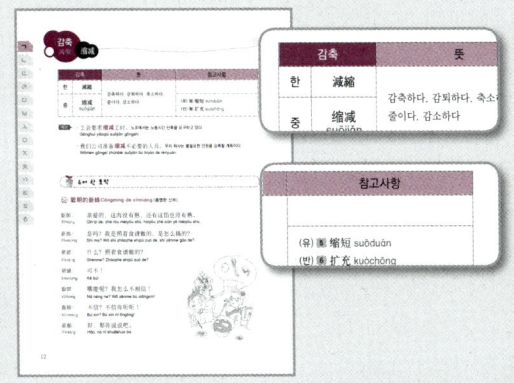

표제어
표제어에서는 한·중 간의 번체자 간체자를 구분해 표기하였습니다.

참고사항
표제어와 동일하거나 유사한 의미를 가진 어휘를 (유), 상대적인 의미를 가진 어휘를 (반)으로 표기하고, 新HSK 6개 등급 체제의 어휘등급을 표시함으로써, 그 중요도를 가늠해 볼 수 있도록 하였고, 필요에 따라서는 추가적인 설명을 부가하여, 참고하도록 하였습니다.

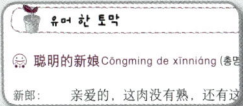

예문
표제어휘에 대한 활용 예문은 가능한 한 짧고 평이한 문장을 선택하여, 쉽고 효과적으로 기억될 수 있도록 하였습니다.

본문
유머는 가능한 한 회화형식으로 각색하여, 대화 속에서 표제어가 활용되는 것을 보임으로써, 유머러스한 내용이 가미된 회화문을 가지고 자연스럽게 구어적인 표현을 익히는 부수적인 학습효과를 볼 수 있도록 하였습니다.
해석문은 다소 어색하더라도, 되도록 중국식 표현에 근접하도록 직역을 원칙으로 하였습니다.

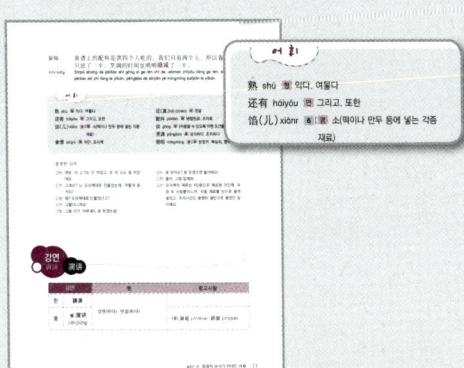

어휘
수준에 관계없이, 어지간하면 일일이 사전을 찾지 않고 내용을 이해할 수 있도록 여러 어휘를 소개하였으며, 또한 新HSK 6개 등급 체제의 해당 등급 표시를 병기하였습니다.

품사 약호표

약호	중국어	한국어
(명)	名词	명사
(대)	代词	대명사
(동)	动词	동사
(능)	能源动词 [助动词]	능원동사 [조동사]
(형)	形容词	형용사
(수)	数词	수사
(양)	量词	양사
(부)	副词	부사
(개)	介词	개사[전치사]
(연)	连词	접속사
(조)	助词	조사
(탄)	叹词	감탄사
(상)	象声词	의성어

part A

음절의 순서가 반대인 어휘

감축 减缩 / 缩减

감축		뜻	참고사항
한	減縮	감축하다. 감퇴하다. 축소하다. 줄이다. 감소하다	(유) [5] 缩短 suōduǎn
중	缩减 suōjiǎn		(반) [6] 扩充 kuòchōng

예문

- 工会要求**缩减**工时。 노조에서는 노동시간 단축을 요구하고 있다.
  Gōnghuì yāoqiú suōjiǎn gōngshí.

- 我们公司准备**缩减**不必要的人员。 우리 회사는 불필요한 인원을 감축할 계획이다.
  Wǒmen gōngsī zhǔnbèi suōjiǎn bú bìyào de rényuán.

유머 한 토막

聪明的新娘 Cōngming de xīnniáng (총명한 신부)

新郎:　亲爱的，这肉没有熟，还有这馅也没有熟。
Xīnláng　Qīn'ài de, zhè ròu méiyǒu shú, háiyǒu zhè xiàn yě méiyǒu shú.

新娘:　是吗? 我是照着食谱做的，是怎么搞的?
Xīnniáng　Shì ma? Wǒ shì zhàozhe shípǔ zuò de, shì zěnme gǎo de?

新郎:　什么? 照着食谱做的?
Xīnláng　Shénme? Zhàozhe shípǔ zuò de?

新娘:　可不！
Xīnniáng　Kě bù!

新郎:　哪能呢? 我怎么不相信！
Xīnláng　Nǎ néng ne? Wǒ zěnme bù xiāngxìn!

新娘:　不信? 不信你听听！
Xīnniáng　Bú xìn? Bú xìn nǐ tīngting!

新郎:　好，那你说说吧。
Xīnláng　Hǎo, nà nǐ shuōshuo ba.

新娘: 食谱上的配料是供四个人吃的，我们只有两个人，所以各种配料我只放了一半，烹调的时间也明明缩减了一半。

Xīnniáng　Shípǔ shang de pèiliào shì gōng sì ge rén chī de, wǒmen zhǐyǒu liǎng ge rén, suǒyǐ gèzhǒng pèiliào wǒ zhǐ fàng le yíbàn, pēngtiáo de shíjiān yě míngmíng suōjiǎn le yíbàn.

어휘

熟 shú 형 익다. 여물다
还有 háiyǒu 연 그리고. 또한
馅(儿) xiànr 6 | 명 소(떡이나 만두 등에 넣는 각종 재료)
食谱 shípǔ 명 식단. 요리책

还(真) hái (zhēn) 부 정말
配料 pèiliào 명 배합원료. 조미료
供 gōng 동 (이용할 수 있도록 어떤 조건을) 제공하다
烹调 pēngtiáo 동 요리하다. 조리하다
明明 míngmíng 6 | 부 분명히. 확실히. 명백히

총명한 신부

신랑: 여보, 이 고기도 안 익었고, 또 이 소도 덜 익었어요.
신부: 그래요? 난 요리책대로 만들었는데, 어떻게 된 거지?
신랑: 뭐? 요리책대로 만들었다고?
신부: 그렇다니까요!
신랑: 그럴 리가, 아무래도 못 믿겠는걸!

신부: 못 믿어요? 못 믿겠으면 들어봐요!
신랑: 좋아, 그럼 말해봐.
신부: 요리책의 재료는 4인용으로 제공된 것인데, 우린 두 사람뿐이니까, 각종 재료를 반으로 줄여 넣었고, 조리시간도 분명히 절반으로 줄였단 말이에요.

강연		뜻	참고사항
한	講演	강연(하다). 연설(하다)	
중	6 演讲 yǎnjiǎng		(유) 演说 yǎnshuō, 讲演 jiǎngyǎn

part A 음절의 순서기 반대인 어휘

예문
- 这次**演讲**的主题是韩国的经济问题。　이번 강연의 주제는 한국의 경제문제이다.
  Zhècì yǎnjiǎng de zhǔtí shì Hánguó de jīngjì wèntí.

- 他精彩的**演讲**把全场听众都吸引住了。　그의 멋진 강연은 장내의 청중을 사로잡았다.
  Tā jīngcǎi de yǎnjiǎng bǎ quánchǎng tīngzhòng dōu xīyǐn zhù le.

유머 한 토막

 各位爸爸 Gèwèi bàba (아빠 여러분)

读小学二年级的孩子在家准备**演讲**比赛，爸爸表示关心，说:
Dú xiǎoxué èr niánjí de háizi zài jiā zhǔnbèi yǎnjiǎng bǐsài, bàba biǎoshì guānxīn, shuō:

爸爸:　**演讲**比赛快到了，你准备好了吗?
Bàba:　Yǎnjiǎng bǐsài kuài dào le, nǐ zhǔnbèi hǎo le ma?

孩子:　差不多了。
Háizi:　Chàbuduō le.

爸爸:　那么我来当听众，你试讲好不好?
Bàba:　Nàme wǒ lái dāng tīngzhòng, nǐ shìjiǎng hǎo bu hǎo?

孩子:　那太好了！
Háizi:　Nà tài hǎo le!

爸爸:　好，那你现在就开始吧。
Bàba:　Hǎo, nà nǐ xiànzài jiù kāishǐ ba.

孩子:　各位老师，各位同学……
Háizi:　Gè wèi lǎoshī, gèwèi tóngxué…

爸爸:　我不是你的老师，也不是你的同学，你应该怎么说呢?
Bàba:　Wǒ bú shì nǐ de lǎoshī, yě bú shì nǐ de tóngxué, nǐ yīnggāi zěnme shuō ne?

孩子:　(马上改口) 各位爸爸……
Háizi:　(mǎshàng gǎikǒu) Gèwèi bàba…

어휘

比赛 bǐsài ③ |명| |동| 대회. 시합(하다). 경기(하다)
演讲比赛 yǎnjiǎng bǐsài |명| 강연회. 웅변대회
关心 guān//xīn ③ |동| 관심을 가지다. 마음을 두다
差不多 chàbuduō ④ |형| 비슷하다. 별 차이 없다
当 dāng ④ |동| 맡다. 되다. 충당하다

听众 tīngzhòng |명| 청중. 청취자
试讲 shìjiǎng |동| 시험적으로 강의하다. 시험 삼아 강연하다
改口 gǎi//kǒu |동| 말을 바로잡다. 말을 바꾸다. 말투를 바꾸다

아빠 여러분

초등학교 2학년에 재학 중인 아이가 집에서 웅변대회를 준비하는데, 아빠가 관심을 나타내며 말했다.

아빠: 웅변대회가 얼마 안 남았는데, 넌 준비 다 했어?
아이: 거의 다 되었어요.
아빠: 그럼 내가 청중 역할을 할 테니, 시험 삼아 웅변해볼래?

아이: 그거 좋지요!
아빠: 좋아, 그럼 지금 바로 시작해 봐.
아이: 선생님 여러분, 동학 여러분…
아빠: 난 네 선생님도 아니고 동학도 아닌데, 넌 뭐라고 해야 할까?
아이: (곧바로 말을 바꾸어) 아빠 여러분…

결재 决裁 裁决

	결재	뜻	참고사항
한	决裁	①결재[재가]하다. 허가[승인]하다	(유) 裁可 cáikě, 裁许 cáixǔ
중	裁决 cáijué	②시비를 결정하다. 판결하다	(유) 判决 pànjué, ⑥ 裁判 cáipàn *判决는 법원의 결정에 국한하고, 裁判도 스포츠 분야에만 한정적으로 쓰인다.

예문 ① 결재[재가]하다. 허가[승인]하다

- 我没有**裁决**权。 나에게는 결재권이 없습니다.
  Wǒ méiyǒu cáijuéquán.

- 我们现在听候上级机关**裁决**。 우리는 지금 상급기관의 결재를 기다리고 있다.
  Wǒmen xiànzài tīnghòu shàngjí jīguān cáijué.

② 시비를 결정하다. 판결하다

- 如果发生意见分歧，由会长**裁决**。 만약 의견이 일치하지 않으면, 회장이 결정한다.
  Rúguǒ fāshēng yìjian fēnqí, yóu huìzhǎng cáijué.

- 他们请交警来**裁决**谁违反了交通规则。
  Tāmen qǐng jiāojǐng lái cáijué shéi wéifǎn le jiāotōng guīzé.
  그들은 교통경찰을 불러 누가 교통규칙을 위반했는지 판결해 달라고 했다.

유머 한 토막

 耳光与银币 Ěrguāng yǔ yínbì (따귀와 은화)

一天，朱彭正在逛公园，突然走来一个男人，狠狠地打了他一个耳光。
Yì tiān, Zhū Péng zhèngzài guàng gōngyuán, tūrán zǒulái yí ge nánrén, hěnhěn de dǎ le tā yí ge ěrguāng.

朱彭: 你这是干什么？
Zhū Péng: Nǐ zhè shì gàn shénme?

男人: 喔！对不起，我错把你当成是我的一个不分彼此的朋友了。
Nánrén: Ō! Duìbuqǐ, wǒ cuò bǎ nǐ dàngchéng shì wǒ de yí ge bù fēn bǐcǐ de péngyou le.

朱彭: 我不想听任何解释，你打了就是打了，辩解也没用。
Zhū Péng: Wǒ bù xiǎng tīng rènhé jiěshì, nǐ dǎ le jiùshì dǎo le, biànjiě yě méi yòng.

男人: 我不是说看错了人吗？
Nánrén: Wǒ bú shì shuō kàncuò le rén ma?

朱彭: 不必多说了，你跟我来吧！
Zhū Péng: Búbì duō shuō le, nǐ gēn wǒ lái ba!

他们俩到了法官那里，法官做出了**裁决**。
Tāmen liǎ dào le fǎguān nàli, fǎguān zuòchū le cáijué.

法官: 那就罚他给你十个银币吧！（转向那人）赶快回家去拿十个银币给这位先生。
Fǎguān: Nà jiù fá tā gěi nǐ shí ge yínbì ba! (zhuǎnxiàng nà rén) Gǎnkuài huíjiā qù ná shí ge yínbì gěi zhè wèi xiānsheng.

其实，法官是有意将那人放走，因为他们朋友。
Qíshí, fǎguān shì yǒuyì jiāng nà rén fàngzǒu, yīnwèi tāmen péngyou.

朱彭等了几个小时，那人还没回来，顿时明白法官骗了他。于是，朱彭走到法官面前，狠狠地打了他一个耳光，然后对他说：
Zhū Péng děng le jǐ ge xiǎoshí, nà rén hái méi huílai, dùnshí míngbai fǎguān piàn le tā. Yúshì, Zhū Péng zǒudào fǎguān miànqián, hěnhěn de dǎ le tā yí ge ěrguāng, ránhòu duì tā shuō:

朱彭: 法官大人，我有点儿事要做，再也不能在这儿等他了。等他来，你就替我收下他那十个银币吧！我先走了！
Zhū Péng: Fǎguān dàrén, wǒ yǒudiǎnr shì yào zuò, zài yě bù néng zài zhèr děng tā le. Děng tā lái, nǐ jiù tì wǒ shōuxià tā nà shí ge yínbì ba! Wǒ xiān zǒu le!

어휘

耳光 ěrguāng 명 뺨. 따귀
逛 guàng 4 동 거닐다. 노닐다. 돌아다니다
狠狠地 hěnhěn de 부 매섭게. 호되게. 잔인하게
不分彼此 bùfēn bǐcǐ 피차를 구분하지 않다. 절친하다. 아주 친밀하다
当成 dàngchéng 동 ~로 여기다. ~로 간주하다
解释 jiěshì 4 동 설명하다. 해명하다. 변명하다

辩解 biànjiě 6 동 변명하다. 설명하다
有意 yǒuyì 부 일부러. 고의적으로
放走 fàngzǒu 동 놓아주다. 놓치다
罚 fá 동 벌하다. 처벌하다
顿时 dùnshí 6 부 즉시. 바로. 이내 (=马上, 立刻)
骗 piàn 4 동 속이다. 기만하다

따귀와 은화

어느 날 주펑이 공원을 거닐고 있는데, 갑자기 한 사내가 걸어와, 매섭게 그의 따귀를 한 대 때렸다.

주펑: 당신 이거 뭐하는 짓이오?
사내: 아이쿠! 미안합니다, 제가 당신을 절친한 친구로 잘못 보았습니다.
주펑: 어떤 해명도 듣고 싶지 않아요. 당신이 때린 건 때린 거니까, 변명해도 소용없어요.
사내: 사람을 잘못 보았다고 하지 않았습니까?
주펑: 여러 말 할 것 없이 나를 따라 오세요!

그들 둘은 법관에게 갔고, 법관은 판결을 내렸다.

법관: 그럼 그더러 당신한테 은화 10개를 주도록 처벌하겠소! (그 사람 쪽으로 방향을 바꿔) 얼른 집에 가서 은화 10개를 이분한테 갖다 주도록 하시오.

사실 그들은 친구였기 때문에, 법관은 고의적으로 그 사람을 놓아준 것이었다.

주펑은 몇 시간을 기다려도 그 사람이 돌아오지 않자, 이내 법관이 자기를 속였음을 알아차렸다. 그래서 주펑은 법관 앞으로 걸어가, 법관에게 매몰차게 따귀를 한 대 갈기고 나서 말했다.

주펑: 법관 나리, 저는 할 일이 좀 있어서, 더 이상은 여기서 그를 기다릴 수 없군요. 그가 오거든, 당신이 저 대신 그의 은화 10개를 받으세요! 그럼 저는 먼저 실례하겠습니다!

경감 轻减 / 减轻

경감		뜻	참고사항
한	輕減		
중	减轻 jiǎnqīng	경감하다. 경감되다. 약화되다. 줄어들다. 가볍게 하다	(유) 4 减少 jiǎnshǎo, 4 减弱 jiǎnruò, 减免 jiǎnmiǎn (반) 6 加剧 jiājù, 加重 jiāzhòng

예문
- 他的病情减轻了很多。 그의 병세가 많이 가벼워졌다.
  Tā de bìngqíng jiǎnqīng le hěn duō.

- 你要尽可能减轻他的心理压力。
  Nǐ yào jǐn kěnéng jiǎnqīng tā de xīnlǐ yālì.
  당신은 가능한 한 그의 심리적 스트레스를 덜어주어야 한다.

유머 한 토막

 温泉浴的功效 Wēnquányù de gōngxiào (온천욕의 효험)

一位风湿病患者听说温泉浴对风湿病有好处,就去温泉问经理:
Yí wèi fēngshībìng huànzhě tīngshuō wēnquányù duì fēngshībìng yǒu hǎochù, jiù qù wēnquán wèn jīnglǐ:

患者: 这里的温泉水是否对身体有好处?
Huànzhě: Zhèli de wēnquánshuǐ shìfǒu duì shēntǐ yǒu hǎochù?

经理: 那还用说!很有好处。
Jīnglǐ: Nà hái yòng shuō! Hěn yǒu hǎochù.

患者: 洗过温泉浴我的风湿病会减轻吗?
Huànzhě: Xǐguo wēnquányù wǒ de fēngshībìng huì jiǎnqīng ma?

经理: 这里的温泉水对风湿病特别有功效。
Jīnglǐ: Zhèli de wēnquánshuǐ duì fēngshībìng tèbié yǒu gōngxiào.

患者: 你这话当真?
Huànzhě: Nǐ zhè huà dàngzhēn?

经理: Jīnglǐ:	当然！你不信，我来举个具体事例，好吗？ Dāngrán! Nǐ bú xìn, wǒ lái jǔ ge jùtǐ shìlì, hǎo ma?
患者: Huànzhě:	那再好不过了。 Nà zài hǎobuguò le.
经理: Jīnglǐ:	去年夏天来了个老头儿，下肢关节僵硬得要坐轮椅。 Qùnián xiàtiān lái le ge lǎotóur, xiàzhī guānjié jiāngyìng de yào zuò lúnyǐ.
患者: Huànzhě:	后来怎么样了？ Hòulái zěnmeyàng le?
经理: Jīnglǐ:	他在这里住了有一个月，有一天没付账就骑自行车悄悄地溜了！ Tā zài zhèli zhù le yǒu yí ge yuè, yǒu yì tiān méi fùzhàng jiù qí zìxíngchē qiāoqiāo de liū le!

어휘

功效 gōngxiào ⑥ 명 효과. 효험. 효율
风湿病 fēngshībìng 명 류머티즘
患者 huànzhě ⑥ 명 환자
好处 hǎochù ④ 명 좋은 점. 이점. 이익
经理 jīnglǐ ③ 명 지배인. 매니저. 사장
当真 dàngzhēn 동 사실이다. 확실하다; 진실로 여기다. 사실로 생각하다

老头儿 lǎotóur 명 노인. 영감. 할아버지
僵硬 jiāngyìng ⑥ 형 굳다. 뻣뻣하다. 경직되다
轮椅 lúnyǐ 명 휠체어
付账 fù//zhàng 돈을 지불하다. 빚을 청산하다
悄悄 qiāoqiāo ⑤ 부 은밀히. 살짝. 살며시. 몰래
溜 liū ⑥ 동 (몰래) 빠져나가다. 도망치다

온천욕의 효험

온천욕이 류머티즘에 좋다는 말을 듣고, 한 류머티즘 환자가 온천에 가서 사장한테 물었다.

환자: 이곳 온천수는 몸에 좋은 점이 있나요?
사장: 그야 두말하면 잔소리죠! 좋은 점이 아주 많습니다.
환자: 온천욕을 하면 제 류머티즘이 가벼워질까요?
사장: 이곳 온천수는 류머티즘에 특별히 효험이 있습니다.
환자: 그 말이 정말인가요?
사장: 물론이죠! 못 믿겠다면, 제가 구체적인 사례를 들어볼까요?
환자: 그러면 더할 나위 없죠!
사장: 작년 여름에 한 노인이 왔었는데, 하체 관절이 굳어서 휠체어를 타야만 했었지요.
환자: 나중엔 어떻게 됐는데요?
사장: 그가 여기서 한 달쯤 머물렀는데, 어느 날 계산도 하지 않고, 자전거를 타고 몰래 도망쳐버렸다는 거 아닙니까!

고통 苦痛 痛苦

고통		뜻	참고사항
한	苦痛		
중	⑥痛苦 tòngkǔ	고통(스럽다). 괴롭다. 아프다 苦痛은 문학적인 표현으로서, 한정적으로 쓰인다.	(유) ④ 难受 nánshòu, 苦恼 kǔnǎo, 困苦 kùnkǔ, 惨痛 cāntòng, 伤痛 shāngtòng (반) ③ 舒服 shūfu, ⑤ 痛快 tòngkuai, ⑤ 愉快 yúkuài, ① 高兴 gāoxìng, ⑥ 快活 kuàihuo, ② 快乐 kuàilè, ⑥ 欢乐 huānlè, ④ 幸福 xìngfú

- 他痛苦得说不出话来。 그는 고통스러워서 말을 할 수 없었다.
  Tā tòngkǔ de shuō bu chū huà lái.

- 他心里很痛苦。 그는 마음이 몹시 괴롭다.
  Tā xīnli hěn tòngkǔ.

유머 한 토막

奇特的疗法 Qítè de liáofǎ (괴상한 치료법)

医生: 你哪儿不舒服?
Yīshēng: Nǐ nǎr bù shūfu?

病人: 医生，请把我从痛苦中解救出来吧！
Bìngrén: Yīshēng, qǐng bǎ wǒ cóng tòngkǔ zhōng jiějiù chūlai ba!

医生: 你怎么了?
Yīshēng: Nǐ zěnme le?

病人: 每天晚上我在梦里看见成群的鬼蹲在我家的栅栏上，太痛苦了。
Bìngrén: Měitiān wǎnshang wǒ zài mèng li kànjiàn chéngqún de guǐ dūnzài wǒ jiā de zhàlan shang, tài tòngkǔ le.

医生:　你的那些栅栏是木头的吗?
Yīshēng:　Nǐ de nàxiē zhàlan shì mùtou de ma?

病人:　(点点头) 是的。
Bìngrén:　(diǎndian tóu) Shì de.

医生:　这个问题嘛, 倒很简单!
Yīshēng:　Zhè ge wèntí ma, dào hěn jiǎndān!

病人:　是吗? 我该怎么办好呢?
Bìngrén:　Shì ma? Wǒ gāi zěnme bàn hǎo ne?

医生:　赶快回去, 把栅栏削尖吧!
Yīshēng:　Gǎnkuài huíqù, bǎ zhàlan xiāojiān ba!

어휘

奇特 qítè 형 괴상하다. 기이하다. 별나다. 기발하다. 이상하다
疗法 liáofǎ 명 요법. 치료법
解救 jiějiù 동 벗어나게 하다. 구출하다
成群 chéngqún 동 무리를 이루다. 떼[무리]를 짓다
蹲 dūn 5 동 쭈그려 앉다. 쪼그리고 앉다
栅栏 zhàlan 명 울타리. 울짱

木头 mùtou 5 명 목재. 나무
点头 diǎn//tóu 5 고개를 끄덕이다
倒 dào 5 부 의외로
赶快 gǎnkuài 5 부 어서. 빨리. 서둘러
削 xiāo 동 깎다. 벗기다. 없애다. 제거하다
尖 jiān 형 날카롭다. 뾰족하다. 예리하다

괴상한 치료법

의사: 어디가 불편하시나요?
환자: 의사 선생님, 저를 이 고통으로부터 구해주십시오.
의사: 왜 그러시는데요?
환자: 저는 매일 밤 꿈속에 우리 집 울타리 위에 쪼그려 앉아 있는 귀신 떼가 보여서 너무 고통스럽습니다.
의사: 그 울타리는 나무로 된 것인가요?

환자: (고개를 끄덕이며) 그렇습니다.
의사: 이 문제는요, 의외로 아주 간단하네요!
환자: 그런가요? 제가 어떡하면 될까요?
의사: 얼른 돌아가서, 그 울타리를 뾰족하게 깎아 놓으세요.

관장 管掌 掌管

관장		뜻	참고사항
한	管掌	관장하다. 관리하다. 맡아보다. 주관하다	
중	掌管 zhǎngguǎn		(유) ④ 管理 guǎnlǐ, ⑤ 主持 zhǔchí

예문
- 营业部由社长亲自掌管。 영업부는 사장님께서 직접 관장한다.
  Yíngyèbù yóu shèzhǎng qīnzì zhǎngguǎn.

- 这项事务非得专人全面掌管不可。 이 업무는 전문가가 전적으로 관리하지 않으면 안 된다.
  Zhè xiàng shìwù fēiděi zhuānrén quánmiàn zhǎngguǎn bùkě.

유머 한 토막

夫妻吵架 Fūqī chǎojià (부부싸움)

一对夫妇因为谁掌管家庭财务的问题吵得不可开交。
Yí duì fūfù yīnwèi shéi zhǎngguǎn jiātíng cáiwù de wèntí chǎo de bùkě kāijiāo.

妻子: 不管怎么说,以后家庭财务由我来掌管!
Qīzi: Bùguǎn zěnme shuō, yǐhòu jiātíng cáiwù yóu wǒ lái zhǎngguǎn!

丈夫: 我不是说那不行吗?
Zhàngfu: Wǒ bú shì shuō nà bùxíng ma?

妻子: 不行什么?如果没有我的钱,这套高档家具会在这里吗?
Qīzi: Bùxíng shénme? Rúguǒ méiyǒu wǒ de qián, zhè tào gāodàng jiājù huì zài zhèlǐ ma?

丈夫: 那不会。
Zhàngfu: Nà bú huì.

妻子: 如果没有我的钱,你坐的那把安乐椅会在那里吗?这房子呢?
Qīzi: Rúguǒ méiyǒu wǒ de qián, nǐ zuò de nà bǎ ānlèyǐ huì zài nàlǐ ma? Zhè fángzi ne?

丈夫: 谁说不是呢!
Zhàngfu: Shéi shuō bú shì ne!

妻子: 一一列举起来，何止这些?
Qīzi: Yīyī lièjǔ qǐlai, hézhǐ zhèxiē?

丈夫: 别说了。没你的钱的话，我才不会在这里呢！这回够了吧?
Zhàngfu: Bié shuō le. Méi nǐ de qián dehuà, wǒ cái bú huì zài zhèli ne! Zhèhuí gòu le ba?

어휘

吵架 chǎo//jià 5 | 동 언쟁을 (하다). 말다툼을 (하다)
开交 kāijiāo 동 끝나다. 끝을 맺다. 풀다. 해결하다. 수습하다
不可开交 bùkě kāijiāo 해결할 수 없다. 끝을 맺을 수 없다. ~하기가 그지없다[보어로서 '정도가 심함'을 나타냄]
不管 bùguǎn 4 | 연 ~에 관계없이. ~을 막론하고. ~하든지 간에
高档 gāodàng 5 | 형 고급의. 고급스러운. 고품격의
安乐椅 ānlèyǐ 명 안락의자
何止 hézhǐ 부 어찌 ~뿐이겠는가. 어찌 ~에 그치겠는가
够 gòu 4 | 형 충분하다. 넉넉하다. 만족스럽다

부부싸움

한 부부가 가정재무를 누가 관장할 것인가의 문제로 한없이 싸웠다.

아내: 누가 뭐래도 앞으론 내가 가정재무를 관장할 거야!
남편: 그건 안 된다고 했잖아!
아내: 안 되긴 뭐가 안 돼? 내 돈이 없었다면, 이 고급 가구 세트가 여기에 있겠어?
남편: 그야 그럴 리 없겠지.
아내: 내 돈이 없었다면, 당신이 앉은 그 안락의자는 거기 있을까? 이 집은?
남편: 글쎄 누가 아니래?
아내: 일일이 열거하자면, 어찌 이것들뿐이겠어?
남편: 이제 그만 좀 해. 당신 돈이 없었다면, 나야말로 여기 없었겠지! 이제 됐지?

구걸 求乞 / 乞求

	구걸	뜻	참고사항
한	求乞	구걸하다. 애걸하다. 간청하다. 애원하다	
중	乞求 qǐqiú		(유) 乞讨 qǐtǎo, 央求 yāngqiú, 央告 yānggào, 哀告 āigào, 求告 qiúgào

part A 음절의 순서가 반대인 어휘

> **예문**
> - 爱情不能乞求，只能争取。 애정은 구걸할 수 없고, 다만 쟁취할 수 있을 뿐이다.
>   Àiqíng bù néng qǐqiú, zhǐ néng zhēngqǔ.
>
> - 不论如何乞求，不行就是不行。 아무리 애원해도, 안 되는 건 안 되는 거다.
>   Búlùn rúhé qǐqiú, bù xíng jiù shì bù xíng.

유머 한 토막

 得寸进尺 Décùn jìnchǐ (과한 욕심)

小男孩儿和他的祖母沿着海岸走着。一个巨浪向海岸扑过来，将小男孩儿卷进了大海。
Xiǎonánháir hé tā de zǔmǔ yánzhe hǎi'àn zǒuzhe. Yí ge jùlàng xiàng hǎi'àn pūguòlai, jiāng xiǎonánháir juǎnjìn le dàhǎi.

六神无主的老太太跪倒在地上，乞求上帝将她可爱的孙子还给她。
Liùshén wúzhǔ de lǎotàitai guìdǎo zài dìshang, qǐqiú shàngdì jiāng tā kě'ài de sūnzi huán gěi tā.

呼……又一个大浪打来，将小男孩儿冲到了沙滩上。这位祖母仔仔细细地将小男孩儿看了个遍，没有受伤的地方。
Hū…yòu yí ge dàlàng dǎlái, jiāng xiǎonánháir chōngdào le shātān shang. Zhè wèi zǔmǔ zǐzixìxì de jiāng xiǎonánháir kàn le ge biàn, méiyǒu shòushāng de dìfang.

可是老太太还是怒气冲冲地朝老天瞪着眼喊道，"他还戴着一顶帽子的！"
Kěshì lǎotàitai háishi nùqì chōngchōng de cháo lǎotiān dèngzhe yǎn hǎndào, 'Tā hái dàizhe yì dǐng màozi de!'

어휘

得寸进尺 décùn jìnchǐ 욕심이 한이 없다. 욕심이 과하다. 만족할 줄 모르다
沿着 yánzhe 개 ~을 따라서. ~을 끼고
巨浪 jùlàng 명 거대한 물결. 커다란 파도
扑 pū 6 동 돌진하다. 힘껏 달려들다
卷 juǎn 5 동 휘말다. 휩쓸다
六神无主 liùshén wúzhǔ 놀라 당황하다. 허둥대다. 안절부절못하다
跪倒 guìdǎo 6 동 무릎을 꿇고 엎드리다
上帝 shàngdì 명 하느님. 옥황상제

冲 chōng 5 동 (물이나 파도 등이) 떠밀다
沙滩 shātān 5 명 (해변의) 모래사장
受伤 shòu//shāng 5 동 상처를 입다. 부상을 당하다
怒气冲冲 nùqì chōngchōng 노기가 끓어오르다. 노기충천하다
老天 lǎotiān 명 하늘
瞪眼 dèng//yǎn 동 (눈을) 부릅뜨다. 부라리다. 노려보다
喊道 hǎndào 동 고함치다. 큰소리로 외치다

과한 욕심

어린 사내아이와 그의 할머니가 해안을 따라서 걸어가고 있었다. 커다란 파도 하나가 해안으로 몰려와, 사내아이를 바다로 휩쓸어 가버렸다.

놀라 당황한 할머니는 땅바닥에 무릎을 꿇고 엎드려, 사랑스런 손자를 자기에게 돌려달라고 하늘에 애원했다.

후~하고 큰 파도가 다시 밀려오더니, 아이를 해변 모래사장 위로 떠밀어 놓았다. 할머니는 아이를 아주 꼼꼼히 죽 살펴보았지만, 다친 데는 없었다.

하지만 할머니는 여전히 노기충천하여 하늘을 향해 눈을 부릅뜨고 소리쳤다. "이 아이는 모자도 쓰고 있었다고요!"

	구급	뜻	참고사항
한	救急	구급(하다). 응급조치(를 취하다). 응급치료(를 하다)	
중	急救 jíjiù		(유) 救急 jiùjí, 救护 jiùhù, ❻ 抢救 qiǎngjiù, ❻ 挽救 wǎnjiù

예문
- 急救室[急诊室]在哪儿? 응급실이 어디죠?
  Jíjiùshì[jízhěnshì] zài nǎr?

- 她在急救车上生下了孩子。 그녀는 구급차에서 아이를 낳았다.
  Tā zài jíjiùchē shang shēngxia le háizi.

유머 한 토막

 多功能闹钟 Duōgōngnéng nàozhōng (다기능 알람시계)

顾客: 我的闹钟坏了，搞得我经常迟到，你们这儿有比较好的吗?
Gùkè: Wǒ de nàozhōng huài le, gǎo de wǒ jīngcháng chídào, nǐmen zhèr yǒu bǐjiào hǎo de ma?

售货员: 您来得太巧了，我们这里刚进了一个多功能闹钟，对您来说再合适不过了。
Shòuhuòyuán: Nín lái de tài qiǎo le, wǒmen zhèli gāng jìn le yí ge duō gōngnéng nàozhōng, duì nín lái shuō zài héshì búguò le.

顾客:	它都有些什么功能呢?
Gùkè:	Tā dōu yǒu xiē shénme gōngnéng ne?
售货员:	它首先准时打铃通知您起床。如果铃声过后，您还没有起床，它会发出急救车的声音。
Shòuhuòyuán:	Tā shǒuxiān zhǔnshí dǎlíng tōngzhī nín qǐchuáng. Rúguǒ língshēng guòhòu, nín hái méiyǒu qǐchuáng, tā huì fāchū jíjiùchē de shēngyīn.
顾客:	还不起床呢?
Gùkè:	Hái bù qǐchuáng ne?
售货员:	它将用枪声警告您。如果枪声过后您还没起床，它还会向您头上浇凉水。
Shòuhuòyuán:	Tā jiāng yòng qiāngshēng jǐnggào nín. Rúguǒ qiāngshēng guòhòu nín hái méi qǐchuáng, tā hái huì xiàng nín tóu shang jiāo liángshuǐ.
顾客:	真让人吃惊！可是还不起床，会怎么样?
Gùkè:	Zhēn ràng rén chījīng! Kěshì hái bù qǐchuáng, huì zěnmeyàng?
售货员:	显然您是生病了，那么它就会给您的公司打电话，说您病了。
Shòuhuòyuán:	Xiǎnrán nín shì shēngbìng le, nàme tā jiù huì gěi nín de gōngsī dǎ diànhuà, shuō nín bìng le.

어휘

功能 gōngnéng 5 명 기능. 효능. 작용
坏 huài 3 동 형 망가지다. 고장 나다; 나쁘다. 좋지 않다
动不动 dòngbudòng 부 걸핏하면. 툭하면
迟到 chídào 3 동 지각하다
合适 héshì 4 형 알맞다. 적합하다. 적당하다
准时 zhǔnshí 4 부 제시간에. 제때. 정시에
铃 líng 5 명 방울. 벨
过后 guòhòu 명 이후. 나중. 그 후. 그 뒤

发出 fāchū 동 (소리를) 내다. (냄새나 열기를) 내뿜다. 발산하다
枪声 qiāngshēng 명 총성. 총소리
警告 jǐnggào 6 동 경고하다
浇 jiāo 5 동 (물 등의 액체를) 뿌리다. 끼얹다
吃惊 chī//jīng 4 동 놀라다
仍然 réngrán 4 부 여전히. 변함없이
显然 xiǎnrán 5 형 분명하다. 명확하다. 확실하다

다기능 알람시계

고객: 제 알람시계가 고장 나서, 걸핏하면 지각하는데, 여기 좀 괜찮은 게 있나요?
판매원: 마침 잘 오셨습니다. 저희한테 막 다기능 알람시계가 하나 들어왔는데, 손님한테 아주 적합할 것 같네요.
고객: 그건 어떤 기능들을 가지고 있는데요?
판매원: 그건 우선 제시간에 벨을 울려 일어나도록 알려주죠. 벨소리가 울린 뒤에도 안 일어났으면, 구급차 소리를 내게 됩니다.

고객: 그래도 안 일어나면요?
판매원: 곧 총소리로 경고를 할 것입니다. 만약 총소리 후에도 일어나지 않았으면, 머리에 찬물을 끼얹을 것입니다.
고객: 정말 놀랍군요! 하지만 그래도 안 일어나면 어떻게 되죠?
판매원: 병이 난 게 확실하니까, 손님 회사로 전화를 걸어 병이 났다고 말해줄 것입니다.

근접 近接 / 接近

근접		뜻	참고사항
한	近接	① 근접하다. 가깝다. 비슷하다 ② 접근하다. 다가가다. 가까이하다	
중	5 接近 jiējìn		(유) 靠近 kàojìn, 逼近 bījìn, 迫近 pòjìn

예문

① 근접하다. 가깝다. 비슷하다

- 他们俩的看法很**接近**。 그들 두 사람의 견해는 아주 비슷하다.
  Tāmen liǎ de kànfǎ hěn jiējìn.

- 他们双方的水平差不多，比分一直很**接近**。
  Tāmen shuāngfāng de shuǐpíng chàbuduō, bǐfēn yìzhí hěn jiējìn.
  그들 쌍방의 수준이 비슷하여, 득점이 줄곧 아주 근접하다.

② 접근하다. 다가가다. 가까이하다

- 他非常骄傲，大家都不愿意同他**接近**。
  Tā fēicháng jiāo'ào, dàjiā dōu bú yuànyì tóng tā jiējìn.
  그는 매우 교만하여, 다들 그와 가까이하기를 원치 않는다.

- 他们的IT技术已经**接近**或达到了世界先进水平。
  Tāmen de IT jìshù yǐjīng jiējìn huò dádào le shìjiè xiānjìn shuǐpíng.
  그들의 IT기술은 이미 세계 선진 수준에 접근 혹은 도달했다.

유머 한 토막

奖品 Jiǎngpǐn (상품)

小明拿着一个本子，喜气洋洋地从学校回来了。
Xiǎomíng názhe yí ge běnzi, xǐqì yángyáng de cóng xuéxiào huílai le.

小明: 妈妈，这是奖品。
Xiǎomíng: Māma, zhè shì jiǎngpǐn.

妈妈: 奖品? 因为什么得的?
Māma: Jiǎngpǐn? Yīnwèi shénme dé de?

小明: 自然课上得的。老师问我鸵鸟有几条腿，我说有三条。
Xiǎomíng: Zìrán kè shang dé de. Lǎoshī wèn wǒ tuóniǎo yǒu jǐ tiáo tuǐ, wǒ shuō yǒu sān tiáo.

妈妈: 但是鸵鸟只有两条腿呀！
Māma: Dànshì tuóniǎo zhǐyǒu liǎng tiáo tuǐ ya!

小明: 我现在知道了。但其他学生都说有四条，所以我的回答最接近正确答案。
Xiǎomíng: Wǒ xiànzài zhīdao le. Dàn qítā xuésheng dōu shuō yǒu sì tiáo, suǒyǐ wǒ de huídá zuì jiējìn zhèngquè dá'àn.

어휘

奖品 jiǎngpǐn 명 상품(賞品), 장려품
喜气洋洋 xǐqì yángyáng 희색이 만면하다
鸵鸟 tuóniǎo 명 타조
正确 zhèngquè 4│형 정확하다

상품

샤오밍이 공책 한 권을 들고, 희색이 만면하여 학교에서 돌아왔다.

샤오밍: 엄마, 이거 상품이야.
엄마: 상품? 뭣 때문에 받았는데?
샤오밍: 자연 수업시간에 받았어. 선생님이 나한테 타조 다리가 몇 개냐고 물어서, 세 개라고 말했어.
엄마: 하지만 타조는 다리가 두 개밖에 없는걸!
샤오밍: 나도 이젠 알아. 그러나 다른 학생들이 모두 네 개라고 말했기 때문에, 나의 대답이 정답에 가장 근접했거든.

기력		뜻	참고사항
한	氣力	기력. 힘. 완력. 체력	
중	力气 lìqi		(유) 力 lì, 劲 jìn, 5 力量 lìliang, 气力 qìlì

- 他个子虽小，但是**力气**却不小。 그는 키는 비록 작지만, 체력은 만만치 않다.
  Tā gèzi suī xiǎo, dànshì lìqi què bù xiǎo.

- 我现在累得连说话的**力气**也没有。 나는 지금 피곤해서 말할 기력조차 없다.
  Wǒ xiànzài lèi de lián shuōhuà de lìqi yě méiyǒu.

유머 한 토막

未婚妻的来信 Wèihūnqī de láixìn (약혼녀의 편지)

护士:　　今天怎么样？
Hùshi:　　Jīntiān zěnmeyàng?

病人:　　马马虎虎。
Bìngrén:　　Mǎmahūhū.

护士:　　你未婚妻来信啦！
Hùshì:　　Nǐ wèihūnqī láixìn la!

病人:　　护士小姐，现在我连看信的**力气**也没有，麻烦你给我念念，好吗？
Bìngrén:　　Hùshi xiǎojie, xiànzài wǒ lián kàn xìn de lìqi yě méiyǒu, máfan nǐ gěi wǒ niànnian, hǎo ma?

护士:　　好吧。她写道：
Hùshi:　　Hǎo ba. Tā xiědào:

亲爱的！我多么珍惜你，疼你，你知道吗？我很想你。真想死我了！
Qīn'àide! Wǒ duōme zhēnxī nǐ, téng nǐ, nǐ zhīdao ma? Wǒ hěn xiǎng nǐ. Zhēn xiǎngsǐ wǒ le!

最近工作过于紧张，不能去看你。不过，我的心只在你那儿！无论如何，葬礼我一定会出席的。
Zuìjìn gōngzuò guòyú jǐnzhāng, bù néng qù kàn nǐ. Búguò, wǒ de xīn zhǐ zài nǐ nàr! Wúlùn rúhé, zànglǐ wǒ yídìng huì chūxí de.

어휘

未婚妻 wèihūnqī 명 약혼녀(↔未婚夫 wèihūnfū)
来信 láixìn 편지를 보내오다; 보내온 편지
马马虎虎 mǎmahūhū 형 그저 그렇다. 그저 그만 하다. 그런대로 괜찮다
麻烦 máfan 4 동 귀찮다. 번거롭다. 성가시다
珍惜 zhēnxī 5 동 아끼다. 아까워하다. 귀히 여기다
疼 téng 3 동 깊이 사랑하다. 끔찍이 아끼다
过于 guòyú 6 부 너무. 지나치게
紧张 jǐnzhāng 4 형 바쁘다. 긴박하다. 긴장하다
无论 wúlùn 4 연 ~에도 불구하고. ~에도 상관없이. ~을 막론하고
无论如何 wúlùn rúhé 어쨌든. 여하튼. 좌우간. 어차피
葬礼 zànglǐ 명 장례. 장례식
出席 chū//xí 5 동 참석하다. 참가하다. 출석하다

약혼녀의 편지

간호사: 오늘 어떠세요?
환자: 그저 그렇습니다.
간호사: 약혼녀가 편지를 보내왔네요!
환자: 간호사 아가씨, 지금 내가 편지를 볼 기력마저 없어서 그러는데, 귀찮겠지만, 좀 읽어줄래요?
간호사: 그렇게 하겠습니다. 이렇게 썼네요.

사랑하는 자기! 내가 자기를 얼마나 아끼고 사랑하는지 자기는 알아? 나는 자기가 몹시 그리워. 정말 보고파 죽을 지경이야!
요즘 일이 너무 바빠서, 자길 보러 갈 수 없어. 하지만 내 마음은 오직 자기한테만 있어! 무슨 일이 있어도 장례에는 반드시 참석할게.

기일 期日 日期

	기일	뜻	참고사항
한	期日	기일. 날짜. 일자. 기간	
중	5 日期 rìqī		(유) 日子 rìzi

예문
- 电子邮件报名截止日期是2月3日。 E-mail 신청 마감일은 2월 3일이다.
  Diànzǐ yóujiàn bàomíng jiézhǐ rìqī shì èryuè sān rì.

- 到时候要是下雨，比赛的日期只好推迟。
  Dào shíhou yàoshi xià yǔ, bǐsài de rìqī zhǐhǎo tuīchí.
  그때 만약 비가 오면, 대회 날짜를 연기할 수밖에 없다.

 유머한 토막

记号 Jìhào (기호)

从前有一位农庄主有一个很大的养鸡场。他为此感到骄傲。
Cóngqián yǒu yí wèi nóngzhuāngzhǔ yǒu yí ge hěn dà de yǎngjīchǎng. Tā wèi cǐ gǎndào jiāo'ào.

他每天都在新下的蛋上注明下蛋的日期，这样人们就会知道鸡蛋是多么新鲜了。
Tā měitiān dōu zài xīn xià de dàn shang zhùmíng xiàdàn de rìqī, zhèyàng rénmen jiù huì zhīdao jīdàn shì duōme xīnxiān le.

有一天主人要出远门旅行，再三嘱咐用人：
Yǒu yì tiān zhǔrén yào chū yuǎnmén lǚxíng, zàisān zhǔfù yòngren:

主人： 你可别忘了在每个新下的蛋上注明**日期**！
Zhǔrén: Nǐ kě bié wàng le zài měi ge xīn xià de dàn shang zhùmíng rìqī!

用人： 别担心，我会做好这件事的。
Yòngren: Bié dānxīn, wǒ huì zuòhǎo zhè jiàn shì de.

过了一个星期左右主人回来了，他直奔食品储藏室。当他打开门看见那么多鸡蛋，便高兴地说：
Guò le yí ge xīngqī zuǒyòu zhǔrén huílai le, tā zhí bèn shípǐn chǔcángshì. Dāng tā dǎkāi mén kànjiàn nàme duō jīdàn, biàn gāoxìngde shuō:

主人： 实在太好了！你辛苦了！
Zhǔrén: Shízài tài hǎo le! Nǐ xīnku le!

用人： 别这么说，我只是做了我应该做的事罢了。
Yòngren: Bié zhème shuō, wǒ zhǐshì zuò le wǒ yīnggāi zuò de shì bàle.

农庄主走近仔细地看了看，他突然惊叫了一声：
Nóngzhuāngzhǔ zǒujìn zǐxì de kàn le kàn, tā tūrán jīngjiào le yì shēng:

主人： 噢，天哪！你这个家伙，真没救了！
Zhǔrén: Ō, tiān na! Nǐ zhè ge jiāhuo, zhí méi jiù le!

用人： 您怎么了？我搞错了什么吗？
Yòngren: Nín zěnme le? Wǒ gǎocuò le shénme ma?

原来每个鸡蛋上都清楚地写着：今天、今天、今天……
Yuánlái měi ge jīdàn shang dōu qīngchude xiězhe: jīntiān, jīntiān, jīntiān…

어휘

记号 jìhào 〔명〕 기호. 표지. 표시
农庄 nóngzhuāng 〔명〕 농장
养鸡场 yǎngjīchǎng 〔명〕 양계장
骄傲 jiāo'ào 4 〔형〕〔명〕 자랑스럽다. 자부심을 느끼다; 자랑. 긍지. 자랑거리
注明 zhùmíng 〔동〕 명확히 밝히다. 분명히 표기하다
出远门 chū yuǎnmén 외출하여 멀리 가다. 멀리 여행을 떠나다
再三 zàisān 5 〔부〕 재삼. 거듭. 여러 번
嘱咐 zhǔfù 5 〔동〕 이르다. 당부하다. 부탁하다. 타이르다
用人 yòngren 〔명〕 고용인. 머슴. 하인
担心 dān//xīn 3 〔동〕 근심하다. 걱정하다

奔 bèn 〔동〕 ~을 향해서 가다. 내달리다
储藏 chǔcáng 〔동〕 저장하다. 보관하다
实在 shízài 4 〔부〕 정말. 참으로
只是……罢了 zhǐshì...bàle 단지 ~할 뿐이다
走近 zǒujìn 〔동〕 다가가다. 다가오다. 다가서다. 가까이 가다
惊叫 jīngjiào 〔동〕 놀라 외치다
搞错 gǎocuò 〔동〕 잘못하다. 실수하다. 그르치다
家伙 jiāhuo 6 〔명〕 녀석. 놈. 자식
没救(儿) méijiù(r) 구제할 방법이 없다. 희망이 없다. 어쩔 수가 없다
原来 yuánlái 4 〔부〕 원래. 알고 보니

기호

옛날에 아주 큰 양계장을 가진 농장주 한 사람이 있었는데 그는 이에 대해 자랑스럽게 생각하였다.

그는 매일 새로 낳은 달걀 위에 알 낳은 날짜를 명확히 기록하였는데, 그렇게 하면 달걀이 얼마나 신선한가를 사람들이 알 수 있을 것이라 생각했기 때문이다.

어느 날 주인이 멀리 여행을 떠나려 하면서, 고용인에게 신신 당부를 했다.

주인: 새로 낳은 달걀마다 위에 날짜 기록하는 것을 절대 잊지 말아라!
고용인: 걱정하지 마세요. 제가 잘 할게요.

1주일쯤 지나서 주인이 돌아와서는, 곧장 식품저장실로 갔다. 그가 문을 열고 그 많은 달걀을 보고 기뻐서 말했다.

주인: 정말 잘했다! 고생 많았어!
고용인: 그런 말씀 마세요. 저는 마땅히 할 일을 한 것 뿐인데요 뭘.

농장주가 가까이 가서 자세히 보더니, 갑자기 놀라 외쳤다.

주인: 오, 맙소사! 너 이 녀석, 정말 못 말릴 놈이로구나!
고용인: 왜 그러시죠? 제가 뭘 잘못하기라도 했나요?

알고 보니, 모든 계란 위에는 하나같이 '오늘, 오늘, 오늘…'이라고 분명하게 씌어 있었다.

난잡		뜻	참고사항
한	亂雜	난잡하다. 어지럽다. 어수선하다. 심란하다	
중	杂乱 záluàn		(유) 乱杂 luànzá, 杂沓 zátà, 纷乱 fēnluàn, 凌乱 língluàn (반) 4 整齐 zhěngqí, 齐整 qízhěng, 整洁 zhěngjié

예문
- 屋子里很**杂乱**。 방안이 아주 어수선하다.
  Wūzi li hěn záluàn.

- 听了这个消息，她心里变得很**杂乱**。
  Tīng le zhè ge xiāoxi, tā xīnli biàn de hěn záluàn.
  이 소식을 듣고, 그녀는 마음이 몹시 심란해졌다.

유머 한 토막

 杂文 Záwén (잡문)

学生: 请问老师，写作文时最重要的是什么?
Xuésheng: Qǐngwèn lǎoshī, xiě zuòwén shí zuì zhòngyào de shì shénme?

老师: 主题明确、结构合理、语言通顺的作文才可以说是好作文。
Lǎoshī: Zhǔtí míngquè, jiégòu hélǐ, yǔyán tōngshùn de zuòwén cái kěyǐ shuō shì hǎo zuòwén.

学生: 老师，您读一读这篇文章，给个评语好吗?
Xuésheng: Lǎoshī, nín dú yi dú zhè piān wénzhāng, gěi ge píngyǔ hǎo ma?

老师: 好的。
Lǎoshī: Hǎo de.
　　　⋮

老师: 你这篇作文东拉西扯，真可谓**杂乱**无章啊！
Lǎoshī: Nǐ zhè piān zuòwén dōnglā xīchě, zhēn kěwèi záluàn wúzhāng a!

学生: 您说得很对，我是写的杂文！
Xuésheng: Nín shuō de hěn duì, wǒ shì xiě de záwén!

어휘

杂文 záwén 명 잡문
结构 jiégòu [5] 명 구조
通顺 tōngshùn 형 순통하다. 매끄럽다. 순탄하다. 조리가 있다
评语 píngyǔ 명 평가의 말. 비평의 말

东拉西扯 dōng lā xī chě 두서없이 마구 지껄이다. 되는 대로 이것저것 말하다
可谓 kěwèi 동 ~라고 말해도 좋다. ~라고 말할 수 있다
杂乱无章 záluàn wúzhāng 난잡하고 조리가 없다. 뒤죽박죽 엉망진창이다

잡문

학생: 선생님, 작문할 때 가장 중요한 것이 뭐예요?
선생님: 주제가 명확하고, 구조가 합리적이고 말이 매끄러운 작문이라야 좋은 작문이라 할 수 있지.
학생: 선생님, 이 문장을 좀 읽어보고, 평가를 해주시겠어요?
선생님: 그렇게 하지.
  ⋮
선생님: 너의 이 작문은 이것저것 되는 대로 마구 써서, 그야말로 난잡하고 조리가 없구나!
학생: 맞아요. 잡문을 쓴 거거든요!

노쇠 老衰 / 衰老

노쇠		뜻	참고사항
한	老衰	노쇠하다	
중	[6] 衰老 shuāilǎo		(유) 衰迈 shuāimài, 苍老 cānglǎo

예문

- 几年不见, 他竟<u>衰老</u>得快认不出来了。
  Jǐ nián bú jiàn, tā jìng shuāilǎo de kuài rèn bu chūlai le.
  몇 년 보지 못했는데, 그는 뜻밖에 거의 알아볼 수 없을 만큼 노쇠했다.

- 一看见父母<u>衰老</u>的样子, 他就很悲伤。 노쇠한 부모님의 모습을 보자, 그는 몹시 서글펐다.
  Yí kànjian fùmǔ shuāilǎo de yàngzi, tā jiù hěn bēishāng.

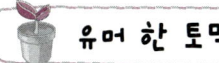

😀 让座儿 Ràngzuòr (자리 양보)

一个老人搭火车，车厢里非常拥挤，好不容易发现一个空位，便走过去问空位旁的年轻小伙子：
Yí ge lǎorén dā huǒchē, chēxiāng li fēicháng yōngjǐ, hǎo bu róngyi fāxiàn yí ge kòngwèi, biàn zǒu guòqu wèn kòngwèi páng de niánqīng xiǎohuǒzi:

老人： 这位子有人坐吗？
Lǎorén: Zhè wèizi yǒu rén zuò ma?

年轻人： 对不起，这儿有人坐的。
Niánqīngrén: Duìbuqǐ, zhèr yǒu rén zuò de.

老人只得无可奈何地站在过道一边。过了一会儿，来了一个年轻漂亮的小姐朝老人走来。这小伙子一见就站起来说：
Lǎorén zhǐdé wúkě nàihé de zhànzài guòdào yìbiān. Guò le yíhuìr, lái le yí ge niánqīng piàoliang de xiǎojie cháo lǎorén zǒulái. Zhè xiǎohuǒzi yí jiàn jiù zhànqǐlai shuō:

年轻人： 请这里坐。
Niánqīngrén: Qǐng zhèli zuò.

老人： (很气愤地) 你刚才不是说这儿有人坐吗？
Lǎorén: (hěn qìfènde) Nǐ gāngcái bú shì shuō zhèr yǒu rén zuò ma?

年轻人： 我说的人就是她嘛，她是我的妹妹！
Niánqīngrén: Wǒ shuō de rén jiù shì tā ma, tā shì wǒ de mèimei!

老人： 我有那么衰老吗？你竟敢捉弄我。
Laoren: Wǒ yǒu náme shuāilǎo ma? Nǐ jìng gǎn zhuō nòng wǒ.

年轻人： 我怎么捉弄你了？
Niánqīngrén: Wǒ zěnme zhuō nòng nǐ le?

老人： 她是我女儿，我什么时候生你的呀？
Lǎorén: Tā shì wǒ nǚ'ér, wǒ shénme shíhou shēng nǐ de ya?

어휘

让座儿 ràng//zuòr [동] 자리를 양보하다
搭 dā [6][동] (차 배 비행기 등을) 타다
车厢 chēxiāng [5][명] 객차. 객실
拥挤 yōngjǐ [5][형] 붐비다. 혼잡하다
好不容易 hǎo bu róngyi [부] 겨우. 가까스로. 간신히
发现 fāxiàn [3][동] 발견하다
年轻 niánqīng [3][형] 젊다
小伙子 xiǎohuǒzi [5][명] 총각. 젊은이

只得 zhǐdé [부] 할 수 없이. 어쩔 수 없이. 부득이
无可奈何 wúkě nàihé [6] 어찌할 도리가 없다. 방법이 없다
过道 guòdào [명] 통로
气愤 qìfèn [형] 분개하다. 몹시 화가 나다
　　(=愤怒 fènnù, 愤慨 fènkǎi)
捉弄 zhuōnòng [동] 놀리다. 조롱하다. 희롱하다
　　(= [4] 玩弄 wánnòng)

자리 양보

한 노인이 기차를 탔는데, 객차 안이 몹시 붐벼, 가까스로 빈자리를 하나 발견하고, 다가가 빈자리 옆의 젊은이에게 물었다.

노인: 이 자리 사람 있나?
젊은이: 죄송합니다. 여긴 앉을 사람이 있습니다.

노인은 어쩔 수 없이 통로 한쪽에 서있었다. 잠시 후에 젊고 예쁜 아가씨가 노인 쪽으로 걸어왔다. 젊은이가 보자마자 일어나 말했다.

젊은이: 이쪽으로 앉으세요.
노인: (매우 화가 나서) 자네 아까 여긴 앉을 사람이 있다고 했잖나?
젊은이: 내가 말한 사람이 바로 이 아가씨고, 이 아가씨 내 여동생입니다!
노인: 내가 그렇게 나이 들어 보여? 그래서 나를 놀리는군.
젊은이: 제가 어떻게 할아버지를 놀리겠어요?
노인: 이 아이는 내 딸인데, 내가 언제 자넬 낳았다는 거야?

논쟁 论争　争论

논쟁		뜻	참고사항
한	論爭	논쟁하다	
중	[5] 争论 zhēnglùn		(유) 争执 zhēngzhí, 争吵 zhēngchǎo, [5] 辩论 biànlùn

36

- 我现在不想跟你们**争论**。 지금 나는 너희들과 논쟁하고 싶지 않다.
  Wǒ xiànzài bù xiǎng gēn nǐmen zhēnglùn.

- 这是已经过去的事了，又何必再**争论**呢?
  Zhè shì yǐjing guòqù de shì le, yòu hébì zài zhēnglùn ne?
  이건 이미 지난 일이 되었는데, 구태여 다시 논쟁할 필요가 있을까요?

유머 한 토막

 最古老的职业 Zuì gǔlǎo de zhíyè (가장 오래된 직업)

深夜，一位医生，一位土木工程师和一位计算机专家坐在一起，**争论**究竟哪项工作才是最古老的职业。
Shēnyè, yí wèi yīshēng, yí wèi tǔmù gōngchéngshī hé yí wèi jìsuànjī zhuānjiā zuòzài yìqǐ, zhēnglùn jiūjìng nǎ xiàng gōngzuò cái shì zuì gǔlǎo de zhíyè.

医生:	圣经上写到，上帝抽出亚当的肋骨创造了夏娃。这可是个外科手术，因此医生是世界上最古老的职业。
Yīshēng:	Shèngjīng shang xiědào, shàngdì chōuchū Yàdāng de lègǔ chuàngzào le Xiàwá. Zhè kě shì ge wàikē shǒushù, yīncǐ yīshēng shì shìjiè shang zuì gǔlǎo de zhíyè.

工程师:	上帝在一片混乱中创造了秩序，这肯定是有史以来做的最大最好的一项土木工程，所以土木工程师才是世界上最古老的职业。
Gōngchéngshī:	Shàngdì zài yí piàn hùnluàn zhōng chuàngzào le zhìxù, zhè kěndìng shì yǒushǐ yǐlái zuò de zuìdà zuìhǎo de yí xiàng tǔmù gōngchéng, suǒyǐ tǔmù gōngchéngshī cái shì shìjiè shang zuì gǔlǎo de zhíyè.

计算机专家:	道理是非常明显的，我们何必**争论**呢? 那你们认为那片太初的混乱是谁制造的? 那当然是计算机专家，对不对?
Jìsuànjī zhuānjiā:	Dàolǐ shì fēicháng míngxiǎn de, wǒmen hébì zhēnglùn ne? Nà nǐmen rènwéi nà piàn tàichū de hùnluàn shì shéi chuàngzào de? Nà dāngrán shì jìsuànjī zhuānjiā, duì bu duì?

어휘

- 古老 gǔlǎo 5 형 오래되다
- 深夜 shēnyè 명 심야. 깊은 밤
- 工程师 gōngchéngshī 5 명 기술자. 엔지니어
- 计算机 jìsuànjī 명 컴퓨터. 계산기
- 专家 zhuānjiā 5 명 전문가
- 究竟 jiūjìng 4 부 도대체. 대관절
- 争论 zhēnglùn 5 동 논쟁하다
- 抽出 chōuchū 동 뽑아내다. 추출하다
- 亚当 Yàdāng 명 아담(Adam)
- 肋骨 lèigǔ 명 갈비뼈, 늑골

夏娃 Xiàwá 명 하와. 이브(Eve)
混乱 hùnluàn 6 명 형 혼란; 혼란하다. 혼란스럽다. 혼잡하다. 혼잡스럽다
秩序 zhìxù 5 명 질서
工程 gōngchéng 명 공사
肯定 kěndìng 4 형 분명하다. 확실하다. 확고하다

道理 dàoli 5 명 이치. 사리. 도리. 일리. 근거
明显 míngxiǎn 5 형 분명하다. 확연하다. 확실하다
认为 rènwéi 3 동 생각하다. 여기다. 간주하다
太初 tàichū 명 태초

가장 오래된 직업

깊은 밤, 의사와 토목기사, 컴퓨터 전문가가 함께 앉아, 어떤 일이야말로 가장 오래된 직업인지에 대해 논쟁을 했다.

의사: 성경에 하나님이 아담의 갈비뼈를 빼내서 하와를 창조했다고 씌어 있는데, 이것이야말로 외과수술이기 때문에 의사가 세계에서 가장 오래된 직업입니다.

기사: 하나님이 혼란 속에서 질서를 창조했으니, 이는 분명히 유사 이래로 벌인 최대, 최고의 토목공사였을 것이므로, 토목기사야말로 세계에서 가장 오래된 직업이지요.

컴퓨터 전문가: 이치가 아주 분명한데, 우리가 굳이 논쟁할 필요 있을까요? 그럼 당신들은 태초의 그 혼란을 누가 만들었다고 생각하죠? 그야 당연히 컴퓨터전문가죠, 안 그래요?

누적 累积 积累

	누적	뜻	참고사항
한	累積	누적[축적]하다. 누적[축적]되다. 쌓다. 쌓이다	
중	4 积累 jīlěi	누적[축적]하다. 누적[축적]되다. 쌓다. 쌓이다	(유) 累积 lěijī, 积存 jīcún, 积聚 jījù, 积蓄 jīxù, 聚积 jùjī (반) 5 消费 xiāofèi, 6 消耗 xiāohào

예문
- 这一切都是疲劳长期**积累**的结果。 이 모든 것은 피로가 장기간 누적된 결과이다.
  Zhè yíqiè dōu shì píláo chángqī jīlěi de jiéguǒ.

- 他们在这个过程中**积累**了相当可观的财富。
  Tāmen zài zhè ge guòchéng zhōng jīlěi le xiāngdāng kěguān de cáifù.
  그들은 이 과정에서 상당히 많은 재산을 축적했다.

유머 한 토막

苦尽甘来 Kǔjìn gānlái (고진감래)

一个青年快满30岁了，一直都贫困不堪。有一天，他去占卜。
Yí ge qīngnián kuài mǎn sānshí suì le, yìzhí dōu pínkùn bùkān. Yǒu yì tiān, tā qù zhānbǔ.

青年: 我什么时候能碰到好运气呢?
Qīngnián: Wǒ shénme shíhou néng pèngdào hǎo yùnqì ne?

卜者: 你命中注定头30年挨穷受苦，30以后就好了。
Bǔzhě: Nǐ mìng zhōng zhùdìng tóu sānshí nián áiqióng shòukǔ, sānshí yǐhòu jiù hǎo le.

青年: 真的吗? 那我明年就要交好运了!
Qīngnián: Zhēnde ma? Nà wǒ míngnián jiùyào jiāo hǎoyùn le!

卜者: 不! 我只是说，由于经验的积累，你30岁以后就习惯过穷日子了。
Bǔzhě: Bù! Wǒ zhǐshì shuō, yóuyú jīngyàn de jīlěi, nǐ sānshí suì yǐhòu jiù xíguàn guò qióng rìzi le.

어휘

苦尽甘来 kǔjìn gānlái 고생 끝에 낙이 오다
贫困 pínkùn ⑥ | 형 빈곤하다. 가난하다. 구차하다
不堪 bùkān ⑥ | 형 동 몹시 심하다. 심각하다; 견딜 수 없다. 감당할 수 없다
占卜 zhānbǔ 동 점치다
碰 pèng 동 만나다. 조우하다
运气 yùnqì ⑥ | 명 운명. 운수. 운세
卜者 bǔzhě 명 점쟁이
注定 zhùdìng 동 정해져 있다. 결정되어 있다

挨 ái ⑥ | 동 받다. 당하다
挨穷受苦 áiqióng shòukǔ 가난과 고통을 겪다
交好运 jiāo hǎoyùn 길운이 되다. 행운을 만나다
(=走好运 zǒu hǎoyùn/↔交霉运 jiāo méiyùn)
由于 yóuyú ④ | 개 ~으로 말미암아. ~ 때문에. ~로 인해서
过日子 guò rìzi 날을 보내다. 살다. 지내다. 생활하다

고진감래

곧 만 30살이 다 되어 가지만 내내 구차하기 짝이 없는 한 청년이 있었다. 그래서 하루는 점을 치러 갔다.

청년: 저는 언제쯤에나 좋은 운수를 만날 수 있을까요?
점쟁이: 당신 운명에는 처음 30년은 가난과 고통을 겪지만, 30 이후에는 좋아진다고 되어 있습니다.

청년: 정말입니까? 그럼 난 내년이면 곧 행운을 만나게 되겠네요!
점쟁이: 아닙니다. 나는 단지, 경험의 누적으로 인해 30살 이후에는 궁핍한 생활을 하는 데 익숙해질 거라 말하는 것이오.

누추 陋丑 / 丑陋

	누추	뜻	참고사항
한	陋醜	① (행색·장소 등이) 누추하다. 더럽다. 지저분하다 ② (용모나 모양이) 추하다. 못나다. 못생기다	중국어에서는 주로 ②의 뜻으로 쓰이고, ①의 뜻으로는 肮脏 āngzhang, 邋遢 lāta, 不整洁 bù zhěngjié, 简陋 jiǎnlòu 가 주로 쓰인다.
중	丑陋 chǒulòu		② (유) 丑 chǒu, ⑥ 丑恶 chǒu'è, ⑤ 难看 nánkàn (반) ① 漂亮 piàoliang, ④ 美丽 měilì, 美貌 měimào, 标致 biāozhì, 俊美 jùnměi, 俊俏 jùnqiào, 俊秀 jùnxiù, 俏丽 qiàolì

예문

① (행색·장소 등이) 누추하다. 더럽다. 지저분하다

- 那个建筑被评为全市最**丑陋**建筑。
  Nà gè jiànzhù bèi píngwéi quánshì zuì chǒulòu jiànzhù.
  그 건축물은 도시 전체에서 가장 지저분한 건물로 평가되었다.

- 那是体育史上最**丑陋**的球场打斗事件。
  Nà shì tǐyùshǐ shang zuì chǒulòu de qiúchǎng dǎdòu shìjiàn.
  그것은 체육 역사상 최악의 구장 난동사건이다.

② (용모나 모양이) 추하다. 못나다. 못생기다

- 她长得很丑陋。 그녀는 아주 못생겼다.
  Tā zhǎng de hěn chǒulòu.

- 猪八戒的外貌丑陋是丑陋点儿，但是心地很善良。
  Zhūbājiè de wàimào chǒulòu shì chǒulòu diǎnr, dànshì xīndì hěn shànliáng.
  저팔계는 외모가 좀 못나긴 했지만, 마음은 아주 착하다.

유머 한 토막

狗与丈夫 Gǒu yǔ zhàngfu (개와 남편)

丈夫: 你出去的时候，干吗带着那只怪模怪样的花狗呢？
Zhàngfu: Nǐ chūqù de shíhou, gànmá dàizhe nà zhī guàimú guàiyàng de huāgǒu ne?

妻子: 我觉得那条狗很可爱。
Qīzi: Wǒ juéde nà tiáo gǒu hěn kě'ài.

丈夫: 我知道，你话是这么说，心里却不是这样想。
Zhàngfu: Wǒ zhīdao, nǐ huà shì zhème shuō, xīnli què bú shì zhèyàng xiǎng.

妻子: 我哪儿有别的理由！
Qīzi: Wǒ nǎr yǒu bié de lǐyóu!

丈夫: 你一定要带着那只丑陋的狗，是想显示出你的美貌，对不对？
Zhàngfu: Nǐ yídìng yào dàizhe nà zhī chǒulòu de gǒu, shì xiǎng xiǎnshìchū nǐ de měimào, duì bu duì?

妻子: 你真糊涂，如果想那样，我还不如带你出去更好！
Qīzi: Nǐ zhēn hútu, rúguǒ xiǎng nàyàng, wǒ hái bùrú dài nǐ chūqù gèng hǎo!

어휘

干吗 gànmá 대 왜. 무엇때문에
怪模怪样 guàimú guàiyàng 모양이 괴이하다. 모습이 괴상하다
花狗 huāgǒu 명 얼룩 개
显示 xiǎnshì 5 동 드러내다. 나타내 보이다. 과시하다

美貌 měimào 명 미모
糊涂 hútu 5 형 흐릿하다. 흐리멍덩하다. 얼떨떨하다
不如 bùrú 5 동 연 ~만 못하다; ~하는 편이 낫다

개와 남편

남편: 당신 외출할 때, 뭐하러 저 괴상스럽게 생긴 얼룩 개를 데리고 가는 거야?
아내: 나는 저 개가 아주 귀여운 걸요.
남편: 당신이 말은 그렇게 해도, 속마음은 그렇지 않다는 걸 나는 알아.
아내: 나한테 무슨 다른 이유가 있겠어요!
남편: 꼭 저 못생긴 개를 데리고 가려는 건, 당신의 미모를 과시하고 싶어서지, 안 그래?
아내: 당신 참 상황파악을 못 하네요. 만약 그럴 생각이라면, 당신과 함께 나가는 게 더 낫죠!

단계		뜻	참고사항
한	段階	단계. 시기	
중	5 阶段 jiēduàn		(유) 5 时期 shíqī

예문
- 美国要分阶段撤兵。 미국은 단계적으로 철군하려 한다.
  Měiguó yào fēn jiēduàn chèbīng.

- 这项技术已经进入了实用阶段。 이 기술은 이미 실용단계에 접어들었다.
  Zhè xiàng jìshù yǐjing jìnrù le shíyòng jiēduàn.

유머 한 토막

 戒烟 Jièyān (금연)

丈夫: 我很想戒烟，没有什么好办法吗?
Zhàngfu: Wǒ hěn xiǎng jièyān, méiyǒu shénme hǎo bànfǎ ma?

妻子: 你的烟瘾很大，怎么忽然想起戒烟了呢?
Qīzi: Nǐ de yānyǐn hěn dà, zěnme hūrán xiǎngqǐ jièyān le ne?

丈夫: 别拿人家开心了！
Zhàngfu: Bié ná rénjia kāixīn le!

妻子: 好吧。打算什么时候戒呢?
Qīzi: Hǎo ba. Dǎsuan shénme shíhou jiè ne?

丈夫: 从现在开始，分两步走。第一步节制，由一个月四条减为两条。
Zhàngfu: Cóng xiànzài kāishǐ, fēn liǎng bù zǒu. Dìyī bù jiézhì, yóu yí ge yuè sì tiáo jiǎn wéi liǎng tiáo.

妻子: 那第二步呢?
Qīzi: Nà dì'èr bù ne?

丈夫: 到第二阶段，只在两种情况下抽烟。
Zhàngfu: Dào dì'èr jiēduàn, zhǐ zài liǎng zhǒng qíngkuàng xià chōuyān.

妻子: 哪两种情况?
Qīzi: Nǎ liǎng zhǒng qíngkuàng?

丈夫: 下雨和不下雨的时候。
Zhàngfu: Xiàyǔ hé bú xiàyǔ de shíhou.

妻子: 你在开玩笑吗? 你这个人真是……!
Qīzi: Nǐ zài kāi wánxiào ma? Nǐ zhè ge rén zhēnshi…!

어휘

戒烟 jiè//yān ⑤ 동 담배를 끊다. 금연하다
烟瘾 yānyǐn 명 담배 중독. 니코틴 중독. 담배인
想起 xiǎngqǐ 동 상기하다. 생각하다. 떠올리다
开心 kāixīn ⑤ 동 형 놀리다. 희롱하다; 즐겁다. 유쾌하다

步 bù 명 (일이 진행되는) 단계. 순서
条 tiáo ③ 양 보루[담배 10갑들이 1보루를 세는 양사]
节制 jiézhì 동 절제하다. 줄이다. 억제하다

금연

남편: 담배를 몹시 끊고 싶은데, 좋은 방법 좀 없을까?
아내: 당신은 담배 중독이 심각한데, 어떻게 갑자기 금연할 생각을 했대요?
남편: 사람 놀리지 말아요!
아내: 좋아요. 언제 끊을 건데요?
남편: 지금부터 시작해, 두 단계로 나누어 가겠소. 1단계는 줄이는 건데, 한 달 4보루에서 2보루로 줄이겠소.
아내: 그럼 2단계는요?
남편: 2단계에 가서는, 두 가지 상황에만 담배를 피우겠소.
아내: 어떤 두 가지 상황이요?
남편: 비가 올 때와 오지 않을 때.
아내: 지금 당신 장난해요? 당신이란 사람, 정말!

단축 短縮 缩短

단축		뜻	참고사항
한	短縮	단축하다. 줄이다	
중	⑤ 缩短 suōduǎn		(유) 缩减 suōjiǎn (반) ⑤ 延长 yáncháng

· 这么办，既省事，又**缩短**时间。 이렇게 하면, 일도 덜고 시간도 단축할 수 있다.
Zhème bàn, jì shěngshì, yòu suōduǎn shíjiān.

· 听说每抽一支烟，**缩短**寿命五分三十秒。
Tīngshuō měi chōu yì zhī yān, suōduǎn shòumìng wǔ fēn sānshí miǎo.
듣자하니, 담배 한 개비를 피울 때마다, 수명이 5분30초 단축된다고 한다.

유머 한 토막

 两条隧道 Liǎng tiáo suìdào (두 개의 터널)

英法两国为了**缩短**往来时间，打算在两国之间修一条海底隧道，于是两国各派一名工程师开会决定工程如何进行。
YīngFǎ liǎngguó wèile suōduǎn wǎnglái shíjiān, dǎsuan zài liǎngguó zhījiān xiū yì tiáo hǎidǐ suìdào, yúshì liǎngguó gè pài yì míng gōngchéngshī kāihuì juédìng gōngchéng rúhé jìnxíng.

英国工程师： Yīngguó gōngchéngshī:	其实这个工程很简单。 Qíshí zhè ge gōngchéng hěn jiǎndān.
法国工程师： Fǎguó gōngchéngshī:	这种大工程，怎么能说得那么容易呢? Zhè zhǒng dà gōngchéng, zěnme néng shuō de nàme róngyì ne?
英国工程师： Yīngguó gōngchéngshī:	你们从法国那边挖过来，我们从英国这边挖过去，在中途会合，工程就结束了！ Nǐmen cóng Fǎguó nàbiān wā guòlai, wǒmen cóng Yīngguó zhèbiān wā guòqu, zài zhōngtú huìhé, gōngchéng jiù jiéshù le!
法国工程师： Fǎguó gōngchéngshī:	要是中途没有碰上呢? Yàoshi zhōngtú méiyǒu pèngshàng ne?
英国工程师： Yīngguó gōngchéngshī:	嗯，那更好，我们就有两条隧道了！ Ng, nà gèng hǎo, wǒmen jiù yǒu liǎng tiáo suìdào le!

어휘

隧道 suìdào ⑥ 명 터널
打算 dǎsuan ③ 동 명 계획하다. 작정하다. 고려
　　　　　 하다; 생각. 계획. 타산
海底 hǎidǐ 명 해저
容易 róngyì ③ 형 쉽다. 수월하다. 간단하다

挖 wā 동 파다. 파내다
中途 zhōngtú 명 도중
会合 huìhé 동 회합하다. 합류하다
结束 jiéshù ③ 동 끝나다. 마치다

두 개의 터널

영국과 프랑스 양국이 왕래시간을 단축하기 위해, 양국 간에 해저터널을 짓기로 하고, 양국이 한 명씩의 엔지니어를 파견하여 공사를 어떻게 진행할 것인지 회의하여 결정하기로 했다.

영국 엔지니어: 사실 이 공사는 아주 간단합니다.
프랑스 엔지니어: 이와 같은 대규모 공사를 어떻게 그리 쉽게 말할 수가 있죠?

영국 엔지니어: 당신들은 프랑스 쪽에서 파오고 우리는 영국 쪽에서 파가다가, 도중에 만나면, 공사가 끝날 테니까요!
프랑스 엔지니어: 만약 도중에 만나지 못하면요?
영국 엔지니어: 음, 그럼 더 좋지요. 두 개의 터널을 갖게 될 테니까!

단편 断片 片断

	단편	뜻	참고사항
한	断片	단편. 토막. 조각. (일)부분 단편적이다. 부분적이다. 불완전하다	
중	片断 piànduàn		(유) 片段 piànduàn, 片面 piànmiàn

예문
- 这只是这个故事的一个片断。 이것은 이 이야기의 한 단편일뿐이다.
  Zhè zhǐshì zhè ge gùshi de yí ge piànduàn.

- 他把片断的想法一个一个地记下来了。 그는 단편적인 생각을 하나하나 기록해 두었다.
  Tā bǎ piànduàn de xiǎngfǎ yí ge yí ge de jì xiàlai le.

유머 한 토막

 祝贺中了彩票 Zhùhè zhòng le cǎipiào (복권당첨을 축하해요)

亲爱的:
Qīn'ài de:

自从咱们分手以后，我心中的痛苦是无法用语言形容的。
Zìcóng zánmen fēnshǒu yǐhòu, wǒ xīnzhōng de tòngkǔ shì wúfǎ yòng yǔyán xíngróng de.

我恳切地要求，我们和好吧。我怎么能把你忘了呢？
Wǒ kěnqiè de yāoqiú, wǒmen héhǎo ba. Wǒ zěnme néng bǎ nǐ wàng le ne?

咱们在一起度过的快乐美妙时光的**片断**在我脑海里浮现，不管在哪里，我都忘不了你。
Zánmen zài yìqǐ dùguò de kuàilè měimiào shíguāng de piànduàn zài wǒ nǎohǎi li fúxiàn, bùguǎn zài nǎli, wǒ dōu wàng bu liǎo nǐ.

我这才明白你在我心中的位置是没有人可以代替的。
Wǒ zhè cái míngbai nǐ zài wǒ xīnzhōng de wèizhì shì méiyǒu rén kěyǐ dàitì de.

请宽恕我吧，我爱你！我爱你！我爱你！
Qǐng kuānshù wǒ ba, wǒ ài nǐ! Wǒ ài nǐ! Wǒ ài nǐ!

永远属于你的宝贝。
Yǒngyuǎn shǔyú nǐ de bǎobèi.

再启：祝贺你的乐透彩票中了大奖。
Zàiqǐ: Zhùhè nǐ de Lètòu Cǎipiào zhòng le dàjiǎng.

어휘

中 zhòng	동	맞히다. 당첨되다. 들어맞다. 명중하다
彩票 cǎipiào	6 명	복권
分手 fēn//shǒu	6 동	헤어지다. 갈라서다. 이별을 하다
痛苦 tòngkǔ	5 형	고통스럽다. 괴롭다. 쓰라리다
语言 yǔyán	4 명	언어. 말
形容 xíngróng	5 동	형용하다. 표현하다. 묘사하다
恳切 kěnqiè	6 형	간절하다. 간곡하다. 진지하다
要求 yāoqiú	3 동	요구하다. 요청하다. 요망하다
和好 héhǎo	동	화해하다; 화목하다. 우호적이다
度过 dùguò	5 동	보내다. 지내다
美妙 měimiào	6 형	아름답고 즐겁다. 더없이 좋다
时光 shíguāng	6 명	시절. 때. 시기
脑海 nǎohǎi	명	머리. 뇌리
浮现 fúxiàn	동	떠오르다. 생각나다
不管 bùguǎn	4 연	~에 관계없이. ~을 막론하고. ~을 하든지간에
宽恕 kuānshù	동	너그럽게 용서하다
属于 shǔyú	5 동	~에 속하다. ~에 소속되다. ~의 것이다
再启 zàiqǐ	명	추신(PS. postscript) (=又启 yòuqǐ)
乐透彩票 Lètòu Cǎipiào	명	로또복권
大奖 dàjiǎng	명	대상. 그랑프리. 최우수상

복권당첨을 축하해요

사랑하는 자기
우리가 헤어지고 나서부터, 내 맘속의 고통을 말로는 이루 표현할 수가 없었어.
간절히 바라는데, 우리 화해해. 내가 어떻게 당신을 잊어버릴 수가 있겠어!
우리가 함께 보냈던 즐겁고 아름답던 시절의 단편들이 내 뇌리에 떠올라, 어디에 있든지간에, 난 당신을 잊을 수가 없어.
내 마음속에서의 당신의 위치를 대체할 수 있는 사람은 아무도 없다는 것을 나는 이제야 알았어.
나를 너그럽게 용서해줘. 당신을 사랑해! 사랑해! 사랑해!
영원히 당신의 것인 보배가.

추신: 당신의 로또복권 1등 당첨을 축하해요.

도달 到达 达到

	누적	뜻	참고사항
한	到達		중국어에서 到达는 주로 ②의 뜻으로 쓰이고, 추상적인 사물이 빈어가 되는 ①의 뜻으로는 주로 达到를 쓴다.
중	[5] 达到 dádào	① (목표나 정도에) 이르다. 도달하다. 달성하다 ② (목적·장소에) 도착하다	① (유) 到 dá ② (유) [2] 到 dào, [5] 到达 dàodá, [6] 抵到 dǐdá (반) [4] 出发 chūfā, [6] 动身 dòngshēn, 登程 dēngchéng, 起程 qǐchéng, [6] 启程 qǐchéng, 上路 shànglù

예문

① (어떤 목표나 정도에) 이르다. 도달하다. 달성하다

- 现在剧情达到了高潮。 지금 극의 줄거리가 클라이맥스에 이르렀다.
  Xiànzài jùqíng dádào le gāocháo.

- 他们的技术已经达到了国际先进水平。 그들의 기술은 이미 국제 선진 수준에 도달했다.
  Tāmen de jìshù yǐjing dádào le guójì xiānjìn shuǐpíng.

② (목적·장소에) 도착하다

- 火车下午五点左右达到北京。 기차는 오후 5시쯤에 베이징에 도착한다.
  Huǒchē xiàwǔ wǔ diǎn zuǒyòu dádào Běijīng.

- 他经历了千辛万苦终于达到了北极。 그는 천신만고 끝에 마침내 북극에 도달했다.
  Tā jīnglì le qiānxīn wànkǔ zhōngyú dádào le běijí.

유머 한 토막

 一个窍门 Yí ge qiàomén (절묘한 방안)

总经理: 李主任，我有一件事要跟你商量一下。
Zǒngjīnglǐ: Lǐ zhǔrèn, wǒ yǒu yí jiàn shì yào gēn nǐ shāngliang yíxià.

主任: 好的。
Zhǔrèn: Hǎo de.

总经理: 有公司想收购我们公司的事，你也听说了吧?
Zǒngjīnglǐ: Yǒu gōngsī xiǎng shōugòu wǒmen de shì, nǐ yě tīngshuō le ba?

主任: 听说了。
Zhǔrèn: Tīngshuō le.

总经理: 我要你设法把我们公司股票的价格抬高，让他们买不起。
Zǒngjīnglǐ: Wǒ yào nǐ shèfǎ bǎ wǒmen gōngsī gǔpiào de jiàgé táigāo, ràng tāmen mǎi bu qǐ.

主任: 好像不是简单的事情。
Zhǔrèn: Hǎoxiàng bú shì jiǎndān de shìqing.

总经理: 不管你用什么方法，只要达到目的就行了！
Zǒngjīnglǐ: Bùguǎn nǐ yòng shénme fāngfǎ, zhǐyào dádào mùdì jiù xíngle!

主任: 好了，我动动脑筋找找窍门吧。
Zhǔrèn: Hǎo le, wǒ dòngdong nǎojīn zhǎozhao qiàomén ba.

第二天，该公司股票的价格上涨了10个百分点，第三天又大幅度涨高了，总经理非常满意。
Dì'èr tiān, gāi gōngsī gǔpiào de jiàgé shàngzhǎng le shí ge bǎifēndiǎn, dìsān tiān yòu dà fúdù zhǎnggāo le, zǒngjīnglǐ fēicháng mǎnyì.

总经理: 李主任，你是怎么做到的?
Zǒngjīnglǐ: Lǐ zhǔrèn, nǐ shì zěnme zuòdào de?

主任: 我放了一个假信息。
Zhǔrèn: Wǒ fàng le yí ge jiǎ xìnxī.

总经理: 什么假信息?
Zǒngjīnglǐ: Shénme jiǎ xìnxī?

主任: 我说你快要辞职了。
Zhǔrèn: Wǒ shuō nǐ kuàiyào cízhí le.

总经理: 什么?
Zǒngjīnglǐ: Shénme?

어휘

窍门 qiàomén 〔명〕 묘안. 절묘한 방안
商量 shāngliang 4 〔동〕 의논하다. 상의하다
收购 shōugòu 〔동〕 사들이다. 구매하다. 수매하다
设法 shèfǎ 〔동〕 대책을 세우다. 방도를 강구하다
股票 gǔpiào 5 〔명〕 주식
抬高 táigāo 〔동〕 (위치 가격 등을) 높이다. 쳐들다. 끌어올리다
买不起 mǎi bu qǐ (주머니 사정상) 살 수 없다

动脑筋 dòng nǎojīn 머리를 쓰다. 머리를 굴리다. 골똘히 생각하다
上涨 shàngzhǎng 〔동〕 (수위나 물가가) 오르다
百分点 bǎifēndiǎn 6 〔명〕 퍼센트 포인트(percent point). %P
幅度 fúdù 6 〔명〕 (변동의) 폭
涨 zhǎng 5 〔동〕 (수위나 물가가) 오르다. 상승하다
信息 xìnxī 5 〔명〕 정보. 소식

절묘한 방안

사장: 이 주임! 의논할 일이 좀 있네.
주임: 네, 알겠습니다.
사장: 우리 회사를 인수하려고 하는 회사가 있다는 걸 자네도 들어봤겠지?
주임: 네, 들어봤습니다.
사장: 나는 자네가 우리 회사 주식 가격을 끌어올림으로써, 그들이 살 수 없도록 방법을 강구했으면 하네.
주임: 간단한 일이 아닐 것 같습니다.
사장: 무슨 방법을 쓰든, 목적만 달성하면 돼!
주임: 좋습니다. 머리를 좀 써서 묘안을 찾아보겠습니다.

다음날, 이 회사 주식 가격이 10% 포인트 올랐고, 셋째 날 또 큰 폭으로 상승해 사장은 매우 만족스러워 했다.

사장: 이 주임, 어떻게 해냈지?
주임: 거짓 정보를 하나 흘렸습니다.
사장: 어떤 거짓 정보인가?
주임: 사장님이 곧 사직하게 될 것이라 했습니다.
사장: 뭐라고?

매매		뜻	참고사항
한	賣買	장사. 매매. 거래. 사업	
중	买卖 mǎimai		(유) 生意 shēngyi, 6 交易 jiāoyì

예문
- 双方已经签订了买卖合同。 쌍방은 이미 매매계약을 체결하였다.
  Shuāngfāng yǐjing qiāndìng le mǎimai hétong.

- 最近市场不景气，买卖不怎么好。 최근 시장이 불경기라, 장사가 별로 안 된다.
  Zuìjìn shìchǎng bù jǐngqì, mǎimai bù zěnme hǎo.

유머 한 토막

 正点到站 Zhèngdiǎn dào zhàn (정시 도착)

商人: 抽支烟吧，恭喜你！
Shāngrén: Chōu zhī yān ba, gōngxǐ nǐ!

列车员: 恭喜什么？
Lièchēyuán: Gōngxǐ shénme?

商人: 火车准时到了站，这不是应该祝贺的事吗？
Shāngrén: Huǒchē zhǔnshí dào le zhàn, zhè bú shì yīnggāi zhùhè de shì ma?

列车员: 准时到了站？
Lièchēyuán: Zhǔnshí dào le zhàn?

商人: 我在这条铁路上做了10年的买卖，火车正点到站，这是第一次。
Shāngrén: Wǒ zài zhè tiáo tiělù shang zuò le shí nián de mǎimai, huǒchē zhèngdiǎn dào zhàn, zhè shì dìyī cì.

列车员: 还是留着你的烟吧。
Lièchēyuán: Háishi liúzhe nǐ de yān ba.

商人: 怎么了？
Shāngrén: Zěnme le?

列车员:　其实这是昨天的列车！
Lièchēyuán: Qíshí zhè shì zuótiān de lièchē!

商人:　怪不得……
Shāngrén: Guàibude...

어휘

正点 zhèngdiǎn 명 정시. 정각
恭喜 gōngxǐ 동 축하하다
列车员 lièchēyuán 명 (열차의) 승무원
留 liú 4 동 남기다. 보류하다
其实 qíshí 3 부 실은. 사실은
怪不得 guàibude 5 부 어쩐지. 과연

정시 도착

상인: 담배 한 대 피우시죠. 축하해요!
승무원: 뭘 축하해요?
상인: 열차가 제시간에 역에 도착했는데, 이거 축하할 일 아닌가요?
승무원: 제시간에 도착했다고요?

상인: 내가 이 철로에서 10년 동안 장사를 했는데, 기차가 정시에 역에 도착한 건 이번이 처음입니다.
승무원: 담배 그냥 넣어두시죠.
상인: 왜 그러시죠?
승무원: 사실 이건 어제 열차거든요!
상인: 어쩐지…

매수 买收 / 收买

매수		뜻	참고사항
한	買收	매수하다. 회유하다. 포섭하다	(유) 买通 mǎitōng, 贿通 huìtōng (반) 6 出卖 chūmài
중	收买 shōumǎi		

예문
- 他好像被谁**收买**了。 그는 누구에겐가 매수된 것 같다.
  Tā hǎoxiàng bèi shéi shōumǎi le.

- 他用金钱**收买**了反对派。 그는 돈으로 반대파를 매수했다.
  Tā yòng jīnqián shōumǎi le fǎnduìpài.

유머 한 토막

😊 **诚实的政治家** Chéngshí de zhèngzhìjiā (성실한 정치가)

助理: 我有一个问题想问问您。
Zhǔlǐ: Wǒ yǒu yí ge wèntí xiǎng wènwen nín.

议员: 请说吧。
Yìyuán: Qǐng shuō ba.

助理: 但又怕您生气。
Zhǔlǐ: Dàn yòu pà nín shēngqì.

议员: 什么问题？没关系，尽管说！
Yìyuán: Shénme wèntí? Méi guānxi, jǐnguǎn shuō!

助理: 您老说自己是个诚实的政治家，何以为证？
Zhǔlǐ: Nín lǎo shuō zìjǐ shì ge chéngshí de zhèngzhìjiā, héyǐ wéi zhèng?

议员: 不瞒你说，我也不否认我是可以被**收买**的，谁掏腰包，我就为谁效劳。我说到做到！
Yìyuán: Bù mán nǐ shuō, wǒ yě bù fǒurèn wǒ shì kěyǐ bèi shōumǎi de, shéi táo yāobāo, wǒ jiù wèi shéi xiàoláo. Wǒ shuōdào zuòdào!

어휘

助理 zhùlǐ ⑥ 명 보조. 조수. 보좌관
生气 shēng//qì ③ 동 화를 내다. 성을 내다
尽管 jǐnguǎn ④ 부 얼마든지. 마음 놓고. 주저 없이
何以 héyǐ 부 무엇으로 어떻게 왜 어찌하여
瞒 mán 동 속이다. 숨기다
掏 tāo ⑥ 동 꺼내다. 끄집어내다

腰包 yāobāo 명 (허리춤에 차거나 몸에 지니고 다니는) 돈주머니
效劳 xiào//láo 동 힘을 다하다. 진력하다. 충성을 다하다
说到做到 shuōdào zuòdào 말한 것은 반드시 실행한다. 약속은 반드시 지킨다

성실한 정치가

보좌관: 의원님께 좀 여쭙고 싶은 게 하나 있는데요.
의원: 말해봐요.
보좌관: 의원님이 화를 내실지도 모르겠습니다.
의원: 무슨 일인데? 괜찮으니 스스럼없이 말해요!
보좌관: 의원님은 스스로 성실한 정치가라고 늘 말씀하시는데, 무엇으로 증명하시죠?
의원: 솔직히 말하면, 나도 물론 매수당할 수 있는 사람이란 것을 부인하진 않아요. 누군가 허리춤의 돈주머니를 꺼내면, 나는 그를 위해 충성을 다할 테니까. 난 한다면 하지!

매출 卖出 / 出卖

매출		뜻	참고사항
한	賣出	① 팔다. 매각하다	(유) 出售 chūshòu, 5 销售 xiāoshòu
중	6 出卖 chūmài		(반) 6 采购 cǎigòu, 购买 gòumǎi, 收购 shōugòu,
		② 팔아먹다. 배신하다	(반) 收买 shōumǎi, 买通 mǎitōng, 贿通 huìtōng

예문

① 매출. 팔다. 매각하다

- 他为了钱出卖了他的灵魂。 그는 돈을 위해서 양심을 팔았다.
  Tā wèile qián chūmài le tā de línghún.

- 他找不到工作，不得不出卖体力。 그는 일자리를 못 찾아서, 체력을 팔 수 밖에 없다.
  Tā zhǎo bu dào gōngzuò, bùdébù chūmài tǐlì.

② 팔아먹다. 배신하다

- 他出卖我，我怎么也不敢相信。 그가 나를 배신하다니, 난 도저히 믿을 수가 없다.
  Tā chūmài wǒ, wǒ zěnme yě bùgǎn xiāngxìn.

- 耶稣的弟子犹大把耶稣出卖了，他被人钉在了十字架上。
  Yēsū de dìzǐ Yóudà bǎ Yēsū chūmài le, tā bèi rén dìng zài le shízìjià shang.
  예수의 제자 유다는 예수를 배신하여, 그를 십자가에 못 박히게 했다.

유머 한 토막

 配套书籍 Pèitào shūjí (세트 서적)

顾客: 我想买一本有关理财的书。
Gùkè: Wǒ xiǎng mǎi yì běn yǒuguān lǐcái de shū.

售货员: 这边儿有好几种，您随便挑吧。
Shòuhuòyuán: Zhèbiānr yǒu hǎo jǐ zhǒng, nín suíbiàn tiāo ba.

顾客: 你帮我推荐一本，好吗?
Gùkè: Nǐ bāng wǒ tuījiàn yì běn, hǎo ma?

售货员: 那你就买这一本吧。书名是《如何在一夜间成为百万富翁》。
Shòuhuòyuán: Nà nǐ jiù mǎi zhè yì běn ba. Shūmíng shì ≪Rúhé zài yí yèjiān chéngwéi bǎiwàn fùwēng≫.

顾客: 好，听你的。
Gùkè: Hǎo, tīng nǐ de.

售货员从书架拿来两本书，包了起来。
Shòuhuòyuán cóng shūjià nálái liǎng běn shū, bāo le qǐlai.

顾客: 我只要买一本。
Gùkè: Wǒ zhǐyào mǎi yì běn.

售货员: 我知道。这另一本书是《刑法》。我们总是把这两本书配套出卖。
Shòuhuòyuán: Wǒ zhīdao. Zhè lìng yì běn shū shì ≪Xíngfǎ≫. Wǒmen zǒngshì bǎ zhè liǎng běn shū pèitào chūmài.

어휘

配套 pèi//tào ⑥ | 동 세트로 만들다. 조립하다. 짜 맞추다
理财 lǐ//cái 동 재산을 관리하다. 재무를 관리하다. 재테크를 하다
随便 suíbiàn ④ | 부 마음대로. 하고 싶은 대로

推荐 tuījiàn ⑤ | 동 추천하다
如何 rúhé ⑤ | 대 어떻게. 어찌하면. 어쩌면
夜间 yèjiān 명 야간. 밤사이. 밤 동안
百万富翁 bǎiwàn fùwēng 명 백만장자
总是 zǒngshì ③ | 부 늘. 항상

세트 서적

고객: 재테크와 관련된 책을 한 권 살까 하는데요.
판매원: 이쪽에 여러 종이 있으니까, 마음대로 골라보세유
고객: 저한테 한 권 추천해주시겠어요?
판매원: 그럼 이 책으로 하세요. 책이름은 《어떻게 하룻밤에 백만장자가 될 것인가》입니다.
고객: 좋습니다. 그렇게 하지요.

판매원은 서가에서 두 권의 책을 꺼내더니, 포장하기 시작했다.

고객: 저는 한 권만 살 건데요.
판매원: 알고 있습니다. 다른 한 권은 《형법》입니다. 우리는 항상 이 두 권의 책을 세트로 판매하고 있습니다.

면회 面会 / 会面

	면회	뜻	참고사항
한	面會	만나다. 대면하다. 면회하다	(유) ③ 见面 jiànmiàn, 会见 huìjiàn, 会客 huìkè, ⑥ 会晤 huìwù
중	会面 huìmiàn		会见은 주로 외교적인 회합에 쓰고, '기자회견'은 记者招待会 jìzhě zhāodàihuì, 新闻发布会 xīnwén fābùhuì라고 한다.

예문
- 我们很久没有**会面**了。 우리는 오랫동안 만나지 못했다.
  Wǒmen hěn jiǔ méiyǒu huìmiàn le.

- 那个重症患者正在和家人**会面**。 그 중환자는 지금 가족과 면회 중이다.
  Nà ge zhòngzhèng huànzhě zhèngzài hé jiārén huìmiàn.

유머 한 토막

😊 **相亲** Xiāngqīn (맞선)

朋友:　听说你相亲了，是吗?
Péngyou:　Tīngshuō nǐ xiāngqīn le, shì ma?

光棍儿:　是啊！上周末通过朋友介绍，见了个女孩。
Guānggùnr:　Shì a! Shàng zhōumò tōngguò péngyou jièshào, jiàn le ge nǚhái.

朋友:　怎么样?
Péngyou:　Zěnmeyàng?

光棍儿:　没什么！只是有件很荒唐的事。
Guānggùnr:　Méi shénme! Zhǐshì yǒu jiàn hěn huāngtáng de shì.

朋友:　快讲讲！
Péngyou:　Kuài jiǎngjiang!

光棍儿:　那天和她**会面**的时候，她对我说："我最讨厌依靠父母、不学武术(←不学无术)的人。"
Guānggùnr:　Nàtiān hé tā huìmiàn de shíhou, tā duì wǒ shuō: 'Wǒ zuì tǎoyàn yīkào fùmǔ, bù xué wǔshù(←bù xué wúshù) de rén'.

朋友: 你说什么?
Péngyou: Nǐ shuō shénme?

光棍儿: 我听了那话可高兴了。所以连忙说:"对对!我也是这么认为!"
Guānggùnr: Wǒ tīng le nà huà kě gāoxìng le. Suǒyǐ liánmáng shuō: 'Duì duì! Wǒ yě shì zhème rènwéi!'

朋友: 她的反应如何?
Péngyou: Tā de fǎnyìng rúhé?

光棍儿: 我看到她点头,讲了下去。"青年人打架,哪能靠父母帮忙,应该自己学点武术。瞧我,每天都在练少林拳,另外剑术、气功我也精通……"
Guānggùnr: Wǒ kàndào tā diǎntóu, jiǎng le xiàqu. 'Qīngniánrén dǎjià, nǎ néng kào fùmǔ bāngmáng, yīnggāi zìjǐ xué diǎn wǔshù. Qiáo wǒ, měitiān dōu zài liàn Shàolínquán, lìngwài jiànshù, qìgōng wǒ yě jīngtōng…'

朋友: 天哪!
Péngyou: Tiān na!

光棍儿: 谁知我话没讲完,她已经站起来,走了……
Guānggùnr: Shéi zhī wǒ huà méi jiǎngwán, tā yǐjing zhàn qǐlai, zǒu le…

어휘

相亲 xiāng//qīn 맞선을 보다
荒唐 huāngtáng ⑥ 형 황당하다. 터무니없다
讨厌 tǎoyàn ④ 동 형 싫어하다. 미워하다. 혐오하다; 싫다. 얄밉다. 밉살스럽다
依靠 yīkào ⑥ 동 기대다. 의지하다
不学武术 bùxué wǔshù 무술을 배우지 않다
不学无术 bùxué wúshù 배운 것도 없고 재주도 없다
连忙 liánmáng ⑤ 부 얼른. 바로. 서둘러. 즉시
反应 fǎnyìng ⑤ 명 동 반응(하다)

如何 rúhé ⑤ 대 어떠한가
打架 dǎ//jià ⑥ 동 싸움을 하다
练 liàn 동 연습하다. 훈련하다. 연마하다
少林拳 Shàolínquán 명 소림권. 소림사 권법
另外 lìngwài ④ 연 부 그 외에. 그 밖에; 따로. 별도로
剑术 jiànshù 명 검술. 검법
气功 qìgōng ⑥ 명 기공
精通 jīngtōng ⑥ 동 정통하다. 능통하다

맞선

친구: 너 선 봤다며, 사실이야?
미혼남: 그래, 지난 주말에 친구의 소개로 한 아가씨를 만났어.
친구: 어땠어?
미혼남: 별거 없었어. 다만 좀 황당한 일이 있었지.
친구: 빨리 말해봐!
미혼남: 그날 그녀와 만났을 때 그러더라고. 자기는 부모에만 의지하고, 무술을 배우지 않는(←배운 것도 없고 재주도 없는) 사람을 가장 싫어한다고.
친구: 넌 뭐랬어?

미혼남: 나는 그 말을 듣고 아주 기뻤어. 그래서 얼른 말했지. 맞다, 나도 그렇게 생각한다고.
친구: 그녀의 반응은 어땠는데?
미혼남: 고개를 끄덕이는 걸 보고, 계속 말했지. 젊은 놈이 싸우는데, 어떻게 부모 도움을 받을 수 있겠느냐, 스스로 무술을 배워야지. 나를 봐라, 매일 소림권을 연마하고, 그밖에 검술, 기공에도 정통하고……
친구: 맙소사!
미혼남: 내 말이 채 끝나기도 전에, 어느 새 일어나 가버릴 줄을 누가 알았겠어.

목축 牧畜 畜牧

목축		뜻	참고사항
한	牧畜	목축(하다)	
중	⑥ 畜牧 xùmù		

예문
- 当地居民大都以**畜牧**为生。 그 지방 주민의 대다수는 목축으로 생활한다.
  Dāngdì jūmín dàdōu yǐ xùmù wéishēng.

- 这里的人有四分之一从事**畜牧**业。 이곳 사람들의 4분의 1이 목축업에 종사한다.
  Zhèlǐ de rén yǒu sì fēnzhī yī cóngshì xùmùyè.

유머 한 토막

 公平交易 Gōngpíng jiāoyì (공정한 거래)

一对夫妻的车，在乡间小路上发生了故障。当夫妻俩焦急万分时，正巧两个乡下人走了过来，于是就请他们帮忙推车子。
Yí duì fūqī de chē, zài xiāngjiān xiǎolù shang fāshēng le gùzhàng. Dāng fūqī liǎ jiāojí wànfēn shí, zhèngqiǎo liǎng ge xiāngxia rén zǒu le guòlai, yúshì jiù qǐng tāmen bāngmáng tuī chēzi.

丈夫: 到村里有多少公里?
Zhàngfu: Dào cūnli yǒu duōshao gōnglǐ?

乡下人: 大概有4公里。
Xiāngxiarén: Dàgài yǒu sì gōnglǐ.

丈夫: 你们俩是做什么工作的?
Zhàngfu: Nǐmen liǎ shì zuò shénme gōngzuò de?

乡下人: 我们都以**畜牧**为生。
Xiāngxiarén: Wǒmen dōu yǐ xùmù wéi shēng.

丈夫: 你们可以帮我们的忙吗?
Zhàngfu: Nǐmen kěyǐ bāng wǒmen de máng ma?

乡下人： 1公里100元，如果你们愿意出400元的话，我们可以帮忙。
Xiāngxiàrén: Yī gōnglǐ yìbǎi yuán, rúguǒ nǐmen yuànyi chū sì bǎi yuán dehuà, wǒmen kěyǐ bāngmáng.

丈夫： 好，我们接受。
Zhàngfu: Hǎo, wǒmen jiēshòu.

两个乡下人流着大汗把车子推到了村里，然后拿了400元的报酬回去了。妻子气愤地说：
Liǎng ge xiāngxia rén liúzhe dàhàn bǎ chēzi tuīdào le cūnli, ránhòu ná le sìbǎi yuán de bàochou huíqù le. Qīzi qìfèn de shuō:

妻子： 简直就像强盗一样！
Qīzi: Jiǎnzhí jiù xiàng qiángdào yíyàng!

丈夫： 别生那么大气了，我一直是踩着刹车让他们推的！
Zhàngfu: Bié shēng nàme dà qì le, wǒ yìzhí shì cǎizhe shāchē ràng tāmen tuī de!

어휘

- 公平 gōngpíng ⑤ | 형 공평하다. 공정하다
- 交易 jiāoyì ⑥ | 동 명 거래(하다). 장사(하다). 교역(하다)
- 乡间 xiāngjiān 명 촌. 시골
- 故障 gùzhàng ⑥ | 명 고장
- 焦急 jiāojí ⑥ | 형 초조하다. 조급하다. 애태우다. 안달하다
- 万分 wànfēn ⑥ | 부 매우. 심히. 극히. 대단히
- 正巧 zhèngqiǎo 부 마침. 때마침
- 接受 jiēshòu ④ | 동 받아들이다. 수락하다
- 大汗 dàhàn 명 비지땀. 진땀
- 报酬 bàochou ⑥ | 명 보수. 수고비. 사례비
- 气愤 qìfèn 형 화나다. 분개하다. 분노하다
- 踩 cǎi ⑤ | 동 밟다
- 刹车 shāchē ⑥ | 명 동 브레이크. 제동기; 브레이크를 밟다

공정한 거래

한 부부가 몰던 차가 시골길에서 고장이 났다. 부부 두 사람이 몹시 초조해 하고 있을 때, 마침 두 명의 시골사람이 걸어와, 그들에게 차를 좀 밀어달라고 부탁했다.

남편: 마을까지는 몇 km나 됩니까?
시골사람: 4km쯤 될 거예요.
남편: 두 분은 뭘 하시는 분들인가요?
시골사람: 우리는 다 목축으로 살아갑니다.
남편: 두 분이 우리를 좀 도와주실 수 있겠습니까?
시골사람: 1km에 100위안씩 해서, 만약 400위안을 줄 용의가 있다면, 우리가 도와드릴 수 있지요.
남편: 좋습니다. 받아들이겠습니다.

두 시골사람은 비지땀을 흘리며 차를 마을까지 밀고 나서, 400위안의 보수를 받아 돌아갔다. 그러자 부인이 몹시 화를 내며 말했다.

아내: 정말 강도 같은 사람들 같으니라고!
남편: 그렇게까지 크게 화내지 말아요. 내가 쭉 브레이크를 밟은 채, 그들에게 밀게 했으니까!

반감 半减 / 减半

반감		뜻	참고사항
한	半减	반감하다. 절반으로 줄다	
중	减半 jiǎnbàn		

예문

- 痛苦，大家共同分担就会**减半**。 고통은 여럿이 공동으로 분담하면 반감된다.
  Tòngkǔ, dàjiā gòngtóng fēndān jiù huì jiǎnbàn.

- 这个网站的收费会员数和去年相比**减半**了。
  Zhè ge wǎngzhàn de shōufèi huìyuánshù hé qùnián xiāngbǐ jiǎnbàn le.
  이 사이트의 유료회원 수는 작년에 비하면 반감했다.

유머 한 토막

 初步妈妈 Chūbù māma (초보엄마)

小两口的孩子刚满六个月的时候，连续三四天高烧不退还拉肚子。妈妈急了，打电话给医生。
Xiǎoliǎngkǒu de háizi gāng mǎn liù ge yuè de shíhou, liánxù sānsì tiān gāoshāo bú tuì hái lā dùzi. Māma jí le, dǎ diànhuà gěi yīshēng.

妻子: 医生，我孩子还在拉肚子，怎么办？
Qīzi: Yīshēng, wǒ háizi hái zài lā dùzi, zěnme bàn?

医生: 牛奶泡淡。
Yīshēng: Niúnǎi pàodàn.

妻子: 泡蛋？那那那，整颗？还是只要蛋黄就好，要不要剥壳啊？
Qīzi: Pàodàn? Nànànà, zhěng kē? Háishi zhǐyào dànhuáng jiù hǎo, yào bu yào bāo ké a?

医生: 是水量一样奶粉**减半**啦。
Yīshēng: Shì shuǐliàng yíyàng nǎifěn jiǎnbàn la.

妻子很不好意思地把电话挂了，然后嗲嗲地跟丈夫说:
Qīzi hěn bù hǎoyìsi de bǎ diànhuà guà le, ránhòu diǎdiǎ de gēn zhàngfu shuō:

妻子:　　老公，我是不是很丢脸啊？
Qīzi:　　Lǎogōng, wǒ shì bu shì hěn diūliǎn a?

丈夫:　　不会啊！如果是我，一定会问是煮鸡蛋还是煎鸡蛋。
Zhàngfu:　　Bú huì a! Rúguǒ shì wǒ, yídìng huì wèn shì zhǔ jīdàn háishi jiān jīdàn.

어휘

小两口 xiǎoliǎngkǒu 명 젊은 부부
高烧 gāoshāo 명 고열
拉肚子 lā dùzi 설사를 하다
急 jí 형 급하다. 조급하다
泡 pào 동 담그다. 적시다
淡 dàn 5|형 묽다. 희박하다. 약하다
整 zhěng 형 모든. 온. 전체
颗 kē 5|양 알. 알갱이
蛋黄 dànhuáng 명 (새알 등의) 노른자위. 노른자
剥 bāo 동 (껍질 등을) 까다. 벗기다
壳 ké 명 껍질. 껍데기. 외피

奶粉 nǎifěn 명 분유. 가루우유
不好意思 bùhǎoyìsi 5|부끄럽다. 쑥스럽다. 멋쩍다. 겸연쩍다
挂 guà 4|동 (전화를) 끊다
嗲 diǎ 형 야양을 떠는 모양. 어리광을 부리는 모양
老公 lǎogōng 명 남편
丢脸 diū//liǎn 동 체면을 잃다. 체면을 구기다. 망신을 당하다; 창피스럽다. 망신스럽다
煮 zhǔ 5|동 삶다. 끓이다
煎 jiān 5|동 (기름에) 지지다. 부치다

초보엄마

젊은 부부의 아이가 막 만 6개월이 되었을 때, 줄곧 3, 4일 동안 고열이 내리지 않고, 설사까지 했다. 엄마가 조급하여, 의사한테 전화를 했다.

아내: 의사 선생님, 우리 아이가 여전히 설사를 하는데 어떡하죠?
의사: 우유를 묽게 타세요(泡淡).
아내: (우유에) 달걀을 담그라고요(泡蛋)? 그, 그, 그거 통째로요? 아니면 노른자면 되나요? 껍질은 벗겨야 하나요?
의사: 물은 똑같이 하고, 분유를 반으로 줄이라고요.

아내는 매우 겸연쩍게 전화를 끊고 나서는 어리광 부리듯이 남편에게 말했다.

아내: 여보, 나 엄청 망신살 뻗친 거죠?
남편: 그럴 리가! 만약 나였더라면, 틀림없이 삶은 달걀이요, 아님 계란 프라이요? 하고 물었을 거야.

발산 发散 散发

	발산	뜻	참고사항
한	發散		우리말의 발산(发散)은 ①의 뜻으로만 쓰인다. 중국어에서도 发散을 쓰며, ①, ②의 뜻을 다 가지고 있다.
중	⑥ 散发 sànfā	① 발산하다. 내뿜다	(유) ④ 发 fā, ③ 放 fàng, 发出 fāchū, 发散 fāsàn
		② 뿌리다. 나누어주다. 배포하다	(유) ④ 发 fā, ③ 放 fàng, 分发 fēnfā, 发散 fāsàn, 发放 fāfàng (반) 收集 shōují, 搜集 sōují

예문

① 발산하다. 내뿜다

- 垃圾堆散发的气味令人感到恶心。 쓰레기더미에서 나오는 냄새가 메스꺼움을 느끼게 한다.
  Lājīduī sànfā de qìwèi rìng rén gǎndào èxīn.

- 校园的刺槐花散发着特有的芳香。 교정의 아카시아가 특유의 향내를 발산하고 있다.
  Xiàoyuán de cìhuáihuā sànfā zhe tèyǒu de fāngxiāng.

② 뿌리다. 나누어주다. 배포하다

- 他们在街上散发传单呢。 그들은 거리에서 전단을 뿌리고 있다.
  Tāmen zài jiēshang sànfā chuándān ne.

- 垃圾邮件是单方面散发的因特网广告。 스펨메일은 일방적으로 뿌리는 인터넷 광고이다.
  Lājī yóujiàn shì dānfāngmiàn sànfā de yīntèwǎng guǎnggào.

 유머 한 토막

😊 情绪的变化 Qíngxù de biànhuà (감정의 변화)

为难： 在拥挤的电梯里想放屁。
Wéinán: Zài yōngjǐ de diàntī li xiǎng fàngpì.

幸运： 在屁出来之前，其他人都下电梯。
Xìngyùn: Zài pì chūlai zhīqián, qítā rén dōu xià diàntī.

高兴： Gāoxìng:	电梯里只有自己一人，轻松自在地放屁。 Diàntī li zhǐyǒu zìjǐ yī rén, qīngsōng zìzàide fàngpì.
后悔： Hòuhuǐ:	**散发**的气味儿太臭了，连自己都忍受不了。 Sànfā de qìwèr tài chòu le, lián zìjǐ dōu rěnshòubuliǎo.
羞愧： Xiūkuì:	臭味儿消散之前，有人上电梯。 Chòuwèir xiāosàn zhīqián, yǒu rén shàng diàntī.
痛苦： Tòngkǔ:	电梯里只有自己和另一个人，那个人放一个极臭的屁。 Diàntī li zhǐyǒu zìjǐ hé lìng yí ge rén, nà ge rén fàng yí ge jí chòu de pì.
郁闷： Yùmèn:	放屁的那个人装作若无其事。 Fàngpì de nà ge rén zhuāngzuò ruòwú qíshì.
孤独： Gūdú:	放屁的人先下了电梯，自己独自忍受屁臭。 Fàngpì de rén xiān xià le diàntī, zìjǐ dúzì rěnshòu pìchòu.
委屈： Wěiqu:	屁味儿没散尽之前，又有人上电梯。 Pìwèir méi sànjìn zhīqián, yòu yǒu rén shàng diàntī.
郁愤： Yùfèn:	跟妈妈上电梯的孩子指着我说： 妈妈，他好像放屁了。 Gēn māma shàng diàntī de háizi zhǐzhe wǒ shuō: Māma, tā hǎoxiàng fàngpì le.
疯狂： Fēngkuáng:	妈妈告诉孩子：不能容忍别人的屁， 可是总有不自觉的人！ Māma gàosu háizi: Bù néng róngrěn biéren de pì, kěshì zǒng yǒu bù zìjué de rén!
可笑： Kěxiào:	不料妈妈放屁，装着蒜说：孩子，你肚子疼吗? Búliào māma fàngpì, zhuāngzhe suàn shuō: Háizi, nǐ dùzi téng ma?
怜悯： Liánmǐn:	孩子问妈妈：妈妈一放屁，我就肚子疼了吗? Háizi wèn māma: Māma yí fàngpì, wǒ jiù dùzi téng le ma?

어휘

情绪 qíngxù 5 | 명 정서. 감정. 마음. 기분
为难 wéinán 6 | 형 난처하다. 난감하다. 곤란하다
电梯 diàntī 3 | 명 엘리베이터
轻松 qīngsōng 4 | 형 수월하다. 편안하다. 홀가분하다. 가뿐하다
自在 zìzài 형 자유롭다

后悔 hòuhuǐ 4 | 동 후회하다
气味(儿) qìwèir 6 | 명 냄새
臭 chòu 5 | 형 (냄새가) 구리다. 고약하다. 역겹다
忍受 rěnshòu 6 | 동 참다. 견디다. 버티다
羞愧 xiūkuì 형 부끄럽다. 창피하다. 수치스럽다
臭味儿 chòuwèir 명 구린내. 악취

消散 xiāosàn 동 걷히다. 사라지다
极 jí ③ 부 극히. 몹시. 대단히
郁闷 yùmèn 형 거북하다. 불편하다. 답답하고 괴롭다. 우울하다
装作 zhuāngzuò 동 ~인 척하다. ~인 척 가장하다
若无其事 ruòwú qíshì 마치 아무 일도 없었던 것처럼 굴다
独自 dúzì 부 혼자. 단독으로
委屈 wěiqu ⑤ 형 억울하다. 분하다. 섭섭하다

郁愤 yùfèn 명 울분
疯狂 fēngkuáng ⑤ 형 미치다. 미친 듯하다
容忍 róngrěn ⑥ 동 참다. 용인하다. 용납하다
自觉 zìjué ⑤ 동 자각하다. 스스로 느끼다
可笑 kěxiào ⑥ 형 우습다. 가소롭다. 우스꽝스럽다
装蒜 zhuāng//suàn 동 시치미를 떼다. ~인 척하다
怜悯 liánmǐn 동 연민하다. 동정하다. 민망하다

감정의 변화

난처: 혼잡한 엘리베이터 안에서 방귀를 뀌고 싶다.
행운: 방귀가 나오기 전에, 다른 사람들이 모두 엘리베이터에서 내린다.
기쁨: 엘리베이터에 자기 혼자뿐이어서, 편안하고 자유롭게 방귀를 뀐다.
후회: 냄새가 너무 구려서, 자기 자신도 참을 수 없다.
창피: 구린내가 사라지기도 전에, 누가 엘리베이터에 탄다.
고통: 엘리베이터에 자기와 다른 한 사람뿐인데, 그 사람이 아주 고약한 방귀를 한 방 뀐다.
답답: 방귀 뀐 그 사람이 마치 아무 일도 없는 듯 태연하다.
고독: 방귀 뀐 사람은 먼저 엘리베이터를 내리고, 자기 혼자서 방귀 냄새를 견딘다.
억울: 방귀 냄새가 다 흩어지기도 전에, 또 다른 사람이 엘리베이터에 탄다.
울분: 엄마와 엘리베이터에 오른 아이가 나를 가리키며 '엄마, 이 사람 방귀 뀌었나 봐'라고 한다.
발광: '남의 방귀는 용서 못하면서도, 자기 스스로는 못 느끼는 사람이 있단다!'라고 엄마가 말한다.
가소: 뜻밖에 엄마가 방귀를 뀌더니, 시치미를 떼고 말하기를 '아가, 너 배 아프니?'라고 한다.
민망: '엄마가 방귀 뀌면 내 배가 아픈 거야?'하고 아이가 묻는다.

배가
倍加 加倍

배가		뜻	참고사항
한	倍加	배가하다. 배가되다. 갑절이 되게 하다. 배로 늘리다	倍加는 加倍보다 문어적이다.
중	加倍 jiābèi		(유) 倍增 bèizēng

• 实行责任制以来，销售额**加倍**了。 책임제를 실행한 이래, 판매량이 배가되었다.
　　Shíxíng zérènzhì yǐlái, xiāoshòu'é jiābèi le.

• 治好了病以后，他对健康问题的关注程度**加倍**了。
　Zhìhǎo le bìng yǐhòu, tā duì jiànkāng wèntí de guānzhù chéngdù jiābèi le.
　병을 치료한 후에 그의 건강문제에 대한 관심의 정도가 배가되었다.

유머 한 토막

 机器人的效用 Jīqìrén de xiàoyòng (로봇의 효용)

一个推销员卖给一家公司一个机器人。几个月后，他满怀信心地再去那家公司拜访，却看到机器人原封不动，感到十分惊讶。
Yí ge tuīxiāoyuán màigěi yì jiā gōngsī yí ge jīqìrén. Jǐ ge yuè hòu, tā mǎnhuái xìnxīn de zài qù nà jiā gōngsī bàifǎng, què kàndào jīqìrén yuánfēng búdòng, gǎndào shífēn jīngyà.

推销员：　是有什么不对吗?
Tuīxiāoyuán: Shì yǒu shénme búduì ma?

经理：　　一点儿也没有，现在比以前工作节奏加快了，工作效率也提高了很多。
Jīnglǐ: Yìdiǎnr yě méiyǒu, xiànzài bǐ yǐqián gōngzuò jiézòu jiākuài le, gōngzuò xiàolǜ yě tígāo le hěn duō.

推销员：　究竟是怎么回事?
Tuīxiāoyuán: Jiūjìng shì zěnme huí shì?

经理：　　每天早晨，我都警告职员说，假如你们不**加倍**努力工作，那个机器人就会取代你们！
Jīnglǐ: Měitiān zǎochén, wǒ dōu jǐnggào zhíyuán shuō, jiǎrú nǐmen bù jiābèi nǔlì gōngzuò, nà ge jīqìrén jiù huì qǔdài nǐmen!

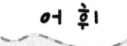

机器人 jīqìrén 명 로봇
效用 xiàoyòng 명 효용. 효력
推销员 tuīxiāoyuán 명 판매원. 세일즈맨
满怀 mǎnhuái 동 가득 차다. 충만하다
信心 xìnxīn 4 명 신심. 확신. 자신감
拜访 bàifǎng 6 동 방문하다
原封不动 yuánfēng búdòng 원래 봉한 상태로 건드리지 않다, 원형 그대로 두다

惊讶 jīngyà 6 형 놀랍고 의아하다
节奏 jiézòu 6 명 리듬. 박자
加快 jiākuài 동 가속(화)하다. 빠르게 하다. 스피드를 올리다
假如 jiǎrú 5 연 만약. 만일
取代 qǔdài 동 대신하다. 대체하다

로봇의 효용

한 세일즈맨이 어떤 회사에 로봇 하나를 팔았다. 몇 개월 후에, 그는 자신만만하게 그 회사를 방문했는데, 의외로 로봇이 작동되지 않고 그대로 있는 것을 보고, 몹시 의아했다.

판매원: 뭐 잘못된 거라도 있나요?

사장: 전혀 없어요. 이전보다 작업리듬이 빨라지고, 작업효율도 많이 향상되었습니다.

판매원: 대체 어떻게 된 일이죠?

사장: 매일 아침, 직원들에게 경고하지요. 만약 더욱 노력하여 일하지 않으면, 저 로봇이 여러분을 대신하게 될 것이라고요!

병폐 病弊 / 弊病

병폐		뜻	참고사항
한	病弊	병폐. 폐해. 폐단. 결함. 결점	
중	⑥ 弊病 bìbìng		(유) ⑤ 毛病 máobìng, 害处 hàichu, 坏处 huàichu, ⑥ 弊端 bìduān

예문
- 我觉得他所提出的政策可以一扫我们社会的老弊病。
  Wǒ juéde tā suǒ tíchū de zhèngcè kěyǐ yìsǎo wǒmen shèhuì de lǎo bìbìng.
  나는 그가 내놓은 정책이 우리 사회의 고질적 병폐를 일소할 수 있다고 생각한다.

- 在这种教育制度下，不能消除竞争所带来的弊病。
  Zài zhè zhǒng jiàoyù zhìdù xia, bùnéng xiāochú jìngzhēng suǒ dàilái de bìbìng.
  이러한 교육제도 아래에서는, 경쟁에서 초래되는 병폐를 없앨 수가 없다.

유머 한 토막

 隐私权 Yǐnsīquán (프라이버시)

丈夫: 邻居实在可恶！
Zhàngfu: Línjū shízài kěwù!

妻子: 你怎么了? 有什么不高兴的事吗?
Qīzi: Nǐ zěnme le? Yǒu shénme bù gāoxìng de shì ma?

丈夫: 当着众人的面，他说我是个没治的妻管严。
Zhàngfu: Dàngzhe zhòngrén de miàn, tā shuō wǒ shì ge méizhì de qīguǎnyán.

妻子: 傻瓜！你不会去控告他吗？
Qīzi: Shǎguā! Nǐ bú huì qù kǒnggào tā ma?

丈夫: 我也很想那么做，可是……
Zhàngfu: Wǒ yě hěn xiǎng nàme zuò, kěshì...

妻子: 可是什么？你怎么像个乌龟似的，缩头缩脑！那就是你的老弊病。
Qīzi: Kěshì shénme? Nǐ zěnme xiàng ge wūguī shìde, suōtóu suōnǎo! Nà jiù shì nǐ de lǎo bìbìng.

丈夫: 怎么告他呢？他说的，基本上也是实情嘛！
Zhàngfu: Zěnme gào tā ne? Tā shuō de, jīběnshang yě shì shíqíng ma!

妻子: 你这个窝囊废！他侵犯了你的隐私权！
Qīzi: Nǐ zhè ge wōnangfèi! Tā qīnfàn le nǐ de yǐnsīquán!

어휘

隐私权 yǐnsīquán 명 사생활. 프라이버시
邻居 línjū 3 명 이웃. 이웃집
可恶 kěwù 6 형 얄밉다. 괘씸하다. 가증스럽다
众人 zhòngrén 명 많은 사람. 모든 사람
当面 dāngmiàn 6 부 면전에서. 얼굴을 맞대고. 맞대면하여
没治 méizhì 동 구할 수 없다. 만회할 수 없다. 속수무책이다. 방법이 없다
妻管严 qīguǎnyán 명 공처가
傻瓜 shǎguā 명 바보. 멍청이
控告 kǒnggào 동 고소하다, 기소하다, 고발하다

乌龟 wūguī 명 거북. 거북이
像…似的 xiàng...shìde 마치 ~처럼
缩头缩脑 suōtóu suōnǎo 머리를 움츠리다. 소심하여 나서서 책임지지 못하다
告 gào 동 고발하다. 고소하다
基本上 jīběnshang 부 대체로. 기본적으로
实情 shíqíng 명 실정. 실제사정
窝囊废 wōnangfèi 명 나약하고 무능한 사람. 칠칠치 못한 사람
侵犯 qīnfàn 6 동 침범하다. 침해하다

프라이버시

남편: 옆집사람 정말 못됐어!
아내: 왜 그래요? 무슨 기분 나쁜 일이라도 있었어요?
남편: 많은 사람들 앞에서, 내가 구제불능의 공처가라고 말을 하잖아.
아내: 바보! 당신은 가서 고소할 줄도 몰라요?
남편: 나도 그러고 싶은 마음이야 굴뚝같지. 하지만……
아내: 하지만 뭐요? 당신은 왜 꼭 거북이처럼 소심하게 움츠러드는 거예요! 그게 바로 당신의 고질적인 병이죠.
남편: 어떻게 그 사람을 고소한단 말이오? 그 사람이 말한 게 기본적으로 사실인데!
아내: 이 칠칠치 못한 사람! 그가 당신의 프라이버시를 침해했잖아요!

보수		뜻	참고사항
한	補修	보수하다. 손질하다. 수리하다. 수선하다. 고치다	
중	修补 xiūbǔ		(유) ⑥ 修理 xiūlǐ, ④ 收拾 shōushi, 拾掇 shíduo, 整治 zhěngzhì

예문
- 西服上烧了个窟窿，能**修补**吗? 양복에 불구멍이 났는데, 수선할 수 있나요?
  Xīfú shang shāo le ge kūlong, néng xiūbǔ ma?

- 能是能补，但可能会留下**修补**的痕迹。 수선은 할 수 있지만, 아마 수선한 흔적은 남을 겁니다.
  Néng shì néng bǔ, dàn kěnéng huì liúxià xiūbǔ de hénjì.

유머 한 토막

补针鼻子 Bǔ zhēnbízi (바늘귀 수선)

有一个路人，肚子饿了，便到人家去说:
Yǒu yí ge lùrén, dùzi è le, biàn dào rénjiā qù shuō:

路人: 我能把破了的针鼻子**修补**好。
Lùrén: Wǒ néng bǎ pò le de zhēnbízi xiūbǔ hǎo.

主人: 你这话是真的吗？我可真不太相信。
Zhǔrén: Nǐ zhè huà shì zhēnde ma? Wǒ kě zhēn bútài xiāngxìn.

路人: 是真的，可是，要吃了饭才能补。
Lùrén: Shì zhēnde, kěshì, yào chī le fàn cái néng bǔ.

主人立即盛饭给他吃。之后，找出来几根破鼻子针让他补。
Zhǔrén lìjí chéng fàn gěi tā chī. Zhīhòu, zhǎo chūlai jǐ gēn pò bízi zhēn ràng tā bǔ.

主人: 这些都是破鼻子针，你吃饱了饭，快给**修补**吧。
Zhǔrén: Zhèxiē dōu shì pò bízi zhēn, nǐ chībǎo le fàn, kuài gěi xiūbǔ ba.

路人: 好吧，可是那些半边的针鼻子都在哪儿?
Lùrén: Hǎo ba, kěshì nàxiē bànbiān de zhēnbízi dōu zài nǎr?

主人: 什么?
Zhǔrén: Shénme?

어휘

补 bǔ 동 때우다. 보수하다
针鼻子 zhēnbízi 명 바늘귀. 바늘코
路人 lùrén 명 행인. 길가는 사람
肚子 dùzi 4 명 배

立即 lìjí 5 부 즉시. 바로
盛饭 chéng fàn 밥을 담다. 밥을 푸다
半边 bànbiān 명 한쪽. 반쪽. 절반

바늘귀 수선

길을 가던 어떤 사람이 배가 고파, 인가에 들어가 말했다.

행인: 나는 깨진 바늘귀를 잘 수리할 수 있습니다.
주인: 당신 그 말이 사실인가요? 난 정말 믿을 수가 없네요.
행인: 사실입니다. 하지만 밥을 먹고 나서야 수선할 수 있어요.

주인은 곧바로 밥을 퍼서, 그에게 먹도록 주었다. 그리고 난 후 귀가 나간 몇 개의 바늘을 찾아와, 그더러 수선하게 했다.

주인: 이것들이 모두 귀 빠진 바늘이니, 밥을 배불리 먹었거든, 어서 수리해주세요.
행인: 그러지요. 그런데 그 반쪽 바늘귀들은 다 어딨죠?
주인: 뭐라고요?

부담 负担 担负

부담		뜻	참고사항
한	負擔	부담하다. 맡다. 책임지다	负担은 우리말과 똑같이 사용된다. 그러나 担负는 동사로서만 쓰이고, '부담'이란 명사로서의 용법은 없다.
중	担负 dānfù		(유) 6 负担 fùdān, 5 承担 chéngdān, 担待 dāndài, 担当 dāndāng, 承当 chéngdāng, 肩负 jiānfù (반) 推卸 tuīxiè, 推脱 tuītuó

예문 ① 부담하다. 맡다. 책임지다

- 我方**担负**全部费用。 우리 측에서 모든 비용을 부담하겠다.
  Wǒfāng dānfù quánbù fèiyòng.

- 我一个人**担负**不起那么多费用。 나 혼자서 형편상 그렇게 많은 비용을 부담할 수는 없다.
  Wǒ yí ge rén dānfù bu qǐ nàme duō fèiyòng.

② 부담. 책임

- 她的家务**负担**太沉重了。 그녀의 가사 부담은 너무 무겁다.
  Tā de jiāwù fùdān tài chénzhòng le.

- 宁愿自己挑困难，不给别人添**负担**。
  Nìngyuàn zìjǐ tiāo kùnnan, bù gěi biérén tiān fùdān.
  스스로 어려움을 떠맡을지언정, 남에게 부담을 주지 않겠다.

유머 한 토막

 吝啬的富翁 Lìnsè de fùwēng (인색한 부자)

一个慈善机构的筹款委员请一位富商捐款：
Yí ge císhàn jīgòu de chóukuǎn wěiyuán qǐng yí wèi fùshāng juānkuǎn:

委员: 先生，您那么富有，做点善事是轻而易举的。
Wěiyuán: Xiānsheng, nín nàme fùyǒu, zuò diǎn shànshì shì qīng'ér yìjǔ de.

富翁: 你不了解我的情况，我九十岁的老母亲已在医院里五年；女儿寡居无助，还要抚育五个孩子；两个兄弟又欠了政府一大笔税款。
Fùwēng: Nǐ bù liǎojiě wǒ de qíngkuàng, wǒ jiǔshí suì de lǎomǔqin yǐ zài yīyuàn li wǔ nián; nǚ'ér guǎjū wúzhù, hái yào fǔyù wǔ ge háizi; liǎng ge xiōngdì yòu qiàn le zhèngfǔ yí dàbǐ shuìkuǎn.

委员: 对不起，我真不知道由您来担负这么多的费用。
Wěiyuán: Duìbuqǐ, wǒ zhēn bù zhīdao yóu nín lái dānfù zhème duō de fèiyòng.

富翁: 不，我只是想告诉你，我一分钱都不给他们，怎么会给慈善机构呢？
Fùwēng: Bù, wǒ zhǐshì xiǎng gàosu nǐ, wǒ yì fēn qián dōu bù gěi tāmen, zěnme huì gěi císhàn jīgòu ne?

어휘

吝啬 lìnsè ⑥ 형 인색하다
富翁 fùwēng 명 부자. 재산가
慈善 císhàn 형 자비롭다. 동정심이 많다
机构 jīgòu ⑥ 명 기구. 단체
筹款 chóu//kuǎn 동 돈을 마련하다. 기금을 조달하다
富商 fùshāng 명 거상
捐款 juān//kuǎn 동 (돈을) 내놓다. 기부하다. 기탁하다
富有 fùyǒu 형 부유하다(=富裕 fùyù); 충분히 가지다. 많이 가지다
轻而易举 qīng'ér yìjǔ 가벼워 들기 쉽다. 매우 수월하다. 누워서 떡 먹기. 식은 죽 먹기
寡居 guǎjū 명 동 과부 살이(하다)
无助 wúzhù 형 도움이 없다
抚育 fǔyù 동 키우다. 육성하다
欠 qiàn ⑤ 동 빚지다
大笔 dàbǐ 형 거액의. 큰 몫의
税款 shuìkuǎn 명 세금(액)

인색한 부자

한 자선단체의 기금조달위원이 한 거상에게 기부를 부탁했다.

위원: 선생님은 그렇게 부유하시니, 좋은 일을 좀 하는 것은 식은 죽 먹기일 것입니다.
부자: 당신이 나의 상황을 알지 못하는군요. 나는 90세 노모가 병원에 계신 지 벌써 5년이나 되었고, 딸은 아무 도움 없이 과부로 생활하면서 또 다섯 명의 아이를 키워야 하며, 두 형제는 또 정부에 거액의 세금을 빚지고 있답니다.
위원: 죄송합니다. 저는 당신이 이렇게 많은 비용을 부담하고 있는 것을 정말 몰랐습니다.
부자: 아닙니다. 나는 단지 내가 그들에게도 한 푼 안 주고 있는데, 어떻게 자선단체에 줄 수가 있겠냐는 것을 말씀드리고 싶을 뿐입니다.

부탁 付托 托付

부탁		뜻	참고사항
한	付託	부탁하다. 위탁하다. 의뢰하다. 당부하다	(유) ⑤ 委托 wěituō, ⑥ 交付 jiāofù, 拜托 bàituō
중	托付 tuōfù		(반) ⑤ 答应 dāying, 应承 yìngchéng, 允诺 yǔnnuò

part A 음절의 순서가 반대인 어휘

예문
- 这件事我就**托付**您办理。 이 일은 당신이 처리해주길 부탁합니다.
  Zhè jiàn shì wǒ jiù tuōfù nín bànlǐ.

- 你去**托付托付**，他一定乐意帮忙的。 당신이 가서 부탁을 좀 하면, 그는 기꺼이 도와줄 것이다.
  Nǐ qù tuōfù tuōfù, tā yídìng lèyì bāngmáng de.

유머 한 토막

 房客与房东 Fángkè yǔ fángdōng (세입자와 집주인)

房客: 我有一件事请您帮个忙。
Fángkè: Wǒ yǒu yí jiàn shì qǐng nín bāng ge máng.

房东: 别客气，尽管说吧。
Fángdōng: Bié kèqi, jǐnguǎn shuō ba.

房客: 我要去乡下度假，我的信件就**托付**您及时转寄给我。
Fángkè: Wǒ yào qù xiāngxia dùjià, wǒ de xìnjiàn jiù tuōfù nín jíshí zhuǎnjì gěi wǒ.

房东: 那没问题，别担心了！
Fángdōng: Nà méi wèntí, bié dānxīn le!

一个月过去了，房客没有收到一封信。他感到很奇怪，给房东打电话。
Yí ge yuè guòqù le, fángkè méiyǒu shōudào yì fēng xìn. Tā gǎndào hěn qíguài, gěi fángdōng dǎ diànhuà.

房客: 为什么您不把信件转给我?
Fángkè: Wèi shénme nín bù bǎ xìnjiàn zhuǎngěi wǒ?

房东: 你没留下信箱的钥匙，叫我怎么给你转信呢?
Fángdōng: Nǐ méi liúxià xìnxiāng de yàoshi, jiào wǒ zěnme gěi nǐ zhuǎnxìn ne?

房客: 是啊，我真糊涂。
Fángkè: Shì a, wǒ zhēn hútu.

他立即把钥匙放进信封里寄去了。又过了一个月，他还是一封信也没收到。
Tā lìjí bǎ yàoshi fàngjìn xìnfēng lǐ jìqù le. Yòu guò le yí ge yuè, tā háishi yì fēng xìn yě méi shōudào.

度完假回来后，他生气地问房东。
Dùwán jià huílai hòu, tā shēngqì de wèn fángdōng.

房客: 我把钥匙寄给了你，你怎么又没把信件转给我？
Fángkè: Wǒ bǎ yàoshi jìgěi le nǐ, nǐ zěnme yòu méi bǎ xìnjiàn zhuǎngěi wǒ?

房东: 你寄钥匙的那封信，不是也和其他信一样，丢进信箱里了吗？
Fángdōng: Nǐ jì yàoshi de nà fēng xìn, bú shì yě hé qítā xìn yíyàng, diūjìn xìnxiāng lǐ le ma?

어휘

房客 fángkè 명 세입자. 투숙객
房东 fángdōng 5 명 집주인
度假 dù//jià 동 휴가를 보내다
信件 xìnjiàn 명 우편물
及时 jíshí 4 부 즉시. 당장. 곧바로

转寄 zhuǎnjì 동 (우편물을) 전송하다. 전해달라고 보내다
信箱 xìnxiāng 명 우편함. 사서함. 우체통
钥匙 yàoshi 4 명 열쇠
丢 diū 4 동 두다. 버리다. 방치하다

세입자와 집주인

세입자: 부탁드릴 일이 있는데요.
집주인: 어려워하지 말고 말해봐요.
세입자: 제가 시골로 가서 휴가를 보낼까 하는데, 제 우편물을 바로바로 제게 보내주실 것을 부탁드리려고요.
집주인: 그건 문제없으니, 염려하지 마요!

한 달이 지났는데, 세입자는 편지를 한 통도 받지 못했다. 그는 이상하게 생각하고, 집주인에게 전화를 했다.

세입자: 왜 우편물을 제게 보내지 않으시는 거예요?
집주인: 당신이 우편함 열쇠를 두고 가지 않았는데, 나더러 어떻게 우편물을 전송하란 말이에요?

세입자: 그렇군요, 제가 정말 정신이 없었네요!

그는 곧바로 열쇠를 편지 봉투 안에 넣어 부쳤다. 그리고 다시 한 달이 지났는데, 그는 여전히 편지 한 통도 받지 못했다. 휴가를 다 보내고 돌아온 후에, 그는 화가 나서 집주인에게 물었다.

세입자: 제가 열쇠를 부쳐드렸는데, 왜 또 우편물을 제게 보내지 않으신 거죠?
집주인: 열쇠를 부친 그 편지도 다른 편지와 마찬가지로 우편함 안에 들어가지 않았겠어요?

분규 纷纠 纠纷

분규		뜻	참고사항
한	紛糾	분규. 분쟁. 다툼. 싸움	
중	6 纠纷 jiūfēn		(유) 纠葛 jiūgé

예문
- 这场**纠纷**非他出面调解不行。 이번 분규는 그가 나서서 조정하지 않으면 안 된다.
  Zhè cháng jiūfēn fēi tā chūmiàn tiáojiě bùxíng.

- 这场劳资**纠纷**今天好容易才解决了。 이 노사분규는 오늘에야 가까스로 해결되었다.
  Zhè cháng láozī jiūfēn jīntiān hǎoróngyì cái jiějué le.

유머 한 토막

 所罗门的选择 SuǒluóménSuǒluómén de xuǎnzé (솔로몬의 선택)

有对夫妻感情不合，虽经婚姻问题顾问屡次调解，依然无效，只好宣告离婚。顾问建议他们平均分配一切财产，以免产生**纠纷**。
Yǒu duì fūqī gǎnqíng bù hé, suī jīng hūnyīn wèntí gùwèn lǚcì tiáojiě, yīrán wúxiào, zhǐhǎo xuāngào líhūn. Gùwèn jiànyì tāmen píngjūn fēnpèi yíqiè cáichǎn, yǐmiǎn chǎnshēng jiūfēn.

妻子: 我那一万元私房钱，也得分他一半？
Qīzi: Wǒ nà yīwàn yuán sīfángqián, yě děi fēn tā yíbàn?

顾问: 当然。
Gùwèn: Dāngrán.

妻子: (不服气地) 那我们三个孩子怎么平均分配呢？
Qīzi: (bù fúqìde) Nà wǒmen sān ge háizi zěnme píngjūn fēnpèi ne?

顾问: (无言可对) 所以我劝你们言归于好，等到第四个孩子出世时，再考虑离婚。
Gùwèn: (wúyán kěduì) Suǒyǐ wǒ quàn nǐmen yánguī yúhǎo, děngdào dìsì ge háizi chūshì shí, zài kǎolǜ líhūn.

어휘

所罗门 Suǒluómén 명 솔로몬(Solomon)
选择 xuǎnzé 4 | 동 선택하다. 고르다
感情 gǎnqíng 4 | 명 감정. 애정. 친근감
不合 bùhé 형 동 (마음이) 맞지 않다. 사이가 나쁘다; 부합하지 않다
顾问 gùwèn 6 | 명 고문. 카운슬러
屡次 lǚcì 6 | 부 누차. 수차. 되풀이하여
调解 tiáojiě 6 | 동 조정하다. 조절하다
依然 yīrán 5 | 부 여전히. 변함없이
无效 wúxiào 형 무효하다. 효과[효험]가 없다
宣告 xuāngào 동 선고하다. 선언하다. 선포하다. 발표하다
以免 yǐmiǎn 6 | 연 ~하지 않도록. ~하지 않기 위해서
产生 chǎnshēng 5 | 동 생기다. 나타나다. 발생하다
私房钱 sīfángqián 명 개인이 사사로이 모은 돈
服气 fúqì 6 | 동 따르다. 복종하다
言归于好 yánguī yúhǎo (사이가) 다시 좋게 되다. 관계를 회복하다
出世 chūshì 동 태어나다. 출생하다

세입자와 집주인

한 부부가 감정불화로, 혼인문제 고문이 수차례 조정을 했지만 여전히 효과가 없어, 하는 수 없이 이혼을 선고하게 되었다. 고문은 그들 부부에게 분규가 발생하지 않도록 하기 위해, 일체의 재산을 균등하게 분배하도록 권했다.

아내: 내가 사사로이 모은 돈 1만 위안까지 그에게 반을 나눠줘야 한단 말이요?

고문: 물론입니다.

아내: (따를 수 없다는 듯이) 그럼 우리 세 아이는 어떻게 똑같이 분배하죠?

고문: (대꾸할 말이 없어) 그래서 제가 당신들이 관계를 회복했다가, 넷째 아이가 태어나거든 그때 이혼을 고려해보라고 권한 겁니다.

산부인과		뜻	참고사항
한	産婦人科	산부인과	
중	妇产科 fùchǎnkē		

예문
- 她丈夫是妇产科医生。그녀의 남편은 산부인과 의사이다.
  Tā zhàngfu shì fùchǎnkē yīshēng.

- 这儿是妇产科，内科在对面挂。여기는 산부인과입니다. 내과는 반대편에서 접수합니다.
  Zhèr shì fùchǎnkē, nèikē zài duìmiàn guà.

유머 한 토막

 胆小的演员 Dǎnxiǎo de yǎnyuán (소심한 배우)

某个电影厂的导演准备拍摄一个人与老虎在一起嬉戏的镜头，可是演员坚决拒绝拍摄。
Mǒu ge diànyǐngchǎng de dǎoyǎn zhǔnbèi pāishè yí ge rén yǔ lǎohǔ zài yìqǐ xīxì de jìngtóu, kěshì yǎnyuán jiānjué jùjué pāishè.

导演： 别害怕！那头老虎是在动物园里出生的，是叼着橡皮奶头喝牛奶长大的。
Dǎoyǎn: Bié hàipà! Nà tóu lǎohǔ shì zài dòngwùyuán li chūshēng de, shì diāozhe xiàngpí nǎitóu hē niúnǎi zhǎngdà de.

演员： 那又怎么样?
Yǎnyuán: Nà yòu zěnmeyàng?

导演： 就是说你不用担心。
Dǎoyǎn: Jiùshì shuō nǐ búyòng dānxīn.

演员： 为什么?
Yǎnyuán: Wèi shénme?

导演： 那还用问吗?
Dǎoyǎn: Nà hái yòng wèn ma?

演员： 我是在妇产科医院出生的，我也是叼着橡皮奶头喝牛奶长大的，可我很喜欢吃肉！
Yǎnyuán: Wǒ shì zài fùchǎnkē yīyuàn chūshēng de, wǒ yě shì diāozhe xiàngpí nǎitóu hē niúnǎi zhǎngdà de, kě wǒ hěn xǐhuan chī ròu!

어휘

胆小 dǎnxiǎo	형	겁이 많다. 소심하다. 담이 작다. 배짱이 없다	坚决 jiānjué 5	형	결연하다. 단호하다
演员 yǎnyuán 4	명	배우. 연기자	害怕 hàipà 3	동	겁내다. 무서워하다. 두려워하다
电影厂 diànyǐngchǎng	명	영화제작사	叼 diāo 6	동	(입에) 물다
嘻戏 xīxì 5	동	놀다. 장난치다. 유희하다	橡皮 xiàngpí 5	명	고무. 지우개
镜头 jìngtóu 6	명	장면, 신(scene)	奶头 nǎitóu	명	젖꼭지
			长大 zhǎngdà	동	자라다. 성장하다

소심한 배우

어떤 영화제작사의 감독이 사람과 호랑이가 함께 장난치는 장면을 촬영할 계획이었다. 하지만 배우가 촬영을 단호히 거절했다.

감독: 무서워할 것 없어! 그 호랑이는 동물원에서 태어나서, 고무젖꼭지를 물고 우유 먹고 자란 놈이야.
배우: 그게 어쨌다고요?
배우: 걱정할 필요가 없다는 말이지.
배우: 왜요?
감독: 그걸 몰라서 물어?
배우: 저도 산부인과 병원에서 태어나, 역시 고무젖꼭지를 물고 우유 먹고 자랐지만, 고기 먹는 걸 매우 좋아하거든요!

산출		뜻	참고사항
한	産出		우리말과 중국어에서 产出, 出产 모두 쓰이지만, 중국어에서는 出产의 사용빈도가 높다. 우리말에서 출산(出产)도 ①, ②의 뜻을 갖고 있지만, 흔히 '아기를 낳다'는 뜻으로 인식하기 쉬우며, 중국어로는 '生(孩子)'이나 生产 등을 쓴다.
중	出产 chūchǎn	① 산출하다. 생산하다. 나다	(유) 5 生产 shēngchǎn, 产出 chǎnchū
		② (출)산물. 산출물. 생산품	(유) 5 产品 chǎnpǐn, 出品 chūpǐn, 产出 chǎnchū

예문
- 这一带出产珍贵的药材。 이 일대에서는 진귀한 약재를 산출한다.
  Zhè yídài chūchǎn zhēnguì de yàocái.
- 这些瓷器是景德镇出产的。 이 자기들은 경덕진에서 생산한 것이다.
  Zhèxiē cíqì shì Jǐngdé Zhèn chūchǎn de.

유머 한 토막

 随机应变 Suíjī yìngbiàn (임기응변)

县官拜见上司。谈完公事，上司问:
Xiànguān bàijiàn shàngsi. Tánwán gōngshì, shàngsi wèn:

上司: 听说贵县出产猴子，不知它们个头有多大?
Shàngsi: Tīngshuō guì xuàn chūchǎn hóuzi, bùzhī tāmen gètóu yǒu duō dà?

县官: 大猴子有大人那么大。
Xiànguān: Dà hóuzi yǒu dàrén nàme dà.

上司: 有我这么大?
Shàngsi: Yǒu wǒ zhème dà?

县官: (忽然觉得这话失礼，赶忙弯下腰说) 小猴子有卑职这么大。
Xiànguān: (hūrán juéde zhè huà shīlǐ, gǎnmáng wānxià yāo shuō) Xiǎo hóuzi yǒu bēizhí zhème dà.

어휘

随机应变 suíjī yìngbiàn 임기응변하다. 상황에 따라 신속히 대처하다
县官 xiànguān 몡 현관. 현령
拜见 bàijiàn 동 찾아뵙다. 방문하여 만나다. 배알하다. 알현하다
上司 shàngsi 몡 상사. 상관. 상급자. 상급관리
个头 gètóu 몡 몸집. 체격
失礼 shīlǐ 동 실례하다. 결례하다. 예의에 벗어나다
赶忙 gǎnmáng 부 얼른. 서둘러. 급히
弯腰 wān//yāo 동 허리를 굽히다
卑职 bēizhí 몡 소관. 소직. 소인(상급관리에 대한 하급자 자신의 호칭)

임기응변

현령이 상급관리를 만나 공무를 다 논하고서, 상급관리가 물었다.

상급관리: 듣자하니, 귀현에서는 원숭이가 난다던데, 그놈들 몸집이 얼마나 큰지 모르겠소.

현령: 어른 원숭이는 대인만큼 크답니다.

상급관리: 나만큼 크다고?

현령: (갑자기 그 말이 예의에 벗어남을 깨닫고, 얼른 허리 굽혀 말하기를) 새끼원숭이는 소인만 하지요.

	상시	뜻	참고사항
한	常時	상시(로). 평상시. 늘. 자주. 항상. 언제나	
중	6 时常 shícháng		(유) 时时 shíshí, 常常 chángcháng, 6 不时 bùshí, 4 往往 wǎngwǎng, 3 经常 jīngcháng, 时不常(地) shíbuchán(de) (반) 4 偶尔 ǒu'ér, 5 偶然 ǒurán

예문
- 我最近和他**时常**见面。나는 요즘 그와 자주 만난다.
  Wǒ zuìjìn hé tā shícháng jiànmiàn.

- 这是**时常**出现的现象。이건 항상 나타나는 현상이다.
  Zhè shì shícháng chūxiàn de xiànxiàng.

유머 한 토막

 捂耳朵的理由 Wǔ ěrduo de lǐyóu (귀를 막는 이유)

王博和夫人，虽然分居两地，但**时常**用通信来沟通彼此的感情。
Wáng Bó hé fūren, suīrán fēnjū liǎngdì, dàn shícháng yòng tōngxìn lái gōutōng bǐcǐ de gǎnqíng.

可惜王博不识字，每次夫人来信他都要请别人代读。
Kěxī Wáng Bó bù shí zì, měicì fūren lái xìn tā dōu yào qǐng biéren dàidú.

有一天，王博接到老婆的来信，便匆匆来到亲近的朋友家。
Yǒu yì tiān, Wáng Bó jiēdào lǎopo de láixìn, biàn cōngcōng láidào qīnjìn de péngyou jiā.

朋友大声地念着王博老婆的来信，王博则在他的后边用双手捂住了朋友的两耳。其他人见了觉得很奇怪，问：
Péngyou dàshēng de niànzhe Wáng Bó lǎopo de láixìn, Wáng Bó zé zài tā de hòubian yòng shuāngshǒu wǔzhù le péngyou de liǎng'ěr. Qítā rén jiàn le juéde hěn qíguài, wèn:

别人: 王博，你捂他的耳朵干吗?
Biéren: Wáng Bó, nǐ wǔ tā de ěrduo gànmá?

王博: 我不认识字，请他给我念老婆的来信，可我总不能让他听到我老婆对我说的话呀。

Wáng Bó: Wǒ bú rènshi zì, qǐng tā gěi wǒ niàn lǎopo de láixìn, kě wǒ zǒng bù néng ràng tā tīngdào wǒ lǎopo duì wǒ shuō de huà ya.

어휘

捂 wǔ 동 막다. 덮다. 가리다
分居两地 fēnjū liǎngdì 두 곳에 따로 살다. 별거하다 (=两地分居 liǎngdì fēnjū)
沟通 gōutōng 5 동 교류하다. 소통하다. 통하게 하다
可惜 kěxī 4 형 아깝다. 아쉽다. 애석하다. 섭섭하다

识字 shí//zì 동 글자를 알다
老婆 lǎopo 명 아내. 처. 마누라
匆匆 cōngcōng 부 급히. 서둘러
亲近 qīnjìn 형 가깝다. 친근하다. 사이가 좋다
总 zǒng 부 결코. 결국. 절대로. 역시. 아무튼. 어쨌든. 아무래도

귀를 막는 이유

왕보와 부인은 두 곳에서 따로 살기에 평상시 서신으로 서로의 애정을 교류했다.

그런데 애석하게도 왕보는 글자를 모르기 때문에, 매번 아내가 편지를 보내올 때마다 다른 사람에게 읽어 달라고 부탁해야만 했다.

어느 날, 왕보는 아내의 편지를 받고서, 서둘러 가까이 지내는 친구 집으로 갔다. 친구가 큰소리로 왕보 아내의 편지를 읽는데, 왕보는 뒤에서 양손으로 친구의 두 귀를 꼭 막고 있었다. 다른 사람들이 그걸 보고 이상하다고 여겨 물었다.

다른 사람: 왕보, 자넨 친구의 귀를 막고 뭐하는 건가?
왕보: 내가 글자를 몰라, 친구에게 아내의 편지를 읽어 달라고 부탁은 했지만, 친구에게 내 아내가 나한테 하는 말을 절대로 듣게 해서는 안 되니까요.

	상호	뜻	참고사항
한	相互	상호. 서로	
중	互相 hùxiāng		(유) 相互 xiānghù 互相은 부사로서, 동사만 수식할 수 있지만, 相互는 형용사로서의 용법도 있어서, 일부 명사를 수식하는 한정어가 되기도 한다.

예문
- 你们<u>互相</u>认识一下吧。 너희들 서로 알고 지내라.
  Nǐmen hùxiāng rènshi yíxià ba.

- 既然你们要在一起过日子，就得<u>互相</u>帮助。
  Jìrán nǐmen yào zài yìqǐ guò rìzi, jiù děi hùxiāng bāngzhù.
  기왕 너희가 함께 생활해야 하는 이상, 서로 도와야만 한다.

유머 한 토막

碰酒杯的来历 Pèng jiǔbēi de láilì (건배의 내력)

酒徒: 你知道人们喝酒时为何碰酒杯吗?
Jiǔtú: Nǐ zhīdao rénmen hē jiǔ shí wèihé pèng jiǔbēi ma?

朋友: <u>互相</u>祝贺嘛！
Péngyou: Hùxiāng zhùhè ma!

酒徒: 我告诉你。这喝酒碰杯还有个来历呢！
Jiǔtú: Wǒ gàosu nǐ. Zhè hējiǔ pèngbēi hái yǒu ge láilì ne!

朋友: 这还有来历?
Péngyou: Zhè hái yǒu láilì?

酒徒: 当然。
Jiǔtú: Dāngrán.

朋友: 快说吧！
Péngyou: Kuài shuō ba!

酒徒: 因为在喝酒时，眼睛能看到酒色，鼻子能够闻到酒气，嘴巴能尝到酒味，唯独耳朵不能听到声音。所以，喝酒碰杯，是为了给耳朵一种补偿。
Jiǔtú: Yīnwèi zài hē jiǔ shí, yǎnjing néng kàndào jiǔsè, bízi nénggòu wéndào jiǔqì, zuǐba néng chángdào jiǔwèi, wéidú ěrduo bù néng tīngdào shēngyīn. Suǒyǐ, hējiǔ pèngbēi, shì wèile gěi ěrduo yìzhǒng bǔcháng.

朋友: 哈哈，那很有说服力啊！
Péngyou: Hāhā, nà hěn yǒu shuōfúlì a!

어휘

来历 láilì 6 | 명 내력. 배경. 역사
酒徒 jiǔtú 명 주당. 애주가. 호주가. 술꾼 (=酒虫子 jiǔchóngzi)
为何 wèihé 부 왜. 어째서. 무엇 때문에
酒气 jiǔqì 명 술기운. 술 냄새

嘴巴 zuǐba 명 입. 볼. 뺨
唯独 wéidú 6 | 부 유독. 오직. 홀로
补偿 bǔcháng 6 | 동 보상하다. 보충하다
说服 shuōfú 5 | 동 설득하다. 납득시키다
说服力 shuōfúlì 명 설득력

건배의 내력

주당: 사람들이 술을 마실 때, 왜 술잔을 부딪치는 줄 알아?
친구: 서로 축하하는 거지 뭐!
주당: 내가 말해주지. 술 마실 때 잔을 부딪치는 데는 또 다른 내력이 있어!
친구: 여기에 내력이 있다고?
주당: 물론이지.

친구: 어서 말해 봐!
주당: 술을 마실 때, 눈은 술 빛깔을 볼 수 있고, 코는 술 냄새를 맡을 수 있고, 입은 술맛을 느낄 수가 있는데, 유독 귀만은 소리를 들을 수가 없잖아. 그래서 술 마실 때 잔을 부딪치는 것은 귀한테 일종의 보상을 해주기 위해서야.
친구: 하하, 그거 아주 그럴듯한 걸?

	선조	뜻	참고사항
한	先祖	선조. 조상	(유) 先祖 xiānzǔ, 祖宗 zǔzong, 上辈 shàngbèi (반) ⑥ 后代 hòudài, 后辈 hòubèi, 子孙 zǐsūn, 后人 hòurén
중	⑤ 祖先 zǔxiān		

예문
- 狼是狗的祖先。 늑대는 개의 조상이다.
  Láng shì gǒu de zǔxiān.

- 这些古董都是祖先代代传下来的珍品。
  Zhèxiē gǔdǒng dōu shì zǔxiān dàidài chuán xiàlai de zhēnpǐn.
  이 골동품들은 모두 선조 대대로 전해 내려온 진기한 물품이다.

유머 한 토막

 夸耀祖先 Kuāyào zǔxiān (조상 자랑)

意大利人和犹太人在夸耀自己的祖先。
Yìdàlìrén hé Yóutàirén zài kuāyào zìjǐ de zǔxiān.

意大利人: 前些天，在罗马的地下发掘出电线来了，你听说了吗？
Yìdàlìrén: Qiánxiē tiān, zài Luómǎ de dìxia fājuéchū diànxiàn lái le, nǐ tīngshuō le ma?

犹太人: 头一次听说，那又怎么样？
Yóutàirén: Tóuyīcì tīngshuō, nà yòu zěnmeyàng?

意大利人: 这不就说明古罗马人已经发明了电话吗？
Yìdàlìrén: Zhè bú jiù shuōmíng gǔ Luómǎrén yǐjing fāmíng le diànhuà ma?

犹太人: 哼，你知道不久前在耶路撒冷发现了什么吗？
Yóutàirén: Hèng, nǐ zhīdao bùjiǔ qián zài Yēlùsālěng fāxiàn le shénme ma?

意大利人: 我怎么知道那没用的事儿？
Yìdàlìrén: Wǒ zěnme zhīdao nà méiyòng de shìr?

犹太人: 告诉你，什么也没发现！
Yóutàirén: Gàosu nǐ, shénme yě méi fāxiàn!

意大利人: 什么也没发现？
Yìdàlìrén: Shénme yě méi fāxiàn?

犹太人: 对，这就说明，我们的祖先自古就发明了无线电！
Yóutàirén: Duì, zhè jiù shuōmíng, wǒmen de zǔxiān zìgǔ jiù fāmíng le wúxiàndiàn!

어휘

夸耀 kuāyào 동 자랑하다. 뽐내다. 과시하다
意大利 Yìdàlì 명 이탈리아
犹太人 Yóutàirén 명 유태인
发掘 fājué 동 캐내다. 발굴하다

耶路撒冷 Yēlùsālěng 명 예루살렘
头一次 tóuyīcì 처음(으로)
自古 zìgǔ 부 예로부터. 옛날부터
无线电 wúxiàndiàn 명 무선전신. 무전

조상 자랑

이탈리아인과 유태인이 자신들의 선조를 자랑하고 있다.

이탈리아인: 며칠 전에 로마의 지하에서 전선이 발굴되었는데, 들어봤어요?
유태인: 난 금시초문인데, 그게 어쨌다는 거죠?
이탈리아인: 그건 바로 고대 로마인이 이미 전화를 발명했다는 걸 설명하는 게 아닙니까!
유태인: 흥, 당신은 얼마 전에 예루살렘에서 뭐가 발견된 줄 아세요?
이탈리아인: 내가 어떻게 그런 쓸데없는 걸 알겠소?
유태인: 말해드리지요. 아무 것도 발견되지 않았어요!
이탈리아인: 아무 것도 발견되지 않았다고요?!
유태인: 그래요, 이건 바로 우리 조상들이 옛날부터 일찍이 무선전신을 발명했다는 걸 설명하지요!

소개		뜻	참고사항
한	紹介	① 소개(하다) ② 추천하다 ③ 설명하다	
중	② 介绍 jièshào		② (유) 5 推荐 tuījiàn, 引进 yǐnjìn, 引见 yǐnjiàn ③ (유) 4 说明 shuōmíng, 4 解释 jiěshì

· 我来给你们二位**介绍**一下。 제가 두 분에게 소개를 좀 해드리겠습니다.
　　Wǒ lái gěi nǐmen èr wèi jièshào yíxià.

· 他把那儿的情况**介绍**得很详细。 그는 그곳 상황을 아주 상세하게 설명했다.
　Tā bǎ nàr de qíngkuàng jièshào de hěn xiángxì.

유머 한 토막

 误会 Wùhuì (오해)

一男一女第一次约会。
Yī nán yī nǚ dìyīcì yuēhuì.

| 男的:
Nánde: | 你读过陀思妥耶夫斯基的小说吗?
Nǐ dúguo Tuósītuǒyēfūsījī de xiǎoshuō ma? |

女的:　没有。
Nǚde:　Méiyǒu.

男的:　那你读过马雅可夫斯基的诗吗?
Nánde:　Nà nǐ dúguo Mǎyākěfūsījī de shī ma?

女的:　也没有。
Nǚde:　Yě méiyǒu.

男的:　你听过柴可夫斯基的音乐吧?
Nánde:　Nǐ tīngguo Cháikěfūsījī de yīnyuè ba?

女的:　没有。
Nǚde:　Méiyǒu.

男的:　那你知道牧拉文斯基、斯特拉文斯基吗?
Nánde:　Nà nǐ zhīdao Mùlāwénsījī, Sītèlāwénsījī ma?

女的:　不知道。
Nǚde:　Bù zhīdao.

男的:　那么……别林斯基、穆索尔斯基,知道吗?
Nánde:　Nàme…Biélínsījī, Mùsuǒ'ěrsījī, zhīdao ma?

女的:　不,不!你在旅游局究竟是干什么工作的?
Nǚde:　Bù, bù! Nǐ zài lǚyóujú jiūjìng shì gàn shénme gōngzuò de?

男的: 介绍人不是跟你说了，我是搞翻译工作的嘛！
Nánde: Jièshàorén bú shì gēn nǐ shuō le, wǒ shì gǎo fānyì gōngzuò de ma!

女的: 我以为你是开车的，开口 sījī(司机)，闭口 sījī(司机)！
Nǚde: Wǒ yǐwéi nǐ shì kāichēde, kāikǒu sījī, bìkǒu sījī!

어휘

误会 wùhuì 4 동 오해하다
约会 yuēhuì 4 명 약속. 데이트
欣赏 xīnshǎng 5 동 즐기다. 감상하다
以为 yǐwéi 3 동 여기다. 생각하다
司机 sījī 3 명 운전사. 운전기사
闭口 bì//kǒu 동 입을 닫다. 입을 다물다

오해

남녀가 첫 데이트를 한다.
남자: 도스토예프스키(~斯基 sījī)의 소설을 읽어본 적이 있나요?
여자: 아니오.
남자: 그럼 마야코프스키의 시를 읽어본 적이 있어요?
여자: 역시 없어요.
남자: 차이코프스키의 음악은 들어봤겠죠?
여자: 아니오.
남자: 그럼 무라빈스키, 스트라빈스키를 아시나요?
여자: 모르겠는데요.
남자: 그럼… 베린스키, 무소르크스키는 아시나요?
여자: 아니, 아니요! 당신 여행국에서 대체 무슨 일을 하는 거죠?
남자: 소개인이 말하지 않았어요? 난 번역 일을 하는 사람이에요!
여자: 난 당신이 운전기사인가 했어요. 말끝마다 '스지(司机 sījī: 운전사)', '스지'해서요!

소박 素朴 朴素

소박		뜻	참고사항
한	素朴	소박하다. 검소하다. 화려하지 않다. 꾸밈이 없다	
중	5 朴素 pǔsù	소박하다. 검소하다. 화려하지 않다. 꾸밈이 없다	(유) 6 朴实 pǔshí, 素朴 sùpǔ, 俭朴 jiǎnpǔ, 简朴 jiǎnpǔ (반) 6 奢侈 shēchǐ, 6 华丽 huálì, 5 豪华 háohuá, 奢靡 shēmí, 奢华 shēhuá

• 他的生活十分**朴素**。 그의 생활은 아주 검소하다.
Tā de shēnghuó shífēn pǔsù.

• 她的屋子布置得简单**朴素**。 그녀의 방은 아주 간단하고 소박하게 꾸며져 있다.
Tā de wūzi bùzhì de jiǎndān pǔsù.

유머한 토막

 恭维话 Gōngwéihuà (아첨 떠는 말)

有一个大财主过生日，请了几位有名气的人到家里来吃饭。擅长于恭维的管家问道：
Yǒu yí ge dàcáizhǔ guò shēngrì, qǐng le jǐ wèi yǒu míngqi de rén dào jiāli lái chīfàn. Shàncháng yú gōngwéi de guǎnjiā wèndào:

管家:　你们几位客人都是怎么来的?
Guǎnjiā:　Nǐmen jǐ wèi kèren dōu shì zěnme lái de?

客人1:　我是坐奔驰轿车来的。
Kèren1:　Wǒ shì zuò Bēnchí jiàochē lái de.

管家:　啊，气派气派。
Guǎnjiā:　Ā, qìpài qìpài.

客人2:　我是骑马来的。
Kèren2:　Wǒ shì qí mǎ lái de.

管家:　威风威风。
Guǎnjiā:　Wēifēng wēifēng.

客人3:　我是骑自行车来的。
Kèren3:　Wǒ shì qí zìxíngchē lái de.

管家:　**朴素**之至！
Guǎnjiā:　Pǔsù zhī zhì!

客人4:　我是走着来的。
Kèren4:　Wǒ shì zǒuzhe lái de.

管家:　自在自在。走路可以锻炼身体，健康之至呀！
Guǎnjiā:　Zìzài zìzài. Zǒulù kěyi duànliàn shēntǐ, jiànkāng zhī zhì ya!

客人5:　(开玩笑说) 我是爬着来的。
Kèren5:　(kāiwánxiào shuō) Wǒ shì pázhe lái de.

管家：　　稳当稳当。
Guǎnjiā:　　Wěndang wěndang.

客人5气得给了他一耳光，他忙苦笑着说：痛快痛快！
Kèren wǔ qì de gěi le tā yì ěrguāng, tā máng kǔxiàozhe shuō: Tòngkuai tòngkuai!

어휘

恭维 gōngwéi 동 아첨하다. 알랑거리다
财主 cáizhǔ 명 부자
名气 míngqi 명 명성. 명망. 평판
擅长 shàncháng 6 동 능하다. 뛰어나다. 정통하다. 재간이 있다
管家 guǎnjiā 명 집사
奔驰 bēnchí 명 벤츠(Benz)
轿车 jiàochē 명 승용차. 세단(sedan)
气派 qìpài 형 명 기품 있다. 근사하다. 활기차다; 기품. 기상. 기백
威风 wēifēng 6 형 명 위풍이 있다. 위엄이 있다; 위풍. 위엄
锻炼 duànliàn 3 동 단련하다
爬 pá 동 기다. 기어가다
稳当 wěndāng 형 온당하다. 타당하다. 적절하다
苦笑 kǔxiào 동 쓴웃음을 짓다
痛快 tòngkuai 5 형 (성격이) 시원스럽다. 시원시원하다. 솔직하다

아첨 떠는 말

어떤 부자가 생일을 쇠려고, 몇 사람의 명성 있는 사람을 집으로 초대하여 식사를 하려고 하였다. 아첨을 잘 떠는 집사가 물었다.

집사: 손님들께서는 어떻게들 오셨습니까?
손님1: 나는 벤츠 승용차를 타고 왔습니다.
집사: 아, 기품이 있으십니다.
손님2: 난 말을 타고 왔소이다.
집사: 위엄이 있으시군요.
손님3: 나는 자전거를 타고 왔네요.
집사: 참으로 소박하십니다!
손님4: 난 걸어서 왔소이다.
집사: 참 자유로우시군요. 걸으면 몸을 단련할 수 있어, 건강에 그만이지요!
손님5: (농담 삼아 말하기를) 나는 기어서 왔소이다.
집사: 아주 마땅하십니다.

손님5가 화가 나서 뺨을 한 대 때리자, 그는 바로 쓴웃음을 지으며 "아주 시원시원하시네요!"라고 하였다.

숙식		뜻	참고사항
한	宿食	숙식. 식사와 숙박	
중	食宿 shísù		(유) 吃住 chīzhù, 膳宿 shànsù

예문
- 一个月的 食宿 费大概多少? 한 달 숙식비는 대략 얼마죠?
  Yí ge yuè de shísùfèi dàgài duōshao?

- 我们可以为他们提供 食宿 交通等一切费用。
  Wǒmen kěyǐ wèi tāmen tígōng shísù jiāotōng děng yíqiè fèiyòng.
  우리는 그들을 위해서 숙식과 교통 등 일체의 비용을 제공할 수 있다.

유머 한 토막

 梦见真主 Mèngjiàn zhēnzhǔ (꿈에 본 알라)

有人梦见自己和真主说话。
Yǒurén mèngjiàn zìjǐ hé zhēnzhǔ shuōhuà.

男子: 伟大的真主哟，在你的眼里，一万年意味着什么?
Nánzǐ: Wěidà de zhēnzhǔ yō, zài nǐ de yǎnli, yíwàn nián yìwèizhe shénme?

真主: 一分钟而已。
Zhēnzhǔ: Yì fēnzhōng éryǐ.

男子: 哦，至高无上的真主哟，在你那里，一万金币意味着什么?
Nánzǐ: Ò, zhìgāo wúshàng de zhēnzhǔ yō, zài nǐ nàli, yíwàn jīnbì yìwèizhe shénme?

真主: 一枚铜板罢了。
Zhēnzhǔ: Yì méi tóngbǎn bàle.

男子: 啊，大慈大悲的真主哇，我的家境穷苦得很，连家属的 食宿 问题也不能解决，请赐给我一枚铜板吧。
Nánzǐ: Ā, dàcí dàbēi de zhēnzhǔ wà, wǒ de jiājìng qióngkǔ de hěn, lián jiāshǔ de shísù wèntí yě bù néng jiějué, qǐng cìgěi wǒ yì méi tóngbǎn ba.

真主: 好的，只等一分钟。
Zhēnzhǔ: Hǎo de, zhǐ děng yì fēnzhōng.

어휘

梦见 mèngjiàn 동 꿈에 보다. 꿈에서 만나다. 꿈꾸다
真主 zhēnzhǔ 명 (이슬람교의) 알라
意味 yìwèi 동 의미하다. 뜻하다. 내포하다
而已 éryǐ ⑥ 조 단지 ~일뿐이다
至高无上 zhìgāo wúshàng 지고지상이다. 더할 수 없이 높다
金币 jīnbì 명 금화
枚 méi ⑥ 양 매. 개. 닢[작고 둥근 모양의 물건을 셀 때 쓰는 양사]
铜板 tóngbǎn 명 동전
罢了 bàle 조 다만 ~할 뿐이다
大慈大悲 dàcí dàbēi 대자대비. 크나큰 자비
家境 jiājìng 명 가정 형편. 살림 형편
穷苦 qióngkǔ 형 곤궁하다. 빈궁하다
家属 jiāshǔ ⑥ 명 가족. 가속
赐 cì 동 주다. 내리다. 베풀다

꿈에 본 알라

어떤 사람이 알라와 대화하는 꿈을 꾸었다.

남자: 위대한 알라여, 당신의 눈에 1만 년은 어떤 의미입니까?
알라: 단지 1분일뿐이다.
남자: 오, 지고지상의 알라시여, 당신이 계신 그곳에서 1만 금화는 어떤 의미입니까?
알라: 그저 동전 한 닢일 뿐이지.
남자: 아, 대자대비하신 알라시여, 저는 가정형편이 몹시 곤궁하여, 가족의 숙식문제조차도 해결할 수 없는 지경이니, 부디 제게 동전 한 닢만 내려주시옵소서.
알라: 좋다, 1분만 기다리거라.

시설 施設 / 设施

시설		뜻	참고사항
한	施設	시설. 설비	
중	⑤ 设施 shèshī		(유) ⑤ 设备 shèbèi

예문
- 这个城市基础交通**设施**还不齐全。 이 도시는 기초 교통시설이 아직 미비하다.
  Zhè ge chéngshì jīchǔ jiāotōng shèshī hái bù qíquán.

- 这个饭店是五星级的，**设施**很好，服务也很好。
  Zhè ge fàndiàn shì wǔ xīngjí de, shèshī hěn hǎo, fúwù yě hěn hǎo.
  이 호텔은 5성급으로서, 시설이 매우 좋고, 서비스도 아주 좋다.

유머 한 토막

 阴间高尔夫球 Yīnjiān gāo'ěrfūqiú (저승 골프)

一位年迈但精神旺盛的高尔夫球爱好者去找巫师，询问阴间是否有高尔夫球场设施。
Yí wèi niánmài dàn jīngshen wàngshèng de gāo'ěrfūqiú àihàozhě qù zhǎo wūshī, xúnwèn yīnjiān shìfǒu yǒu gāo'ěrfū qiúchǎng shèshī.

巫师说要去查一查，第二天给他答复。次日，老人又找巫师来了。
Wūshī shuō yào qù chá yi chá, dì'èr tiān gěi tā dáfù. Cìrì, lǎorén yòu zhǎo wūshī lái le.

老人: Lǎorén:	您去打听了没有? Nín qù dǎtīng le méiyǒu?
巫师: Wūshī:	我得到的既有好消息也有坏消息。 Wǒ dédào de jì yǒu hǎo xiāoxi yě yǒu huài xiāoxi.
老人: Lǎorén:	那么先告诉我好消息吧。 Nàme xiān gàosu wǒ hǎo xiāoxi ba.
巫师: Wūshī:	阴间有很宽阔的高尔夫球场，球场上铺着碧绿的草坪，并且备有最好的设施。 Yīnjiān yǒu hěn kuānkuò de gāo'ěrfū qiúchǎng, qiúchǎng shang pūzhe bìlǜ de cǎopíng, bìngqiě bèiyǒu zuì hǎo de shèshī.
老人: Lǎorén:	明白了。现在告诉我坏消息吧！ Míngbai le. Xiànzài gàosu wǒ huài xiāoxi ba!
巫师: Wūshī:	下星期日上午10点半就该轮到你参加了。 Xià xīngqīrì shàngwǔ shí diǎn bàn jiù gāi lúndào nǐ cānjiā le.

 어휘

年迈 niánmài 형 연로하다. 나이가 많이 들다	打听 dǎtīng 5ㅣ동 물어보다. 알아보다
精神 jīngshen 4ㅣ명ㅣ형 원기. 정력. 활력; 생기발랄하다. 생기 있다. 활기차다	得到 dédào 동 얻다. 획득하다
	宽阔 kuānkuò 형 넓다. 크다. 광활하다
旺盛 wàngshèng 형 강하다. 왕성하다	铺 pū 6ㅣ동 펴다. 깔다
巫师 wūshī 명 무당	碧绿 bìlǜ 형 짙푸르다
询问 xúnwèn 5ㅣ동 묻다. 질문하다. 문의하다	备有 bèiyǒu 동 갖추다. 갖추고 있다
阴间 yīnjiān 명 저승. 저세상. 황천(↔阳间 yángjiān)	轮 lún 동 차례가 되다. 순번이 되다
答复 dáfù 6ㅣ동 답하다. 답변하다. 회답하다	

저승 골프

연로하지만, 원기가 왕성한 골프 애호가가 무당을 찾아가, 저승에 골프장 시설이 있는지 물었다. 무당은 가서 좀 조사해보고, 이튿날 그에게 답변을 해주겠다고 했다. 다음날, 노인이 다시 무당을 찾아왔다.

노인: 가서 좀 알아봤나요?
무당: 내가 얻어온 것은 좋은 소식도 있고 나쁜 소식도 있소이다.

노인: 그럼 먼저 좋은 소식을 알려주시지요.
무당: 저승에는 매우 광활한 골프장이 있는데, 골프장에는 짙푸른 잔디밭이 펼쳐있으며, 최상의 시설을 갖추고 있더이다.

노인: 잘 알았습니다. 이제 나쁜 소식을 알려주시지요!
무당: 다음 주 일요일 오전 10시 반에 당신이 참가할 차례가 됩니다.

실증 实证   证实

	실증	뜻	참고사항
한	實證	실증(하다). 증명하다	
중	⑥ 证实 zhèngshí		(유) ④ 证明 zhèngmíng

예문
- 他说的话还没有办法**证实**。 그가 한 말은 아직 증명할 방법이 없다.
  Tā shuō de huà hái méiyǒu bànfǎ zhèngshí.

- 他举出不少的例子来**证实**了自己的说法。 그는 적지 않은 예를 들어 자기의 견해를 실증했다.
  Tā jǔchū bù shǎo de lìzi lái zhèngshí le zìjǐ de shuōfa.

유머 한 토막

🌱 **强盗与绅士** Qiángdào yǔ shēnshì (강도와 신사)

黄昏时分，一位绅士下班徒步回家。
Huánghūn shífèn, yí wèi shēnshì xiàbān túbù huíjiā.

刚进小巷的时候，突然从黑暗处闪出一个强盗，手持左轮手枪准备抢劫。
Gāng jìn xiǎoxiàng de shíhou, tūrán cóng hēi'àn chù shǎnchū yí ge qiángdào, shǒu chí zuǒlún shǒuqiāng zhǔnbèi qiǎngjié.

绅士:	好汉饶命！我可以把身上所有值钱的东西都给你。
Shēnshì:	Hǎohàn ráomìng! Wǒ kěyǐ bǎ shēnshang suǒyǒu zhíqián de dōngxi dōu gěi nǐ.
强盗:	你是个明白人！
Qiángdào:	Nǐ shì ge míngbairén!
绅士:	您过奖了！不过为了事情更顺利，还请您帮个忙。
Shēnshì:	Nín guòjiǎng le! Búguò wèile shìqing gèng shùnlì, hái qǐng nín bāng ge máng.
强盗:	别绕弯儿，直说。没有时间了！
Qiángdào:	Bié ràowānr, zhíshuō. Méiyǒu shíjiān le!
绅士:	请您在我的帽子上、提包上、鞋子上、大衣上、雨伞上、手套上打几个枪眼。
Shēnshì:	Qǐng nín zài wǒ de màozi shang, tíbāo shang, xiézi shang, dàyī shang, yǔsǎn shang, shǒutào shang dǎ jǐ ge qiāngyǎn.
强盗:	为什么？
Qiángdào:	Wèi shénme?
绅士:	只要能证实我遭到过抢劫就可以了。不然，我会被老婆赶出来的。
Shēnshì:	Zhǐyào néng zhèngshí wǒ zāodàoguo qiāngjié jiù kěyǐ le. Bùrán, wǒ huì bèi lǎopo gǎnchūlái de.

强盗按照绅士的要求一共打了六枪。然后让他把钱交出来。
Qiángdào ànzhào shēnshì de yāoqiú yígòng dǎ le liù qiāng. Ránhòu ràng tā bǎ qián jiāo chūlai.

绅士:	我疯了？既然你的枪膛里子弹已经打完，趁我没发火之前，你还是乖乖地跟我去自首吧！
Shēnshì:	Wǒ fēng le? Jìrán nǐ de qiāngtáng li zǐdàn yǐjing dǎwán, chèn wǒ méi fāhuǒ zhīqián, nǐ háishi guāiguāi de gēn wǒ qù zìshǒu ba!

어휘

绅士 shēnshì ⑥ | 명 신사
时分 shífèn 명 무렵. 때. 철. 시절
小巷 xiǎoxiàng 명 작은 골목
黑暗 hēi'àn 형 어둡다. 깜깜하다
闪出 shǎnchū 동 갑자기 나타나다. 문득 떠오르다
左轮手枪 zuǒlún shǒuqiāng 회전식 연발 권총
抢劫 qiǎngjié ⑥ | 동 빼앗다. 약탈하다. 강탈하다. 강도질하다
好汉 hǎohàn 명 호걸. 호한. 사나이. 사내대장부
饶命 ráo//mìng 동 죽음을 면하게 해주다. 목숨을 살려주다
明白人 míngbairén 명 현명한 사람. 분별 있는 사람. 이치를 아는 사람
过奖 guòjiǎng ⑥ | 동 과찬하다. 지나치게 칭찬하다
顺利 shùnlì ④ | 형 순조롭다

绕弯儿 ràowānr 동 돌려 말하다. 에둘러 말하다
提包 tíbāo 명 손가방. 핸드백
枪眼 qiāngyǎn 명 총구멍
遭到 zāodào 동 만나다. 당하다
赶出来 gǎn chūlái 쫓겨나오다
既然 jìrán ④ | 연 기왕 그렇게 된 이상. 이미 ~한 이상. 이미 ~했으면서
枪膛 qiāngtáng 명 탄창
子弹 zǐdàn ⑥ | 명 총알. 탄알
趁 chèn ⑤ | 개 (어떤 조건이나 기회 등을) 틈타서. 이용하여
疯 fēng 동 미치다. 돌다. 정신 나가다
发火 fā//huǒ ⑥ | 동 화를 내다. 성질을 부리다(=生气 shēngqì)
乖乖 guāiguāi 형 순하다. 얌전하다. 고분고분하다.

강도와 신사

황혼 무렵, 신사 한 명이 퇴근하여 걸어서 집에 돌아가다, 작은 골목에 막 들어섰을 때, 갑자기 어둑한 곳에서 강도가 나타났는데, 손에 권총을 들고 약탈하려 했다.

신사: 강도님 살려주세요! 돈 될 만한 건 다 드릴게요.
강도: 현명한 놈이로구나!
신사: 과찬이십니다! 하지만 일이 더욱 순조롭도록 하나만 좀 도와주셨으면 합니다.
강도: 빙빙 돌리지 말고, 그냥 말해. 시간 없으니까!
신사: 제 모자와 손가방, 신발, 외투, 우산과 장갑에 총구멍을 몇 개 내주셨음 합니다.

강도: 왜지?
신사: 그저 내가 강탈당했다는 것을 증명만 하면 됩니다. 안 그러면 난 우리 마누라한테 쫓겨나게 될 겁니다.

강도는 신사의 요구대로 모두 6발의 총을 쏘았다. 그리고 그에게 돈을 내놓으라고 했다.

신사: 내가 미쳤어? 당신 탄창의 총알을 이미 다 쏴버렸으니, 나 성질부리기 전에, 얌전히 나와 자수하러 가는 게 좋을 거요!

심취		뜻	참고사항
한	心醉	심취하다. 도취하다. 몰두하다. 매혹되다	
중	醉心 zuìxīn		(유) 心醉 xīnzuì

 예문
- 他醉心于中国文学。 그는 중국문학에 심취해 있다.
  Tā zuìxīn yú Zhōngguó wénxué.

- 最近她醉心于高尔夫运动，拼命学习。 그녀는 최근 골프에 심취하여 적극적으로 배운다.
  Zuìjìn tā zuìxīn yú gāo'ěrfū yùndòng, pīnmìng xuéxí.

유머 한 토막

😀 **抽象派学生** Chōuxiàngpài xuésheng (추상파 학생)

一个醉心抽象派和立体派绘画的艺术学院学生，在画展中花了很长时间选画。他终于为一幅白底黑点镶铜边框的画大为倾倒。
Yí ge zuìxīn chōuxiàngpài hé lìtǐpài huìhuà de yìshù xuéyuàn xuésheng, zài huàzhǎn zhōng huā le cháng shíjiān xuǎn huà. Tā zhōngyú wèi yì fú báidǐ hēidiǎn xiāng tóng biānkuàng de huà dàwéi qīngdǎo.

学生: 这幅画要多少钱？
Xuésheng: Zhè fú huà yào duōshao qián?

管理员: 你说什么呢？这是电灯开关！
Guǎnlǐyuán: Nǐ shuō shénme ne? Zhè shì diàndēng kāiguān!

学生: 噢，原来如此！这个开关制作得很艺术。
Xuésheng: Ō, yuánlái rúcǐ! Zhè ge kāiguān zhìzuò de hěn yìshù.

管理员: 看样子，你的艺术眼光好像有点儿特别。
Guǎnlǐyuán: Kàn yàngzi, nǐ de yìshù yǎnguāng hǎoxiàng yǒudiǎnr tèbié.

어휘

抽象 chōuxiàng [5] [형] 추상적이다. 공허하다
绘画 huìhuà [동] 그림을 그리다
画展 huàzhǎn [명] 회화 전람회. 그림 전시회
花 huā [3] [동] (돈 시간 정력 등을) 쓰다. 소비하다
镶 xiāng [동] 테를 달다. 테를 두르다
边框 biānkuàng [명] 액자. 틀

大为 dàwéi [부] 크게. 대단히
倾倒 qīngdǎo [동] 기울다. 탄복하다. 감탄하다
开关 kāiguān [명] 스위치. 개폐기
原来如此 yuánlái rúcǐ 알고 보니 이와 같다. 원래 그렇다
眼光 yǎnguāng [6] [명] 안목. 눈썰미. 식견

추상파 학생

추상파와 입체파 회화에 심취한 예술대학 학생 하나가, 그림 전시회에서 장시간에 걸쳐 그림을 골랐다. 그러던 그는 마침내 흰색 바탕에 검은 점 구리액자에 넣은 그림 한 폭을 보고 매우 감탄했다.

학생: 이 그림 얼마지요?

관리원: 무슨 말씀이죠? 이건 전등 스위치예요!

학생: 오, 그렇군요! 이 스위치는 참 예술적으로 제작되었네요.

관리원: 보아하니, 당신의 예술 안목은 좀 특별하신 것 같군요.

 黑暗

	암흑	뜻	참고사항
한	暗黑	암흑. 어둡다. 깜깜하다	(유) 2 黑 hēi, 昏暗 hūn'àn, 晦暗 huì'àn (반) 5 明 guāngmíng, 光亮 guāngliàng, 明亮 míngliàng
중	黑暗 hēi'àn		

예문
- 由于停电,整个城市陷入**黑暗**了。 정전으로 말미암아, 온 도시가 암흑 속에 잠겼다.
  Yóuyú tíngdiàn, zhěng ge chéngshì xiànrù hēi'àn le.
- 他的作品主要是揭露社会**黑暗**的。 그의 작품은 주로 사회의 어두운 곳을 폭로하는 것들이다.
  Tā de zuòpǐn zhǔyào shì jiēlù shèhuì hēi'àn de.

유머 한 토막

 亲吻与耳光 Qīnwěn yǔ ěrguāng (키스와 따귀)

一列火车,进入隧道,车厢里一片**黑暗**。突然间听见亲吻的声音,接着是一个响亮的耳光。
Yí liè huǒchē, jìnrù suìdào, chēxiāng li yípiàn hēi'àn. Tūránjiān tīngjiàn qīnwěn de shēngyīn, jiēzhe shì yí ge xiǎngliàng de ěrguāng.

火车出隧道后,邻座四个素不相识的人都没吭声,只有军官左脸颊发红微肿。
Huǒchē chū suìdào hòu, línzuò sì ge sù bù xiāngshí de rén dōu méi kēngshēng, zhǐyǒu jūnguān zuǒ liǎnjiá fāhóng wēi zhǒng.

老太婆心里赞叹: 这姑娘人美性子也刚烈!
Lǎotàipó xīnli zàntàn: Zhè gūniang rén měi xìngzi yě gānglìè!

姑娘觉得纳闷: 这个军官居然不吻我而去吻老太婆,真是怪事。
Gūniang juéde nàmèn: Zhè ge jūnguān jūrán bù wěn wǒ ér qù wěn lǎotàipó, zhēn shì guàishì.

军官心里暗骂: 面目狰狞的家伙最不是东西,他偷着去亲那姑娘,我却稀里糊涂挨了姑娘一巴掌。
Jūnguān xīnli àn mà: Miànmù zhēngníng de jiāhuo zuì bú shì dōngxi, tā tōuzhe qù qīn nà gūniang, wǒ què xīlihútú ái le gūniang yì bāzhang.

面目狰狞的人暗笑: 我吻了自己的手背,又打了军官一个耳光,太棒了!我很想知道那军官是怎么个想法。嘻嘻!
Miànmù zhēngníng de rén ànxiào: Wǒ wěn le zìjǐ de shǒubèi, yòu dǎ le jūnguān yí ge ěrguāng, tài bàng le! Wǒ hěn xiǎng zhīdao nà jūnguān shì zěnme ge xiǎngfǎ. Xīxī!

어휘

- 亲吻 qīnwěn 동 키스하다. 입맞춤하다
- 响亮 xiǎngliàng 6│형 (소리가) 매우 크다. 우렁차다. 높고 낭랑하다
- 素不相识 sùbù xiāngshí 전혀 알지 못하다. 전혀 안면이 없다
- 吭声 kēng//shēng 동 말을 하다. 입을 열다
- 脸颊 liǎnjiá 명 뺨. 볼
- 发红 fāhóng 동 붉어지다. 빨개지다. 빨갛게 되다
- 微 wēi 부 조금. 약간
- 肿 zhǒng 동 붓다. 부어오르다
- 老太婆 lǎotàipó 명 노파. 노부인. 늙은 여자
- 赞叹 zàntàn 6│동 찬탄하다. 칭찬하다

- 姑娘 gūniang 5│명 아가씨. 처녀
- 性子 xìngzi 명 성질. 성정. 성품
- 刚烈 gāngliè 형 강직하고 기개 있다. 지조 있다
- 纳闷 nàmèn 동 답답하다. 갑갑하다. 궁금하다; 궁금해 하다. 이상히 여기다
- 居然 jūrán 5│부 뜻밖에. 의외로
- 面目 miànmù 명 얼굴. 용모
- 狰狞 zhēngníng 형 생김새가 흉악하다
- 稀里糊涂 xīlihútú 형 어리둥절하다. 얼떨떨하다
- 巴掌 bāzhang 명 손바닥. 뺨따귀
- 手背 shǒubèi 명 손등
- 想法 xiǎngfǎ 명 생각. 의견. 견해

키스와 따귀

열차가 터널로 진입하자, 객차 안이 온통 어두워졌다. 그런데 갑자기 키스를 하는 소리가 들리는가 싶더니, 이어서 매서운 따귀 소리가 났다.
열차가 터널을 나온 후, 옆자리에 앉은 생면부지의 네 사람은 아무도 입을 열지 않았고, 군관만이 왼쪽 뺨이 뻘겋게 약간 부어올랐다.

노부인이 마음속으로 찬탄함: 이 아가씨는 예쁘기도 하지만, 성품도 강하고 지조가 있는걸!
아가씨는 궁금하게 여김: 이 군관이 뜻밖에도 나한테 키스를 하지 않고 노친네한테 가서 키스를 하다니, 참 이상한 일이야.
군관은 마음속으로 몰래 욕함: 얼굴이 험상궂게 생긴 이놈이 제일 못된 놈이지. 슬그머니 저 아가씨한테 가서 키스를 하는 바람에, 내가 얼떨결에 아가씨한테 뺨을 한 대 맞은 거야!
얼굴 험상한 사람이 속으로 웃음: 내가 내 손등에 키스하고, 군관 따귀를 한 대 때렸는데, 아주 훌륭했어! 저 군관은 어떻게 생각하는지 몹시 궁금한 걸? 히히!

액수		뜻	참고사항
한	額數	액수. 정액. 일정한 수	
중	⑥ 数额 shù'é		(유) 钱数 qiánshù, 额数 éshù

예문
- 你来核对一下，数额错了。 당신이 대조 검토해 보세요. 액수가 틀렸어요.
 Nǐ lái héduì yíxià, shù'é cuò le.
- 他收受贿赂的数额超出了人们的想象。 그가 받은 뇌물의 액수는 사람들의 상상을 초월했다.
 Tā shōushòu huìlù de shù'é chāochū le rénmen de xiǎngxiàng.

유머 한 토막

 政府看重的儿子 Zhèngfǔ kànzhòng de érzi (정부에서 중시하는 아들)

男子1: 这不是高先生吗？好久不见！
Nánzǐ 1: Zhè bú shì Gāo xiānsheng ma? Hǎojiǔ bú jiàn!

男子2: 噢，李先生！好多年没见面了，你还是老样子！
Nánzǐ 2: Ō, Lǐ xiānsheng! Hǎo duō nián méi jiànmiàn le, nǐ háishi lǎo yàngzi!

男子1: 你也没什么变化。过得怎么样？
Nánzǐ 1: Nǐ yě méi shénme biànhuà. Guò de zěnmeyàng?

男子2: 还不错。
Nánzǐ 2: Hái búcuò.

男子1: 到海外经商去的儿子，回来了吗？
Nánzǐ 1: Dào hǎiwài jīngshāng qù de érzi, huílái le ma?

男子2: 还没呢。
Nánzǐ 2: Hái méi ne.

男子1: 已经有几年了，他一定很有成就了。
Nánzǐ 1: Yǐjing yǒu jǐ nián le, tā yídìng hěn yǒu chéngjiù le.

男子2:	有没有成就不知道，反正政府好像很看重他。
Nánzǐ 2:	Yǒu méiyǒu chéngjiù bù zhīdào, fǎnzhèng zhèngfǔ hǎoxiàng hěn kànzhòng tā.
男子1:	怎么回事？
Nánzǐ 1:	Zěnme huí shì?
男子2:	警察出了布告悬赏缉拿他，数额达到10万元。
Nánzǐ 2:	Jǐngchá chū le bùgào xuánshǎng jīná tā, shù'é dádào shíwàn yuán.

어휘

看重 kànzhòng 동 중시하다. 중요하게 생각하다
经商 jīngshāng 6 동 장사를 하다. 상업을 경영하다(=经营商业 jīngyíng shāngyè)
成就 chéngjiù 5 명 동 성취. 성과; 성취하다. 이루다
布告 bùgào 6 명 게시문. 공시문
悬赏 xuán//shǎng 동 상을 걸다. 현상하다
缉拿 jīná 동 잡다. 체포하다
达到 dádào 5 동 이르다. 도달하다

정부에서 중시하는 아들

남자1: 이거 고 선생 아니시오? 오랜만이구려!
남자2: 오, 이 선생! 여러 해 못 뵈었는데, 여전하시군요!
남자1: 당신도 별로 변하지 않았네요. 지내시는 건 어떠십니까?
남자2: 그런 대로 좋습니다.
남자1: 해외로 사업 차 나간 아들은 돌아왔나요?
남자2: 아직 안 돌아왔습니다.
남자1: 벌써 여러 해가 되었으니, 틀림없이 크게 성공을 했겠네요.
남자2: 성공을 했는지 안 했는지는 모르겠지만, 어쨌든 정부에서 그를 매우 중시하는 것 같습니다.
남자1: 무슨 일인데요?
남자2: 경찰이 공시문을 내서, 그 녀석 체포에 현상금을 걸었는데, 액수가 10만 위안에 달한다니까요.

야반		뜻	참고사항
한	夜半	야반. 심야. 야밤중. 한밤중	우리말에서도 반야(半夜)라는 말이 있지만, 상용하지 않는다. 야반(夜半) 역시 '야반도주' 등 관용적 표현 외에는 극히 드물게 쓰인다.
중	半夜 bànyè		중국어에서도 夜半이라는 말을 쓰지만, 문어적이다. 上半夜, 前半夜: 초저녁부터 자정까지의 이른 밤 下半夜, 后半夜: 밤 12시부터 해 뜰 무렵까지 (유) 夜半 yèbàn, 深夜 shēnyè

예문
- 他们的讨论一直持续到半夜。 그들의 토론은 한밤중까지 계속되었다.
  Tāmen de tǎolùn yìzhí chíxù dào bànyè.

- 他们两口子昨天半夜偷偷地逃跑了。 그들 부부는 어제 한밤중에 남몰래 도주했다.
  Tāmen liǎngkǒuzi zuótiān bànyè tōutōu de táozǒu le.

유머 한 토막

 酒鬼与警察 Jiǔguǐ yú jǐngchá (술꾼과 경찰)

一个酒鬼, 半夜才回到家。他掏出钥匙, 却怎么也对不准门锁。那时恰巧一个巡夜的警察走过去问:
Yí ge jiǔguǐ, bànyè cái huí dào jiā. Tā tāochū yàoshi, què zěnme yě duì bu zhǔn ménsuǒ. Nàshí qiàqiǎo yí ge xúnyè de jǐngchá zǒu guòqu wèn:

警察: 都半夜了, 你在人家的门前干什么呢?
Jǐngchá: Dōu bànyè le, nǐ zài rénjia de ménqián gàn shénme ne?

男子: 警官先生！您来得正好。
Nánzǐ: Jǐngguān xiānsheng! Nín lái de zhèng hǎo.

警察: 我再问，你在人家门前干什么呢?
Jǐngchá: Wǒ zài wèn, nǐ zài rénjia ménqián gàn shénme ne?

男子: 人家门前？这不是别人家，是我的家。
Nánzǐ: Rénjia ménqián? Zhè bú shì biéren jiā, shì wǒ de jiā.

警察: 那你到底在这儿干什么？要我帮什么忙吗？
Jǐngchá: Nà nǐ dàodǐ zài zhèr gàn shénme? Yào wǒ bāng shénme máng ma?

男子: 请把房子抓牢，别让它乱晃。
Nánzǐ: Qǐng bǎ fángzi zhuāláo, bié ràng tā luànhuàng.

어휘

酒鬼 jiǔguǐ 명 술꾼. 술고래. 술귀신
对不准 duì bu zhǔn 똑바로 맞출 수 없다
门锁 ménsuǒ 명 문 자물쇠. 도어록
恰巧 qiàqiǎo 6 부 마침. 공교롭게. 우연히
巡夜 xúnyè 동 야간 순찰하다. 야경을 돌다

抓 zhuā 동 잡다. 붙잡다
牢 láo 형 견고하다. 단단하다
乱 luàn 4 부 제멋대로. 마구
晃 huàng 동 흔들리다. 요동하다

술꾼과 경찰

한 술꾼이 한밤중이 되어서야 집에 돌아왔다. 그는 열쇠를 꺼냈지만, 아무리 해도 자물쇠를 똑바로 맞출 수가 없었다. 그때 마침 야간순찰을 하던 경찰이 다가와서 물었다.

경찰: 벌써 한밤중인데, 남의 집 앞에서 뭘 하는 겁니까?
남자: 경관나리! 마침 잘 오셨소이다.

경찰: 다시 묻겠는데, 남의 집 앞에서 뭘 하고 있는 거죠?
남자: 남의 집 앞이라고요? 이건 남의 집이 아니라, 우리 집이에요.

경찰: 그럼 대체 여기서 뭘 하는 거죠? 내가 도와줄 거라도 있습니까?
남자: 집이 제멋대로 흔들리지 않게 꽉 좀 붙들어주세요.

 式样

양식		뜻	참고사항
한	樣式	양식. 스타일. 디자인	
중	式样 shìyàng		(유) 5 样式 yàngshì, 花样 huāyàng, 6 款式 kuǎnshì

예문
- 她穿衣服很讲究**式样**。 그녀는 옷을 입을 때 스타일에 아주 신경을 쓴다.
  Tā chuān yīfu hěn jiǎngjiu shìyàng.

- 这个果汁机不但**式样**好，而且很好用。
  Zhè ge guǒzhījī búdàn shìyàng hǎo, érqiě hěn hǎoyòng.
  이 믹서는 디자인이 좋을 뿐 아니라, 사용하기도 편하다.

유머 한 토막

 得体的回答 Détǐ de huídá (적절한 답변)

一位有名的医生正为昂贵的汽车修理费与修理厂厂主争论。
Yí wèi yǒumíng de yīshēng zhèng wèi ángguì de qìchē xiūlǐfèi yǔ xiūlǐchǎng chǎngzhǔ zhēnglùn.

医生: 我的车修理好了吗?
Yīshēng: Wǒ de chē xiūlǐ hǎo le ma?

厂主: 已经修理好了。
Chǎngzhǔ: Yǐjing xiūlǐ hǎo le.

医生: 修理费是多少?
Yīshēng: Xiūlǐfèi shì duōshao?

厂主: 这是您的修理账单。
Chǎngzhǔ: Zhè shì nín de xiūlǐ zhàngdān.

医生: 只是一个多钟头的活儿，为什么收费这么高呢?
Yīshēng: Zhǐ shì yí ge duō zhōngtóu de huór, wèi shénme shōufèi zhème gāo ne?

厂主: 你不想想，你们医生摆弄的自古以来就是同一种模式。
Chǎngzhǔ: Nǐ bù xiǎngxiang, nǐmen yīshēng bǎinòng de zìgǔ yǐlái jiù shì tóng yì zhǒng móshì.

医生:　那又怎么样？那又跟你有什么关系？
Yīshēng:　Nà yòu zěnmeyàng? Nà yòu gēn nǐ yǒu shénme guānxi?

厂主:　我们跟你们医生可不一样，每年都得学会修理一种新的式样嘛！
Chǎngzhǔ:　Wǒmen gēn nǐmen yīshēng kě bù yíyàng, měinián dōu děi xuéhuì xiūlǐ yìzhǒng xīn de shìyàng ma!

어휘

得体 détǐ 형 (언어나 행동 등이) 적절하다. 틀에 꼭 맞다. 걸맞다. 제격이다
厂主 chǎngzhǔ 명 공장주
昂贵 ángguì 6 형 비싸다
账单 zhàngdān 명 계산서. 명세서. 청구서
活儿 huór 명 (주로 육체적인) 일

收费 shōufèi 명 비용. 요금
摆弄 bǎinòng 동 다루다. 조종하다. 지배하다. 만지작거리다
自古以来 zìgǔ yǐlái 예로부터. 자고이래
模式 móshì 6 명 유형. 패턴. 표준양식

적절한 답변

어떤 유명한 의사가 비싼 자동차 수리비 때문에 수리공장의 공장주와 논쟁 중이다.

의사: 제 차 수리 다 끝났나요?
공장주: 네, 벌써 다 수리했습니다.
의사: 수리비는 얼마죠?
공장주: 이게 선생님의 수리 명세서입니다.
의사: 겨우 한 시간 남짓 일인데, 왜 비용이 이렇게 비싸죠?

공장주: 왜 그런 생각은 못 해보죠? 의사선생님들이 다루는 건 예로부터 한 가지 유형뿐이잖아요.
의사: 그게 어떻다는 겁니까? 그리고 그게 또 당신과 무슨 상관이란 말이오?
공장주: 우리는 의사선생님들과는 다르다고요. 해마다 어떤 신 모델을 어떻게 수리해야 하는지 터득해야만 하잖아요!

	양식	뜻	참고사항
한	糧食	① 식량 ② 양식 (지식·물질·사상 따위의 원천이 되는 것의 비유)	중국어에서는 粮食 liángshi가 ①의 뜻 즉, '식량'이라는 구체적인 뜻만을 나타낸다. 추상적인 의미의 '양식' 즉 ②의 뜻으로는 우리말과는 달리 食粮을 쓴다. ① (유) **5** 粮食 liángshi, 口粮 kǒuliáng
중	食粮 shíliáng		

예문

① 식량. 곡물

- 我国每年进口不少**食粮**。 우리나라는 매년 적지 않은 식량을 수입한다.
  Wǒguó měinián jìnkǒu bù shǎo shíliáng.

- 由于两年的歉收，**食粮**供应很紧张。 2년 간의 흉작으로 식량의 공급이 부족하다.
  Yóuyú liǎng nián de qiànshōu, shíliáng gōngyìng hěn jǐnzhāng.

② 양식

- 知识是心灵的**食粮**。-柏拉图 지식은 마음의 양식이다. -플라톤(Platon)
  Zhīshi shì xīnlíng de shíliáng. Bólātú

- 光有物质上的丰衣足食还不够，我们还得有精神**食粮**。
  Guāng yǒu wùzhì shang de fēngyī zúshí hái búgòu, wǒmen hái děi yǒu jīngshén shíliáng.
  물질적인 풍족만 가져서는 부족하고, 우리는 또한 정신의 양식을 가져야 한다.

유머 한 토막

 聪明的经理 Cōngming de jīnglǐ (영리한 지배인)

戏院经理站在台上，请妇女们摘帽子。说了几次，大家还是不肯摘。
Xìyuàn jīnglǐ zhànzài tái shang, qǐng fùnǚmen zhāi màozi. Shuō le jǐ cì, dàjiā háishi bù kěn zhāi.

聪明的经理最后补充了一句，他说：年纪老一点儿的妇女或是缺乏心灵**食粮**的妇女可以不摘。
Cōngming de jīnglǐ zuìhòu bǔchōng le yí jù, tā shuō: Niánjì lǎo yìdiǎnr de fùnǚ huòshi quēfá xīnlíng shíliáng de fùnǚ kěyǐ bù zhāi.

于是几分钟以后，戏院里所有的女人都摘下了帽子。
Yúshì jǐ fēnzhōng yǐhòu, xìyuàn li suǒyǒu de nǚrén dōu zhāixià le màozi.

摘 zhāi 5 | 동 벗다. 따다. 떼다
补充 bǔchōng 5 | 동 보충하다
缺乏 quēfá 5 | 동 모자라다. 결핍되다. 결여되다
心灵 xīnlíng 6 | 명 마음. 정신. 영혼
于是 yúshì 4 | 연 그리하여. 그래서

영리한 지배인

극장 지배인이 무대 위에 서서, 부녀자들에게 모자를 벗어달라고 부탁했다. 몇 차례나 말했지만, 역시 다들 벗으려 하지 않았다.

영리한 지배인은 마지막으로 한 마디를 보충해서 말했다. "나이가 좀 든 여자분이나 마음의 양식이 결여된 여자분들은 벗지 않아도 됩니다."

그리하여 몇 분 후, 극장 안 여자들은 모두 모자를 벗었다.

언어 言語 / 语言

언어		뜻	참고사항
한	言語	언어. 말	言语도 같이 쓰이지만, 言语 yányǔ에는 동사 용법도 있다.
중	4 语言 yǔyán		(유) 言语 yányǔ

예문
- 我现在的心情难以用**语言**来表达。 나의 지금 심정은 말로 표현하기 힘들다.
  Wǒ xiànzài de xīnqíng nányǐ yòng yǔyán lái biǎodá.

- 我刚来中国时**语言**不通，闹了不少笑话。
  Wǒ gāng lái Zhōngguó shí yǔyán bù tōng, nào le bù shǎo xiàohua.
  내가 처음 중국에 왔을 때는 말이 통하지 않아, 적잖이 웃음거리가 되었다.

유머 한 토막

😊 猩猩的语言 Xīngxing de yǔyán (오랑우탄의 언어)

有个人非常喜欢猩猩，一天去动物园看猩猩。
Yǒu ge rén fēicháng xǐhuan xīngxing, yì tiān qù dòngwùyuán kàn xīngxing.

当他看到猩猩时，兴奋地向猩猩招手，猩猩忽然愤怒地拿地上的石头丢向他。
Dāng tā kàndào xīngxing shí, xīngfèn de xiàng xīngxing zhāoshǒu, xīngxing hūrán fènnù de ná dìshang de shítou diū xiàng tā.

他被砸得头破血流，非常生气地找管理员理论。
Tā bèi zá de tóu pò xuè liú, fēicháng shēngqì de zhǎo guǎnlǐyuán lǐlùn.

管理员: Guǎnlǐyuán:	你做了什么刺激它们的行动吗? Nǐ zuò le shénme cìjī tāmen de xíngdòng ma?
男子: Nánzǐ:	我只是对它们招手打招呼而已。 Wǒ zhǐshì duì tāmen zhāoshǒu dǎ zhāohu éryǐ.
管理员: Guǎnlǐyuán:	这就对了！我告诉你，在猩猩的**语言**里，招手是骂它白痴的意思。 Zhè jiù duì le! Wǒ gàosu nǐ, zài xīngxing de yǔyán li, zhāoshǒu shì mà tā báichī de yìsi.
男子: Nánzǐ:	哦！原来这样。那，我要怎样和它们打招呼呢? Ò! Yuánlái zhèyàng. Nà, wǒ yào zěnyàng hé tāmen dǎ zhāohu ne?
管理员: Guǎnlǐyuán:	你要面对它们槌胸呐喊。 Nǐ yào miànduì tāmen chuíxiōng nàhǎn.

어휘

- 猩猩 xīngxing 명 오랑우탄
- 兴奋 xīngfèn 4 동 흥분하다
- 招手 zhāo//shǒu 동 손짓을 하다. 손을 흔들어 부르다
- 愤怒 fènnù 5 형 화가 나다. 분개하다. 분노하다
- 砸 zá 6 동 부수다. 깨뜨리다. 찧다. 내리치다
- 理论 lǐlùn 5 동 명 시비를 가리다. 이치를 따지다. 논쟁하다; 이론
- 刺激 cìjī 5 동 자극하다. 자극시키다
- 打招呼 dǎ zhāohu 5 인사하다; 알리다. 통지하다
- 骂 mà 5 동 욕하다. 꾸짖다. 나무라다
- 白痴 báichī 명 백치. 바보
- 面对 miànduì 3 동 대면하다. 당면하다
- 槌 chuí 동 명 치다; 망치. 방망이. 채
- 呐喊 nàhǎn 동 외치다. 소리치다. 고함치다

오랑우탄의 언어

오랑우탄을 매우 좋아하는 사람이 있었는데, 하루는 동물원으로 오랑우탄을 보러 갔다.

그가 오랑우탄을 보았을 때, 흥분하여 오랑우탄에게 손을 흔들어 부르자, 오랑우탄이 갑자기 화를 내며 땅에서 돌멩이를 들어 그에게 던졌다.

그는 머리가 깨져서 피가 나자, 몹시 화가 치밀어 관리원을 찾아가 따졌다.

관리원: 뭔가 오랑우탄을 자극하는 행동이라도 하셨습니까?

남자: 난 단지 오랑우탄에게 손을 흔들어 인사했을 뿐인데요.

관리원: 바로 그거로군요! 제가 말씀드리겠는데, 오랑우탄의 언어에서, 손을 (위아래로) 흔드는 것은 바보라고 욕하는 의미거든요.

남자: 오, 그런 거였군요. 그럼 오랑우탄에게는 어떻게 인사를 해야하죠?

관리원: 마주 보고 가슴을 치며 소리를 질러야 합니다.

여과 濾過 / 过滤

	여과	뜻	참고사항
한	濾過	여과하다. 거르다	
중	⑥ 过滤 guòlǜ		(유) 滤 lǜ, 过淋 guòlìn

예문
- 这个水喝不得, 总得过滤杂质。 이 물은 마실 수 없으니, 반드시 불순물을 여과해야 한다.
  Zhè ge shuǐ hē bu de, zǒng děi guòlǜ zázhì.

- 液体过滤了出去，固体留了下来。 액체는 여과되어 나가고, 고체만 남았다.
  Yètǐ guòlǜ le chūqu, gùtǐ liú le xiàlai.

유머 한 토막

又喝多了 Yòu hē duō le (또 과음했어)

学生: 教练，还要游多长时间?
Xuésheng: Jiàoliàn, hái yào yóu duō cháng shíjiān?

教练: 还有二十分钟左右。
Jiàoliàn: Hái yǒu èrshí fēnzhōng zuǒyòu.

学生: 我想，今天就练到这儿。
Xuésheng: Wǒ xiǎng, jīntiān jiù liàndào zhèr.

教练: 怎么？有什么事吗？
Jiàoliàn: Zěnme? Yǒu shénme shì ma?

学生: 我实在喝不下去了。
Xuésheng: Wǒ shízài hē bu xiàqu le.

教练: 今天你又喝多了吧？以后你再渴也得过滤杂质后再喝。知道吧？
Jiàoliàn: Jīntiān nǐ yòu hē duō le ba? Yǐhòu nǐ zài kě yě děi guòlǜ zázhì hòu zài hē. Zhīdao ba?

어휘

教练 jiàoliàn 5 | 명 | 동 코치. 감독; 교련하다. 가르치다. 훈련하다
游 yóu 동 수영하다. 헤엄치다
渴 kě 3 | 형 목마르다. 갈증이 나다
杂质 zázhì 명 불순물

또 과음했어

학생: 코치님, 얼마나 더 수영을 해야 해요?
코치: 아직 20분 정도 남았는데.
학생: 난 오늘 여기까지만 하고 싶어요.
코치: 왜? 무슨 일 있어?

학생: 난 (배불러서) 더 이상 마실 수가 없어요.
코치: 오늘 너 또 과음했구나? 앞으로는 아무리 목이 말라도, 불순물은 여과한 후에 마셔야 해. 알았지?

열광 热狂 狂热

열광		뜻	참고사항
한	熱狂	열광하다. 열광적이다	
중	狂热 kuángrè		(반) 4 冷静 lěngjìng. 6 理智 lǐzhì

part A 음절의 순서가 반대인 어휘

예문
- 那个歌手一上台，台下的歌迷就狂热起来了。
  Nà ge gēshǒu yí shàngtái, táixià de gēmí jiù kuángrè qǐlai le.
  그 가수가 무대에 오르자마자, 무대 아래 팬들은 열광하기 시작했다.

- 每次有比赛的时候，他们都给我们队狂热地助威。
  Měicì yǒu bǐsài de shíhou, tāmen dōu gěi wǒmen duì kuángrè de zhùwēi.
  경기가 있을 때마다, 그들은 항상 우리 팀을 위해 열광적으로 응원해준다.

유머 한 토막

 结婚，离婚与再婚 Jiéhūn, líhūn yǔ zàihūn (결혼, 이혼과 재혼)

青年: Qīngnián:	老大爷，您一辈子狂热地爱过谁吗? Lǎodàye, nín yíbèizi kuángrè de àiguo shéi ma?
老人: Lǎorén:	当然有。可是那不过是一时的感情罢了。 Dāngrán yǒu. Kěshì nà búguò shì yìshí de gǎnqíng bàle.
青年: Qīngnián:	那您是怎么结婚的? Nà nín shì zěnme jiéhūn de?
老人: Lǎorén:	那是因为我缺乏判断力的缘故。 Nà shì yīnwèi wǒ quēfá pànduànlì de yuángù.
青年: Qīngnián:	所以您离婚了吧? Suǒyǐ nín líhūn le ba?
老人: Lǎorén:	那是因为我缺乏耐力。 Nà shì yīnwèi wǒ quēfá nàilì.
青年: Qīngnián:	那您怎么又再婚的呢? Nà nín zěnme yòu zàihūn de ne?
老人: Lǎorén:	再婚的决定性因素就是我的记忆力衰退。 Zàihūn de juédìngxìng yīnsù jiù shì wǒ de jìyìlì shuāituì.

어휘

老大爷 lǎodàye 명 할아버지[나이 든 노인에 대한 존칭]
一辈子 yíbèizi 5 명 일생. 한평생
不过……罢了 búguò...bàle 단지 ~에 불과하다. 단지 ~에 지나지 않는다

缘故 yuángù 5 명 이유. 까닭. 원인
耐力 nàilì 명 인내력. 지구력
因素 yīnsù 5 명 요소. 원인
衰退 shuāituì 6 동 쇠퇴하다. 감퇴하다

결혼, 이혼과 재혼

청년: 할아버지, 한평생 누구를 정열적으로 사랑해본 적 있으세요?
노인: 물론 있었지. 하지만 그건 단지 일시적인 감정일 뿐이야.
청년: 그럼 왜 결혼을 하셨던 거죠?
노인: 그건 나의 판단력이 부족했기 때문이지.
청년: 그래서 이혼을 하신 거군요?
노인: 그건 나의 인내력이 부족했기 때문이고.
청년: 그럼 재혼은 왜 또 하신 거죠?
노인: 재혼은 바로 나의 기억력 감퇴가 결정적이었어.

열악 劣惡 / 恶劣

	열악	뜻	참고사항
한	劣惡		우리말 열악(劣惡)은 ①의 뜻으로만 쓰인다.
중	5 恶劣 èliè	① (환경·조건·품질·능력 등이) 열악하다. 아주 나쁘다. 불량하다	(유) 3 坏 huài, 低劣 dīliè, 粗劣 cūliè (반) 1 好 hǎo, 5 良好 liánghǎo
		② 비열하다. 악랄하다. 악질적이다	(유) 6 卑鄙 bēibǐ, 卑劣 bēiliè (반) 6 高尚 gāoshàng, 高贵 gāoguì

예문

① 열악하다. 아주 나쁘다. 불량하다
- 那里的工作条件太**恶劣**了。 그곳의 작업조건은 아주 열악하다.
  Nàle de gōngzuò tiáojiàn tài èliè le.

- 这个便宜是便宜, 就是质量有点儿**恶劣**。 이건 싸기는 싸지만, 품질이 좀 열악하다.
  Zhè ge piányi shì piányi, jiùshì zhìliàng yǒudiǎnr èliè.

② 비열하다. 악랄하다. 악질적이다
- 他是一个很**恶劣**的骗子。 그는 아주 비열한 사기꾼이다.
  Tā shì yí ge hěn èliè de piànzi.

- 他用各种**恶劣**手段毁坏了我的名誉。 그는 각종 악랄한 수단을 써서 나의 명예를 훼손했다.
  Tā yòng gèzhǒng èliè shǒuduàn huǐhuài le wǒ de míngyù.

유머 한 토막

 家庭夫妇守则 Jiātíng fūfù shǒuzé (가정 부부수칙)

为了维护家庭秩序，规范老公家庭生活，特制定本《夫妇守则》。
Wèile wéihù jiātíng zhìxù, guīfàn lǎogōng jiātíng shēnghuó, tè zhìdìng běn 《fūfù shǒuzé》.

一、看电视时，不能与老婆孩子抢遥控器，不能大声喧哗，严禁看足球赛。
Yī, kàn diànshì shí, bù néng yǔ lǎopo háizi qiǎng yáokòngqì, bù néng dàshēng xuánhuā, yánjìn kàn zúqiú sài.

二、每月工资、奖金及其所有收入必须如数上缴老婆，不得有部分遗漏，决不能有私房钱；生活费由老婆天天划拨。
Èr, měiyuè gōngzī, jiǎngjīn jíqí suǒyǒu shōurù bìxū rúshù shàngjiǎo lǎopo, bùdé yǒu bùfen yílòu, jué bù néng yǒu sīfángqián; shēnghuófèiyóu lǎopo tiāntiān huàbō.

三、严禁接触黄、赌、毒；严禁抽烟、喝酒、交网友。
Sān, yánjìn jiēchù huáng, dǔ, dú; yánjìn chōuyān, hējiǔ, jiāo wǎngyǒu.

若有违反，可根据情节的严重程度，给予分居一个月或解聘其老公之职务的处分。
Ruò yǒu wéifǎn, kě gēnjù qíngjié de yánzhòng chéngdù, jǐyǔ fēnjū yí ge yuè huò jiěpìn qí lǎogōng zhī zhíwù de chǔfèn.

态度过于恶劣、屡犯不改，情节严重时, 可由老婆随意处罚。
Tàidù guòyú èliè, lǚ fàn bù gǎi, qíngjié yánzhòng shí, kě yóu lǎopo suíyì chǔfá.

어휘

维护 wéihù [5] [동] 지키다. 보호하다. 수호하다
规范 guīfàn [6] [동] (명) 규범에 맞도록 하다. 규범화하다; 규범
抢 qiǎng [5] [동] (먼저 하려고) 다투다. 빼앗다
摇控器 yáokòngqì [명] 리모컨. 원격 조정기
喧哗 xuánhuā [동] 떠들다. 시끄럽게 굴다
奖金 jiǎngjīn [4] [명] 보너스. 상여금
如数 rúshù [부] 숫자대로. 액수대로. 전부
上缴 shàngjiǎo [동] 바치다. 상납하다
遗漏 yílòu [동] 빠뜨리다. 누락하다
划拨 huàbō [동] 떼어주다; 이체하다. 대체하다

黄 huáng [3] [형] 음란하다. 선정적이다. 퇴폐적이다
网友 wǎngyǒu [명] 인터넷상에서의 친구
情节 qíngjié [6] [명] 구체적인 상황. 사정
给予 jǐyǔ [6] [동] (처분을) 내리다. 주다. 베풀다
分居 fēn//jū [동] 별거하다. 분가해 살다. 따로 살다
解聘 jiě//pìn [동] (초빙한 사람을) 해임하다. 해고하다
处分 chǔfèn [6] [동] 처벌(하다). 처분(하다)
屡 lǚ [부] 자주. 누차
随意 suíyì [6] [부] 뜻대로. 생각대로. 마음대로
处罚 chǔfá [동] 처벌하다

가정 부부수칙

가정질서를 지키며, 남편의 가정생활을 규범화하기 위하여, 특별히 본《부부수칙》을 제정한다.

1. TV를 볼 때는, 아내 또는 아이와 리모컨을 다퉈서는 안 되며, 큰소리로 떠들어서도 안 되고, 축구경기를 보는 것도 엄격히 금한다.

2. 매월 임금과 보너스 및 그 모든 수입은 반드시 액면 그대로 아내에게 바쳐야지, 일부라도 누락시켜서는 안 되며, 결코 비자금을 가져서도 안 된다. 생활비는 아내가 날마다 떼어준다.

3. 퇴폐, 도박, 마약 접근을 엄격히 금하며, 담배 피우고 술 마시고, 인터넷 친구 사귀는 것을 엄금한다.

만약 위반이 있을 때는 상황의 엄중 정도에 따라, 한 달간 별거 혹은 남편의 직무에 대한 해임 처분을 할 수 있다.

태도가 지나치게 불량하거나 자주 범하며 개선되지 않아, 상황이 엄중할 때는 아내가 마음대로 처벌할 수 있다.

영광 榮光 光荣

영광		뜻	참고사항
한	榮光		우리말에서는 광영(光榮)이, 중국어에서는 荣光이 서면어로 쓰인다.
중	5 光荣 guāngróng	① 영광	(유) 5 荣誉 róngyù (반) 6 羞耻 xiūchǐ, 耻辱 chǐrǔ, 屈辱 qūrǔ
		② 영광스럽다	(유) 5 荣幸 róngxing, 荣耀 róngyào, 6 光彩 guāngcǎi (반) 6 羞耻 xiūchǐ, 可耻 kěchǐ

예문

① 영광
- 他是韩民族的光荣和骄傲。 그는 한민족의 영광이요, 자랑거리다.
  Tā shì Hánmínzú de guāngróng.hé jiāo'ào.

- 这种光荣归于不断鼓励我的你们。
  Zhè zhǒng guāngróng guīyú búduàn gǔlì wǒ de nǐmen.
  이러한 영광은 끊임없이 저를 격려해주신 여러분에게 돌리겠습니다.

② 영광스럽다
- 在这儿见到您，我感到光荣。 여기서 당신을 뵙게 되어, 영광으로 생각합니다.
  Zài zhèr jiàndào nín, wǒ gǎndào guāngróng.

- 能参加这次晚会，我觉得非常光荣。
  Néng cānjiā zhècì wǎnhuì, wǒ juéde fēicháng guāngróng.
  이 저녁 파티에 참석할 수 있게 되어, 저는 아주 영광스럽게 생각합니다.

유머 한 토막

 失言 Shīyán (말실수)

车一进站，上来了一位身穿宽松衣裳，腹部微微隆起的女青年。
Chē yí jìn zhàn, shànglai le yí wèi shēn chuān kuānsōng yīshang, fùbù wēiwēi lóngqǐ de nǚqīngnián.

男生: Nánshēng:	(微笑着) 您来这边坐吧。 (wēixiàozhe) Nín lái zhèbiān zuò ba.
女青年: Nǚqīngnián:	哦，不用了。谢谢！ Ò, bú yòng le. Xièxie!
男生: Nánshēng:	礼让是我们民族的光荣传统嘛? Lǐràng shì wǒmen mínzú de guāngróng chuántǒng ma?
女青年: Nǚqīngnián:	还是算了吧！ Háishi suànle ba!
男生: Nánshēng:	您怀孕了，站着不安全。 Nín huáiyùn le, zhànzhe bù ānquán.
女青年: Nǚqīngnián:	你在说什么? 谁怀孕了！真是的！ Nǐ zài shuō shénme? Shéi huáiyùn le! Zhēn shì de!
男生: Nánshēng:	您不是怀孕了吗? Nín bú shì huáiyùn le ma?
女青年: Nǚqīngnián:	你别瞎说！太不像话了！ Nǐ bié xiāshuō! Tài búxiànghuà le!

어휘

宽松 kuānsōng 형 (옷 등이) 헐렁하다. 크다. 느슨하다

微微 wēiwēi 부 조금. 약간

隆起 lóngqǐ 동 융기하다. 솟아오르다

礼让 lǐràng 동 예양하다. 예를 갖춰 겸양[양보]하다

怀孕 huái//yùn 6 동 임신을 하나. 외임하나. 애배새 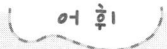끼]를 배다

瞎说 xiāshuō 동 함부로[마구] 지껄이다. 허튼소리를 하다

不像话 bú xiànghuà 6 말 같지 않다. 말이 되지 않다

말실수

차가 정류장에 들어서자, 헐렁한 옷을 입고, 복부가 약간 불룩하게 나온 젊은여자 하나가 올라왔다.

남학생: (미소를 지으며) 이쪽으로 와서 앉으세요.
아가씨: 아, 그러실 것 없어요. 감사합니다!
남학생: 예의와 경양은 우리 민족의 영광스런 전통 아닙니까!
아가씨: 그만 하시죠!
남학생: 임신을 하셨으니, 서있는 건 안전하지 않아요.
아가씨: 무슨 소리 하는 거예요? 누가 임신을 해요! 나 원 참!
남학생: 임신하신 거 아니에요?
아가씨: 헛소리 말아요! 정말 말도 안 돼!

예민　锐敏　敏锐

	예민	뜻	참고사항
한	銳敏	예민하다. 예리하다. 민감하다. 날카롭다	敏锐가 锐敏보다 구어적이다.
중	⑥ 敏锐 mǐnruì		(유) ⑥ 灵敏 língmǐn, ⑥ 敏捷 mǐnjié, 灵巧 língqiǎo (반) 迟钝 chídùn

예문
- 狗的嗅觉比人**敏锐**得多。　개의 후각은 사람보다 훨씬 예민하다.
  Gǒu de xiùjué bǐ rén mǐnruì de duō.

- 她是个很**敏锐**的人。　그녀는 아주 예민한 사람이다.
  Tā shì ge hěn mǐnruì de rén.

유머 한 토막

 调皮的老师 Tiáopí de lǎoshī (짓궂은 선생님)

一位老师带着学生们来到科学实验室。老师指着一个装满尿液的烧杯对同学们说：
Yí wèi lǎoshī dàizhe xuéshengmen láidào kēxué shíyànshì. Lǎoshī zhǐzhe yí ge zhuāngmǎn niàoyè de shāobēi duì tóngxuémen shuō:

老师:　要想当一个好的科学家，既要有勇敢的精神，又要有**敏锐**的观察力。知道吗？
Lǎoshī:　Yào xiǎng dāng yí ge hǎo de kēxuéjiā, jì yào yǒu yǒnggǎn de jīngshén, yòu yào yǒu mǐnruì de guānchálì. Zhīdao ma?

学生们:　知道了。
Xuéshengmen: Zhīdao le.

老师:　好，那你们现在学着我的样子试一试。
Lǎoshī:　Hǎo, nà nǐmen xiànzài xuézhe wǒ de yàngzi shì yi shì.

学生们:　好。
Xuéshengmen: Hǎo.

老师把指头伸进尿液里，然后放到嘴里尝了尝。同学们见老师带了头，争先恐后尝了起来。
Lǎoshī bǎ zhǐtou shēnjìn niàoyè li, ránhòu fàngdào zuǐ li cháng le cháng. Tóngxuémen jiàn lǎoshī dài le tóu, zhēngxiān kǒnghòu cháng le qǐlai.

结果，有的皱了皱眉头，有的吐了出来。
Jiéguǒ, yǒu de zhòu le zhòu méitóu, yǒu de tù le chūlai.

老师： （笑了起来）你们是勇敢有余，观察力不足啊！你们怎么没注意到，我伸进尿液里去的是食指，而放到嘴里去的是中指呢？
Lǎoshī: (xiào le qǐlai) Nǐmen shì yǒnggǎn yǒuyú, guāncháli bùzú a! Nǐmen zěnme méi zhùyì dào, wǒ shēnjìn niàoyè li qù de shì shízhǐ, ér fàngdào zuǐ li qù de shì zhōngzhǐ ne?

어휘

调皮 tiáopí 5│형 짓궂다. 장난스럽다
尿液 niàoyè 명 오줌. 소변
烧杯 shāobēi 명 (실험실의) 비커. 유리컵
学 xué 동 흉내 내다. 따라하다. 모방하다
指头 zhǐtou 명 손가락
伸 shēn 5│동 펴다. 펼치다
带头 dài//tóu 동 앞장을 서다. 솔선을 하다. 선두에 서다

争先恐后 zhēngxiān kǒnghòu 6 앞을 다투다
皱 zhòu 동 찡그리다. 찌푸리다. 구기다
眉头 méitóu 명 미간. 눈살
吐 tù 5│동 (의지와 상관없이) 구토하다. 게우다
有余 yǒuyú 동 남다. 남음이 있다. 여유가 있다
食指 shízhǐ 명 식지. 집게손가락

짓궂은 선생님

선생님이 학생들을 데리고 과학 실험실에 갔다. 선생님은 오줌이 가득 담긴 비커를 가리키며 학생들에게 말했다.

선생님: 좋은 과학자가 되려면, 용감한 정신을 가져야 하고, 또 예민한 관찰력을 가져야 해요. 알았어요?
학생들: 네, 알았습니다.
선생님: 좋아, 그럼 다들 지금부터 나의 모습을 따라서 한번 해보는 거야.
학생들: 네.

선생님은 손가락을 펴서 오줌 속에 넣더니, 다시 입안에 넣고 맛을 보았다. 학생들은 선생님이 솔선하는 것을 보고, 앞다투어 맛을 보기 시작했다.
결과, 어떤 학생은 미간을 찌푸리고, 어떤 학생은 토해 냈다.

선생님: (웃음을 터뜨리며) 너희들은 용감하기 짝이 없지만, 관찰력이 부족해! 내가 펴서 오줌 속으로 넣은 손가락은 식지이고, 입안으로 넣은 손가락은 중지라는 것에는 왜 주의하지 못했지?

완주 完走 走完

완주		뜻	참고사항
한	完走	완주하다	
중	走完 zǒuwán		(유) 全走 quánzǒu

예문
- 你们想要**走完**这段路，就应该同心协力。
  Nǐmen xiǎngyào zǒuwán zhè duàn lù, jiù yīnggāi tóngxīn xiélì.
  너희가 이 단계를 완주하려면, 마땅히 일치단결해야만 한다.

- 尽管年纪都超过七十岁了，他竟然**走完**了。
  Jǐnguǎn niánjì dōu chāoguò qīshí suì le, tā jìngrán zǒuwán le.
  나이가 벌써 70이 넘었는데도 불구하고, 그는 뜻밖에도 완주를 하였다.

유머 한 토막

 不能同路的理由 Bù néng tónglù de lǐyóu (동행할 수 없는 이유)

一对夫妇吵架闹得很凶，后来，丈夫觉得后悔，就把妻子带到街上去看一辆马车，两匹马正拖着满载的车子艰难地行进。
Yí duì fūfù chǎojià nào de hěn xiōng, hòulái, zhàngfu juéde hòuhuǐ, jiù bǎ qīzi dàidào jiēshang qù kàn yí liàng mǎchē, liǎng pǐ mǎ zhèng tuōzhe mǎnzài de chēzi jiānnán de xíngjìn.

丈夫: 为什么我们不能像那样的大马一齐拉车，共同**走完**人生?
Zhàngfu: Wèi shénme wǒmen bù néng xiàng nàyàng de dàmǎ yìqí lāchē, gòngtóng zǒuwán rénshēng?

妻子: 我们决不会那样的。
Qīzi: Wǒmen jué bú huì nàyàng de.

丈夫: 你想得也过于悲观了。
Zhàngfu: Nǐ xiǎng de yě guòyú bēiguān le.

妻子: 那你以为有指望儿吗? 怎么会有那可能?
Qīzi: Nà nǐ yǐwéi yǒu zhǐwàngr ma? Zěnme huì yǒu nà kěnéng?

丈夫: 你为什么以为那是不可能的?
Zhàngfu: Nǐ wèi shénme yǐwéi nà shì bù kěnéng de?

妻子: 因为我们中有一头驴子！
Qīzi: Yīnwèi wǒmen zhōng yǒu yì tóu lǘzi!

闹 nào 동 떠들다. 소란을 피우다. 시끄럽게 굴다
凶 xiōng 형 심하다. 지나치다. 지독하다
街上 jiēshang 명 거리. 노상
拖 tuō 동 끌다. 잡아당기다
满载 mǎnzài 동 가득 싣다

艰难 jiānnán 6 | 형 어렵다. 힘들다. 곤란하다
一齐 yìqí 부 동시에. 다같이
拉车 lā//chē 동 수레를 끌다
指望儿 zhǐwàngr 6 | 명 가망. 기대. 희망. 바람
驴子 lǘzi 명 당나귀

동행할 수 없는 이유

어떤 부부가 말싸움을 하며 아주 심하게 소란을 피우더니, 나중에 남편이 후회가 되어, 아내를 거리로 데리고 나갔다가 마차 한 대를 보았는데, 마침 말 두 마리가 짐을 가득 실은 수레를 끌고 힘들게 걸어가고 있었다.

남편: 왜 우리는 저런 말처럼 동시에 수레를 끌고, 함께 인생을 완주할 수 없을까?

아내: 우리는 절대 그럴 수 없을 거야.
남편: 당신은 생각하는 게 지나치게 비관적이야.
아내: 그럼 당신은 가망이 있다고 생각해? 어떻게 그게 가능할 수 있단 말이야?
남편: 당신은 왜 그게 불가능하다고 생각하는데?
아내: 왜냐하면 우리 중에는 당나귀가 한 마리 있잖아!

	운명	뜻	참고사항
한	運命		
중	5 命运 mìngyùn	운명. 운수	(유) 6 运气 yùnqi, 气运 qìyùn, 运命 yùnmìng, 命数 mìngshù, 气数 qìshu

예문
- 我相信**命运**在于个人的努力。 나는 운명이란 개인의 노력에 달려있는 것이라 믿는다.
  Wǒ xiāngxìn mìngyùn zàiyú gèrén de nǔlì.

- 看样子, 这个公司不能逃脱倒闭的**命运**。
  Kàn yàngzi, zhè ge gōngsī bù néng táotuō dǎobì de mìngyùn.
  보아하니, 이 회사는 도산의 운명을 피할 수 없을 것 같다.

유머 한 토막

 不同的反应 Bùtóng de fǎnyìng (다른 반응)

有五个人: 美国人、犹太人、中国人、日本人、韩国人一起喝饮料。突然, 有几只苍蝇飞进了五人的饮料中。
Yǒu wǔ ge rén: Měiguórén, Yóutàirén, Zhōngguórén, Rìběnrén, Hánguórén yìqǐ hē yǐnliào. Tūrán, yǒu jǐ zhī cāngying fēijìn le wǔ rén de yǐnliào zhōng.

美国人: （叫服务员过来）我从来没吃过苍蝇, 请重新换一杯。
Měiguórén: (jiào fúwùyuán guòlai) Wǒ cónglái méi chīguo cāngying, qǐng chóngxīn huàn yì bēi.

犹太人: （抓起苍蝇放在桌上）吐出来, 你把喝下的饮料吐出来！快！马上！
Yóutàirén: (zhuāqǐ cāngying fàngzài zhuō shang) Tǔ chūlai, nǐ bǎ hēxià de yǐnliào tǔ chūlai! Kuài! Mǎshàng!

中国人: （二话不说, 喝下去）不会连苍蝇也要收钱吧？
Zhōngguórén: (érhuà bù shuō, hē xiàqu) Bú huì lián cāngying yě yào shōuqián ba?

日本人: （在收银台指着手里的苍蝇）我饮料的一半, 这个苍蝇喝掉了。所以你们也要把账单给这个坏蛋, 它会替我付一半的钱。
Rìběnrén: (zài shōuyíntái zhǐzhe shǒuli de cāngying) Wǒ yǐnliào de yíbàn, zhè ge cāngying hēdiào le. Suǒyǐ nǐmen yě yào bǎ zhàngdān gěi zhè ge huàidàn, tā huì tì wǒ fù yíbàn de qián.

韩国人: （紧皱着眉头）我喝完了以后才发现有苍蝇, 决没干预这个苍蝇的**命运**。我决不想付钱！你们得特别注意卫生！
Hánguórén: (jǐn zhòuzhe méitóu) Wǒ hēwán le yǐhòu cái fāxiàn yǒu cāngying, jué méi gānyù zhè ge cāngying de mìngyùn. Wǒ jué bù xiǎng fù qián! Nǐmen děi tèbié zhùyì wèishēng!

苍蝇 cāngying 명 파리
重新 chóngxīn 4 부 다시. 재차
收银台 shōuyíntái 명 계산대. 카운터
账单 zhàngdān 명 계산서

坏蛋 huàidàn 명 나쁜 자식. 나쁜 놈. 악당
干预 gānyù 6 동 관여하다. 참견하다
卫生 wèishēng 명 형 위생; 위생적이다. 깨끗하다. 청결하다

다른 반응

다섯 명, 즉 미국인, 유태인, 중국인, 일본인, 한국인이 함께 음료를 마시는데, 갑자기 파리 몇 마리가 다섯 사람의 음료 안으로 날아들었다.

미국인: (종업원을 오라고 부르더니) 난 지금까지 파리를 먹어본 적이 없으니, 새로 바꿔주세요.
유태인: (파리를 잡아 테이블 위에 놓고) 뱉어내, 네 녀석이 마셔버린 음료를 뱉어내란 말이야, 어서, 당장!
중국인: (두말없이, 마셔버리고) 설마 파리까지 포함해서 계산하지는 않겠지?
일본인: (계산대에서 손 안의 파리를 가리키며) 내 음료의 절반은 이 파리가 마셔버렸소. 그러니 계산서를 이 못된 파리한테도 주셔야 합니다. 이 놈이 내 대신 절반의 돈을 지불할 것이오.
한국인: (눈살을 잔뜩 찌푸리며) 나는 다 마시고 나서야 파리가 있는 것을 발견했지, 결코 이 파리의 운명에 관여하지 않았소. 따라서 나는 결코 돈을 낼 뜻이 없소. 당신들은 위생에 특별히 신경 쓰도록 하세요!

운반		뜻	참고사항
한	運搬	운반(하다). 운송(하다). 수송(하다)	
중	搬运 bānyùn		(유) 运 yùn, 5 运输 yùnshū, 运送 yùnsòng

예문
- 注意搬运！ 운반 시 취급주의!
  Zhùyì bānyùn!

- 一切事故的责任由搬运公司承担。 모든 사고의 책임은 운송회사가 진다.
  Yíqiè shìgù de zérèn yóu bānyùn gōngsī chéngdān.

part A 음절의 순서가 반대인 어휘 121

유머 한 토막

价值观的差异 Jiàzhíguān de chāyì (가치관의 차이)

考古学家: 搬运这个箱子的时候，你要特别小心呀！
Kǎogǔxuéjiā: Bānyùn zhè ge xiāngzi de shíhou, nǐ yào tèbié xiǎoxīn ya!

搬运工: 里面是什么东西?
Bānyùngōng: Lǐmian shì shénme dōngxi?

考古学家: 很名贵的古董。
Kǎogǔxuéjiā: Hěn míngguì de gǔdǒng.

搬运工: 您这么说，这一定是古老的东西吧。
Bānyùngōng: Nín zhème shuō, zhè yídìng shì gǔlǎo de dōngxi ba.

考古学家: 它有五百多年的历史了。
Kǎogǔxuéjiā: Tā yǒu wǔbǎi duō nián de lìshǐ le.

搬运工: 您放心好了！我会把它当作是新的一样小心的。
Bānyùngōng: Nín fàngxīn hǎo le! Wǒ huì bǎ tā dàngzuò shì xīn de yíyàng xiǎoxīn de.

어휘

差异 chāyì 명 차이
名贵 míngguì 형 유명하고 진귀하다
古董 gǔdǒng 6 명 골동품
当做 dàngzuò 동 ~으로 생각하다. 여기다. 간주하다

가치관의 차이

고고학자: 이 상자를 운반할 때는, 특별히 주의해 주세요!
운반공: 안에 뭐가 들었는데요?
고고학자: 아주 진귀한 골동품입니다.
운반공: 그렇게 말씀하시는 걸 보니, 이건 아주 오래된 물건인가 보군요.
고고학자: 이건 5백년 이상의 역사를 가지고 있답니다.
운반공: 안심하십시오! 저는 이걸 새 것이라 생각하고 조심할 테니.

	위안	뜻	참고사항
한	慰安		
중	5 安慰 ānwèi	위안(하다). 위로(하다)	(유) 6 慰问 wèiwèn, 慰劳 wèiláo, 慰藉 wèijiè, 劝慰 quànwèi (반) 5 刺激 cìjī

예문
- 他冲我说了很多安慰的话。 그는 나에게 많은 위로의 말을 해주었다.
  Tā chòng wǒ shuō le hěn duō ānwèi de huà.

- 我真不知道该怎么安慰你才好。 나는 정말 당신을 어떻게 위로해야 좋을지 모르겠습니다.
  Wǒ zhēn bù zhīdao gāi zěnme ānwèi nǐ cái hǎo.

유머 한 토막

 半斤八两 Bànjīn bāliǎng **(피장파장)**

一个妇产科医院的产房里，即将临产的妻子对丈夫说:
Yí ge fùchǎnkē yīyuàn de chǎnfáng li, jíjiāng línchǎn de qīzi duì zhàngfu shuō:

妻子: 亲爱的，我有事情向你坦白。
Qīzi: Qīn'ài de, wǒ yǒu shìqing xiàng nǐ tǎnbái.

丈夫: 咱俩之间有什么话不能说，尽管说吧。
Zhàngfu: Zán liǎ zhījiān yǒu shénme huà bù néng shuō, jǐnguǎn shuō ba.

妻子: 好，我的双眼皮是割的、鼻子是隆起来的、下巴是做的，所以娃娃生下来不像我的话，你不要吃惊。
Qīzi: Hǎo, wǒ de shuāngyǎnpí shì gē de, bízi shì lóng qǐlai de, xiàba shì zuò de, suǒyǐ wáwa shēng xiàlai bú xiàng wǒ dehuà, nǐ búyào chījīng.

丈夫: 我早就知道，不要紧。我也告诉你，我的右眼是假的，牙齿是装的，头发是假发。
Zhàngfu: Wǒ zǎojiù zhīdao, bú yàojǐn. Wǒ yě gàosu nǐ, wǒ de yòuyǎn shì jiǎ de, yáchǐ shì zhuāng de, tóufa shì jiǎfà.

开始阵痛，过一会儿妻子生了个女孩儿。
Kāishǐ zhèntòng, guò yíhuìr qīzi shēng le ge nǚháir.

妻子: 你想要个男孩儿，偏偏我生了个女孩儿，真对不起！
Qīzi: Nǐ xiǎngyào ge nánháir, piānpiān wǒ shēng le ge nǚháir, zhēn duìbuqǐ!

丈夫: （吻了一下妻子）没关系，亲爱的。这也是我的第二志愿嘛！
Zhàngfu: (wěn le yíxià qīzi) Méi guānxi, qīn'ài de. Zhè yě shì wǒ de dì'èr zhìyuàn ma!

妻子: 可是，孩子像谁？
Qīzi: Kěshì, háizi xiàng shéi?

丈夫: 我不知道该怎么安慰你才好。反正是最坏的技术合作，不要有太多的期望。
Zhàngfu: Wǒ bù zhīdao gāi zěnme ānwèi nǐ cái hǎo. Fǎnzhèng shì zuì huài de jìshù hézuò, búyào yǒu tài duō de qīwàng.

어휘

半斤八两 bànjīn bāliǎng 피차일반이다. 피장파장이다. 막상막하다
妇产科 fùchǎnkē 명 산부인과
产房 chǎnfáng 명 분만실
即将 jíjiāng 부 곧. 장차. 머지않아. 불원간
临产 línchǎn 동 (임산부가) 해산할 때가 다가오다
坦白 tǎnbái 6 동 털어놓다. 고백하다. 솔직하게 말하다
双眼皮 shuāngyǎnpí 명 쌍꺼풀
割 gē 6 동 베다. 자르다. 썰다. 끊다
下巴 xiàba 명 턱

娃娃 wáwa 6 명 갓난아이. 어린애
吃惊 chī//jīng 4 동 놀라다
牙齿 yáchǐ 명 치아
装 zhuāng 5 동 부착하다. 설치하다. 조립하다. 장착하다
假发 jiǎfà 명 가발
阵痛 zhèntòng 명 진통
偏偏 piānpiān 6 부 예기치 않게. 뜻밖에. 공교롭게
吻 wěn 5 동 입 맞추다. 키스하다
反正 fǎnzhèng 5 부 결국. 어차피. 어쨌든
期望 qīwàng 6 명 기대. 희망

피장파장

한 산부인과 병원의 분만실에서, 곧 해산하게 될 아내가 남편에게 말했다.

아내: 여보, 당신한테 고백할 일이 있어요.
남편: 우리 둘 사이에 못할 말이 뭐 있어요, 스스럼없이 말해봐요.
아내: 좋아요. 내 쌍꺼풀은 짼 것이고, 코는 세웠고, 턱도 수술한 것이니, 아이가 태어나 나를 닮지 않았더라도 놀라지 말아요.
남편: 난 진작부터 알고 있었으니, 괜찮아요. 나도 말하겠는데, 내 오른쪽 눈은 가짜고, 치아는 끼워 넣은 것이고, 머리는 가발이오.

진통이 시작되고, 얼마 후에 아내는 딸을 낳았다.

아내: 당신은 아들을 원했는데, 예기치 않게 딸을 낳아서 정말 미안해요!
남편: (아내에게 뽀뽀를 한 번 하더니) 상관없어요, 여보. 딸 역시 내 제2지망이잖소!
아내: 근데, 아이는 누굴 닮았어요?
남편: 당신을 어떻게 위로해야 좋을지 모르겠소. 어차피 최악의 기술제휴인데, 너무 큰 기대는 하지 말아요.

융통		뜻	참고사항
한	融通		
중	通融 tōngróng	① (돈을) 융통하다. 변통하다. 단기간 빌리다	(유) 筹措 chóucuò, 筹募 chóumù
		② 변통하다. 임기응변으로 처리하다. 융통성 있게 처리하다. 봐주다	(유) 变通 biàntōng

예문

① 융통하다. 변통하다

- 我从他那儿**通融**了一百元钱。 나는 그 사람한테 100위안을 융통했다.
  Wǒ cóng tā nàr tōngróng le yìbǎi yuán qián.

- 我现在没有办法**通融**这笔资金。 나는 지금으로서는 이 자금을 융통할 방법이 없다.
  Wǒ xiànzài méiyǒu bànfǎ tōngróng zhè bǐ zījīn.

② 변통하다. 임기응변으로 처리하다. 융통성 있게 처리하다. 봐주다

- 我不是故意的，你给**通融**一下。
  Wǒ bú shì gùyì de, nǐ gěi tōngróng yíxià.
  내가 고의로 그런 것 아니니, 융통성을 좀 발휘해 주세요.

- 他只按规矩办事，丝毫不肯**通融**。
  Tā zhǐ àn guīju bànshì, sīháo bù kěn tōngróng.
  그는 오로지 규정대로만 일을 처리할 뿐, 추호도 융통성을 발휘하려 하지 않는다.

유머 한 토막

 不协和音 Bù xiéhé yīn (불협화음)

警察: 这条路限速60，你超速了，你的车速是80。
Jǐngchá: Zhè tiáo lù xiànsù liùshí, nǐ chāosù le, nǐ de chēsù shì bāshí.

丈夫: 不是80，是70。不是故意的，请**通融**一下吧。
Zhàngfu: bú shì bāshí, shì qīshí. Bú shì gùyì de, qǐng tōngróng yíxià ba.

妻子: 我都看到了，是80。（丈夫瞪了妻子一眼）
Qīzi: Wǒ dōu kàndào le, shì bāshí. (Zhàngfu dèng le qīzi yì yǎn)

警察:　你还没系安全带，吊销执照一个月。
Jǐngchá:　Nǐ hái méi jì ānquándài, diàoxiāo zhízhào yí ge yuè.

丈夫:　我系了，您过来的时候，我刚刚解开的。
Zhàngfu:　Wǒ jì le, nín guòlai de shíhou, wǒ gānggāng jiěkāi de.

妻子:　你什么时候系过?
Qīzi:　Nǐ shénme shíhou jìguo?

丈夫:　闭上你那臭嘴！
Zhàngfu:　Bìshàng nǐ nà chòuzuǐ!

警察:　你丈夫平常总是用这种口气对你讲话吗?
Jǐngchá:　Nǐ zhàngfu píngcháng zǒngshì yòng zhè zhǒng kǒuqì duì nǐ jiǎnghuà ma?

妻子:　不是，今天他喝醉了才这样。
Qīzi:　Bú shì, jīntiān tā hēzuì le cái zhèyàng.

警察:　怪不得！超速，不系安全带，再说酒后驾驶，那么……
Jǐngchá:　Guàibude! Chāosù, bú jì ānquándài, zàishuō jiǔhòu jiàoshǐ, nàme…

어휘

不协和音 bù xiéhé yīn 명 불협화음
限速 xiànsù 명 제한속도
超速 chāosù 동 과속하다. 규정 속도를 초과하다
故意 gùyì 4 부 명 고의로. 일부러; 고의
瞪眼 dèng//yǎn 동 눈을 부라리다. 눈을 크게 뜨다
吊销 diàoxiāo 동 (면허 따위를) 취소하다. 정지하다. 무효화하다
执照 zhízhào 5 명 면허증. 허가증
解开 jiěkāi 동 풀다. 해체하다

闭上 bìshang 동 닫다. 다물다
臭嘴 chòuzuǐ 명 주둥이(입을 홀하게 일컫는 말). 고약한 입. 더러운 입
口气 kǒuqì 6 명 말투. 말버릇. 말씨
喝醉 hēzuì 술을 마셔 취하다
再说 zàishuō 연 게다가. ~한데다가
驾驶 jiàshǐ 5 동 운전하다. 조종하다
酒后驾驶 jiǔhòu jiàshǐ 음주운전

불협화음

경찰: 이 길은 제한속도가 60인데, 과속하셨습니다. 속도가 80이었습니다.
남편: 80이 아니라 70이었습니다. 고의가 아니었으니, 좀 봐주세요.
아내: 내가 다 봤는데, 80이었어요. (남편이 아내에게 눈을 한 번 부라렸다.)
경찰: 안전벨트도 매지 않으셨군요. 1개월 면허정지입니다.
남편: 맸었는데, 당신이 올 때, 막 푼 겁니다.
아내: 당신이 언제 벨트를 맸었어요?
남편: 당신 그 입 좀 닥쳐요!
경찰: 당신 남편은 평소에도 항상 이런 말투로 말합니까?
아내: 아니에요. 오늘은 술이 취해서 이러는 거예요.
경찰: 어쩐지! 속도위반에, 안전벨트 미착용, 게다가 음주운전이라니, 그럼…

응답		뜻	참고사항
한	應答		
중	5 答应 dāying	① 응답하다. 대답하다. 대꾸하다	(유) 2 回答 huídá, 回应 huíyìng, 应答 yìngdá (반) 招呼 zhāohu, 呼唤 hūhuàn, 召唤 zhàohuàn
		② 동의하다. 승낙하다. 허락하다. 수락하다	(유) 3 同意 tóngyì, 4 允许 yǔnxǔ, 准许 zhǔnxǔ, 应诺 yìngnuò (반) 4 拒绝 jùjué, 回绝 huíjué

예문

① 응답하다. 대답하다. 대꾸하다
- 我敲了两下屋门，没人答应。 내가 방문을 몇 번이나 노크했지만, 응답하는 사람이 없다.
  Wǒ qiāo le liǎng xià wūmén, méi rén dāying.

- 我叫了她好几声，她都不答应。 내가 그녀를 몇 번이나 불렀지만, 그녀는 대꾸도 하지 않았다.
  Wǒ jiào le tā hǎo jǐ shēng, tā dōu bù dāying.

② 동의하다. 승낙하다. 허락하다. 수락하다
- 他干脆地答应了我的要求。 그는 시원스럽게 나의 요구에 응답했다.
  Tā gāncuì de dāying le wǒ de yāoqiú.

- 你既然答应了，就要做到底。 당신이 일단 동의한 이상, 끝까지 하지 않으면 안 된다.
  Nǐ jìrán dāying le, jiù yào zuò dàodǐ.

유머 한 토막

 搭卖 Dāmài (끼워팔기)

女的: 我和你结婚还有个条件。
Nǚde: Wǒ hé nǐ jiéhūn hái yǒu ge tiáojiàn.

男的: 亲爱的，你说吧，只要能和你结婚，我什么条件都答应。
Nánde: Qīn'ài de, nǐ shuō ba, zhǐyào néng hé nǐ jiéhūn, wǒ shénme tiáojiàn dōu dāying.

女的: 这个条件很简单，我要把我妈带来，因为她只有我一个女儿。
Nǚde: Zhè ge tiáojiàn hěn jiǎndān, wǒ yào bǎ wǒ mā dàilái, yīnwèi tā zhǐ yǒu wǒ yí ge nǚ'ér.

男的: 这，这……
Nánde: Zhè, zhè...

女的: 怎么，你不同意?
Nǚde: Zěnme, nǐ bù tóngyì?

男的: 你也不是不知道，现在商店都在反对搭卖?
Nánde: Nǐ yě bú shì bù zhīdao, xiànzài shāngdiàn dōu zài fǎnduì dāmài?

어휘

搭卖 dāmài 동 끼워 팔다

끼워팔기

여자: 내가 당신하고 결혼하는 데에 조건이 하나 있어요.
남자: 자기야, 말해봐. 당신과 결혼만 할 수 있다면, 난 어떤 조건이라도 다 들어줄 거야.
여자: 이 조건은 아주 간단해요. 난 나의 엄마를 모셔 와야 해요, 왜냐면 엄마한텐 달랑 이 딸 하나뿐이니까요.
남자: 그, 그건…
여자: 왜요, 동의하지 않아요?
남자: 당신도 모르진 않을 텐데, 지금 가게에서 모두 끼워 팔기를 반대하고 있다는 것을?!

이탈		뜻	참고사항
한	離脫		
중	⑥ 脱离 tuōlí	이탈하다. 떠나다. 벗어나다. 관계를 끊다. 동떨어지다	(유) ③ 离开 líkāi, 分离 fēnlí, ⑥ 断绝 duànjué, ⑥ 摆脱 bǎituō (반) ④ 联系 liánxì, ⑤ 接触 jiēchù, 进入 jìnrù, ⑤ 结合 jiéhé

예문
- 你的看法脱离实际太远了。 당신의 견해는 현실에서 너무 멀리 벗어났어요.
  Nǐ de kànfǎ tuōlí shíjì tài yuǎn le.

- 一个人脱离了社会就不能生活下去。 사람은 사회를 떠나서 혼자 생활해갈 수 없다.
  Yí ge rén tuōlí le shèhuì jiù bù néng shēnghuó xiàqu.

유머 한 토막

 转会 Zhuǎnhuì (이적)

公共汽车上坐着的一位绅士，颇有礼貌地向站在他身旁的妇女说道：
Gōnggòng qìchē shang zuòzhe de yí wèi shēnshì, pōyǒu lǐmào de xiàng zhànzài tā shēnpáng de fùnǚ shuōdào:

绅士: 夫人，请您原谅，本来我应该站起来让您坐，但我前几天刚加入了'静坐俱乐部'。
Shēnshì: Fūrén, qǐng nín yuánliàng, běnlái wǒ yīnggāi zhàn qǐlai ràng nín zuò, dàn wǒ qián jǐ tiān gāng jiārù le 'jìngzuò jùlèbù'.

夫人: 噢，没关系。不过请您也原谅我一直盯着您看，因为我是'凝视俱乐部'会员。
Fūrén: Ō, méi guānxi. Búguò qǐng nín yě yuánliàng wǒ yìzhí dīngzhe nín kàn, yīnwèi wǒ shì 'níngshì jùlèbù' huìyuán.

在锐利的目光注视下，那位'静坐俱乐部'的新手感到很不自在，终于站了起来说：
Zài ruìlì de mùguāng zhùshì xia, nà wèi 'jìngzuò jùlèbù' de xīnshǒu gǎndào hěn bú zìzai, zhōngyú zhàn le qǐlai shuō:

绅士: 夫人，您请坐。我已决心脱离'静坐俱乐部'参加你们的'凝视俱乐部'。
Shēnshì: Fūrén, nín qǐng zuò. Wǒ yǐjing juéxīn tuōlí 'jìngzuò jùlèbù' cānjiā nǐmen de 'níngshì jùlèbù'.

夫人: 我不知道您有没有资格做我们俱乐部的会员，哈哈！谢谢！
Fūrén: Wǒ bù zhīdao nín yǒu méiyǒu zīgé zuò wǒmen jùlèbù de huìyuán, hāhā! Xièxie!

어휘

转会 zhuǎn//huì 동 (스포츠 선수가) 클럽을 이적하다. 소속팀을 옮기다
颇有 pōyǒu 동 상당히 많다. 흔히 있다
礼貌 lǐmào 4 명·형 예의(바르다)
原谅 yuánliàng 4 동 용서하다. 양해하다
静坐 jìngzuò 동 정좌하다(기공 치료법의 일종)
俱乐部 jùlèbù 5 명 구락부. 클럽

盯 dīng 6 동 주시하다. 쳐다보다. 노려보다
凝视 níngshì 6 동 응시하다. 주시하다
锐利 ruìlì 형 예리하다. 날카롭다
目光 mùguāng 6 명 시선. 눈길. 눈빛. 눈초리
新手 xīnshǒu 명 새내기. 신참. 풋내기. 햇병아리
终于 zhōngyú 3 부 결국. 끝내. 마침내. 드디어

이적

버스에서 앉아있던 한 신사가 아주 예의를 갖춰 그의 옆에 서 있는 부인한테 말했다.

신사: 부인, 양해해주시 바랍니다. 원래는 제가 마땅히 일어나 부인께 자리를 양보해야 하지만, 제가 며칠 전에 '정좌클럽'에 가입해서요.

부인: 오, 괜찮아요. 하지만 당신도 제가 줄곧 당신을 똑바로 쳐다보는 것을 양해해 주셨음 해요, 왜냐면 저는 '응시클럽' 회원이거든요.

날카로운 시선으로 주시하는 상황에서, 그 '정좌클럽'의 새내기는 몹시 편치 않아, 결국 일어나 말했다.

신사: 부인, 앉으세요. 저는 이미 '정좌클럽'을 떠나서, 당신들의 '응시클럽'에 참가하기로 결심했답니다.

부인: 당신이 우리 클럽의 회원이 될 자격이 있는지는 모르겠네요. 하하! 고마워요!

적합		뜻	참고사항
한	適合	적합하다. 적당하다. 알맞다	(유) ④ 适合 shìhé, 适当 shìdàng, ④ 适应 shìyìng, ⑥ 适宜 shìyí, ⑥ 恰当 qiàdàng, 合宜 héyí, 相宜 xiāngyí (반) 失当 shīdàng, 失宜 shīyí
중	④ 合适 héshì		

예문
- 最近他好像找到了**合适**的对象。 최근에 그는 적합한 결혼상대를 찾아낸 것 같다.
  Zuìjìn tā hǎoxiàng zhǎodào le héshì de duìxiàng.

- 我看质量不错，价钱也很**合适**。 내 보기엔 품질도 괜찮고, 가격도 아주 적합한 것 같다.
  Wǒ kàn zhìliàng búcuò, jiàqian yě hěn héshì.

유머 한 토막

 婚姻法 Hūnyīnfǎ (혼인법)

70岁的富翁正在与一位妙龄姑娘谈恋爱，而且准备向她求婚，他征求自己好朋友的意见：
Qīshí suì de fùwēng zhèngzài yǔ yí wèi miàolíng gūniang tán liàn'ài, érqiě zhǔnbèi xiàng tā qiúhūn, tā zhēngqiú zìjǐ hǎo péngyou de yìjiàn:

老翁: 假如我说自己50岁，那个姑娘是不是会嫁给我?
Lǎowēng: Jiǎrú wǒ shuō zìjǐ wǔshí suì, nà ge gūniang shì bu shì huì jiàgěi wǒ?

朋友: 假如你说今年90岁，那么成功率会更大些！
Péngyou: Jiǎrú nǐ shuō jīnnián jiǔshí suì, nàme chénggōnglǜ huì gèng dàxiē!

经过了这样或那样的周折，那位富翁终于向那个美丽的姑娘郑重求婚。
Jīngguò le zhèyàng huò nàyàng de zhōuzhé, nà wèi fùwēng zhōngyú xiàng nà ge měilì de gūniang zhèngzhòng qiúhūn.

老翁:	我俩年龄相差这么大，这门婚事合适吗？
Lǎowēng:	Wǒ liǎ niánlíng xiāngchā zhème dà, zhè mén hūnshì héshì ma?
姑娘:	《婚姻法》没有规定年龄的差别。
Gūniang:	《Hūnyīnfǎ》 méiyǒu guīdìng niánlíng de chābié.
老翁:	噢，原来是这样！那规定了什么？
Lǎowēng:	Ō, yuánlái shì zhèyàng! Nà guīdìng le shénme?
姑娘:	妻子有继承丈夫遗产的权利！
Gūniang:	Qīzi yǒu jìchéng zhàngfu yíchǎn de quánlì!

어휘

妙龄 miàolíng 명 묘령. 묘년. 꽃다운 나이
谈恋爱 tán liàn'ài 연애를 하다. 사랑을 속삭이다
征求 zhēngqiú 5 동 (서면 또는 구두질문으로) 구하다
嫁 jià 5 동 시집가다. 출가하다
经过 jīngguò 3 동 거치다. 경과하다. 통과하다
周折 zhōuzhé 6 명 우여곡절

郑重 zhèngzhòng 6 형 정중하다. 엄숙하고 진지하다
合适 héshì 형 알맞다. 적합하다. 적당하다
差别 chābié 5 명 차이. 다른 점
继承 jìchéng 6 동 상속받다. 물려받다
遗产 yíchǎn 6 명 유산

혼인법

70세의 부자 영감이 묘령의 아가씨와 한창 연애를 하고, 그녀에게 청혼할 준비를 하면서, 친구에게 의견을 구했다.

노인: 만약 내가 50살이라고 말하면 그 아가씨가 나에게 시집올까?
친구: 만약 올해 90살이라고 하면, 성공률이 좀 더 커질걸!

이런저런 우여곡절 끝에, 그 부자 영감은 마침내 그 아리따운 아가씨한테 정중히 청혼을 하게 되었다.

노인: 우리 두 사람의 나이 차가 이렇게 큰데, 이 혼사가 적합할까?
아가씨: 〈혼인법〉에는 나이 차에 대해선 규정하지 않았어요.
노인: 아, 그렇군! 그럼 뭐가 규정되어 있지?
아가씨: 아내에게 남편 유산을 상속받을 권리가 있다는 것이죠!

전개		뜻	참고사항
한	展開	전개하다. 넓히다. 확대하다. 벌이다. 펼치다. 진행하다	(유) ④ 发展 fāzhǎn, ④ 进行 jìnxíng, ⑤ 展开 zhǎnkāi, ⑥ 进展 jìnzhǎn
중	⑥ 开展 kāizhǎn		

예문
- 以后我们要积极开展促销活动。 앞으로 우리는 적극적으로 판촉활동을 벌일까 한다.
Yǐhòu wǒmen yào jījí kāizhǎn cùxiāo huódòng.

- 他正在欧洲开展活跃的首脑外交。 그는 유럽에서 활발한 정상외교를 펼치고 있다.
Tā zhèngzài Ōuzhōu kāizhǎn huóyuè de shǒunǎo wàijiāo.

유머 한 토막

 万能机器人 Wànnéng jīqìrén (만능로봇)

一家机器人公司新开发了一种非常先进的万能机器人，并开展了展销活动。
Yì jiā jīqìrén gōngsī xīn kāifā le yì zhǒng fēicháng xiānjìn de wànnéng jīqìrén, bìng kāizhǎn le zhǎnxiāo huódòng.

小女孩: 这种机器人有什么卓越的功能吗?
Xiǎonǚhái: Zhè zhǒng jīqìrén yǒu shénme zhuóyuè de gōngnéng ma?

推销员: 你可以提出任何问题，这个机器人会给出正确答案。
Tuīxiāoyuán: Nǐ kěyǐ tíchū rènhé wèntí, zhè ge jīqìrén huì gěichū zhèngquè dá'àn.

小女孩: 那我试一下，好吗?
Xiǎonǚhái: Nà wǒ shì yíxià, hǎo ma?

推销员: 当然可以。
Tuīxiāoyuán: Dāngrán kěyǐ.

小女孩: 我打听一下，"我爸爸在哪里？"
Xiǎonǚhái: Wǒ dǎting yíxià, 'wǒ bàba zài nǎli?'

机器人: 你爸爸在海边钓鱼呢。
Jīqìrén: Nǐ bàba zài hǎibiān diàoyú ne.

小女孩： 别乱讲！我爸爸已经去世十年了。
Xiǎonǚhái: Bié luànjiǎng! Wǒ bàba yǐjing qùshì shí nián le.

推销员： 这个机器人是不会出错的。你用别的方式再问一问吧。
Tuīxiāoyuán: Zhè ge jīqìrén shì bú huì chūcuò de. Nǐ yòng bié de fāngshì zài wèn yi wèn ba.

于是那女孩再问机器人：
Yúshì nà nǚhái zài wèn jīqìrén:

小女孩： 我妈妈的丈夫在哪里？
Xiǎonǚhái: Wǒ māma de zhàngfu zài nǎli?

机器人： 他去世十年了，但你爸爸正在海边钓鱼。
Jīqìrén: Tā qùshì shí nián le, dàn nǐ bàba zhèngzài hǎibiān diàoyú.

小女孩： 我的天哪！岂有此理！
Xiǎonǚhái: Wǒ de tiān na! Qǐyǒu cǐlǐ!

어휘

展销 zhǎnxiāo 동 전시하여 판매하다
卓越 zhuóyuè 6 형 탁월하다. 특출하다. 우수하다.
提出 tíchū 동 제출하다. 제기하다
钓鱼 diào//yú 동 물고기를 낚다. 낚시를 하다
去世 qùshì 5 동 세상을 떠나다. 죽다. 작고하다
出错 chū//cuò 동 실수를 하다. 오류를 범하다
岂有此理 qǐyǒu cǐlǐ 6 어찌 이럴 수가 있는가

만능로봇

한 로봇 회사가 매우 진보한 만능로봇을 개발하여, 전시판매 활동을 전개하였다.

여자아이: 이 로봇에는 무슨 특출한 기능이라도 있나요?
판매원: 어떠한 질문을 하더라도, 이 로봇은 정확한 답을 드릴 것입니다.
여자아이: 그럼 제가 한번 시험해 봐도 될까요?
판매원: 물론입니다.
여자아이: 우리 아빠는 어디 계시지?
로봇: 당신 아버지는 해변에서 낚시를 하고 계십니다.
여자아이: 허튼소리 마! 우리 아빤 돌아가신 지 벌써 10년이나 됐는데.
판매원: 이 로봇이 실수할 리 없어요. 다른 방식으로 다시 한 번 물어봐요.

그래서 그 여자아이는 로봇에게 다시 물었다.

여자아이: 우리 엄마의 남편은 어디 계시지?
로봇: 그는 죽은 지 10년 되었습니다. 하지만 당신 아빠는 해변에서 낚시를 하고 있습니다.
여자아이: 세상에! 어찌 이럴 수가!

절도		뜻	참고사항
한	竊盜	절도하다. 훔치다. 도둑질하다	
중	⑥ 盗窃 dàoqiè		(유) 偷 tōu, 偷窃 tōuqiè, 窃取 qièqǔ, 偷盗 tōudào

- 昨晚我们办公室里发生了盗窃。 어젯밤 우리 사무실에 절도가 발생했다.
  Zuówǎn wǒmen bàngōngshì li fāshēng le dàoqiè.

- 他们是专门盗窃企业情报的盗窃分子。 그들은 전문적으로 기업정보를 훔치는 절도범들이다.
  Tāmen shì zhuānmén dàoqiè qǐyè qíngbào de dàoqiè fēnzǐ.

유머 한 토막

🙂 荒唐的借口 Huāngtáng de jièkǒu (황당한 변명)

法官:　　你昨晚闯入他人屋内盗窃，是真的吗?
Fǎguān:　Nǐ zuówǎn chuǎnrù tārén wūnèi dàoqiè, shì zhēnde ma?

犯人:　　是真的。
Fànrén:　Shì zhēnde.

法官:　　依据法规，应监禁30天，或罚款100元！
Fǎguān:　Yījù fǎguī, yīng jiānjìn sānshí tiān, huò fákuǎn yìbǎi yuán!

犯人:　　可是法官，我冤枉！
Fànrén:　Kěshì fǎguān, wǒ yuānwang!

法官:　　既然你承认盗窃，冤枉什么?
Fǎguān:　Jìrán nǐ chéngrèn dàoqiè, yuānwang shénme?

犯人:　　我曾输过血，后来发现那个输血给我的人原来是一个惯偷。
Fànrén:　Wǒ céng shūguo xuè, hòulái fāxiàn nà ge shūxuè gěi wǒ de rén yuánlái shì yí ge guàntōu.

어휘

借口 jièkǒu ⑤ | 명 구실. 핑계. 변명
闯入 chuǎngrù 동 틈입하다. 뛰어들다. 침입하다
依据 yījù ⑥ | 동 의거하다. 근거하다
监禁 jiānjìn 동 감금하다
罚款 fá//kuǎn ⑤ | 동 | 명 벌금을 물리다. 과태료를 부과하다; 벌금. 과태료
冤枉 yuānwang ⑥ | 형 억울하다. 분하다

承认 chéngrèn ⑤ | 동 인정하다. 시인하다. 승인하다
曾 céng 부 일찍이. 이미. 이전에
输血 shū//xuè 동 수혈을 하다
惯偷 guàntōu 명 상습절도범. 손버릇이 나쁜 사람. 도벽이 있는 사람

황당한 변명

법관: 어젯밤 남의 집안에 침입하여 절도한 게 사실인가?
범인: 사실입니다.
법관: 법규에 따라, 마땅히 감금 30일 혹은 벌금 100위안을 부과한다!

범인: 하지만 법관님, 저는 억울합니다!
법관: 절도를 시인했으면서, 뭐가 억울하단 말이오?
범인: 제가 전에 수혈한 적이 있는데, 나에게 수혈을 해준 그 사람이 알고 보니 상습절도범이었던 걸 알았거든요.

점검 点检 / 检点

	점검	뜻	참고사항
한	點檢		우리말에서는 ①의 뜻으로만 쓰인다.
중	检点 jiǎndiǎn	① 점검하다. 낱낱이 조사하다	(유) ③ 检查 jiǎnchá, 清查 qīngchá, 清点 qīngdiǎn, 查点 chádiǎn, 盘点 pándiǎn
		② (언행이) 신중(하다). 조심(스럽)다. 주의 깊다	

예문 ① 점검하다. 낱낱이 조사하다

- 搬运的货物已经检点完了。 탁송할 화물은 이미 점검을 마쳤다.
  Bānyùn de huòwù yǐjing jiǎndiǎn wán le.

- 请大家检点一下随身携带的物品。 여러분들 모두 휴대품을 점검해 주십시오.
  Qǐng dàjiā jiǎndiǎn yíxià suíshēn xiédài de wùpǐn.

② (언행이) 신중하다. 조심스럽다. 주의 깊다

- 他的言行有点儿不检点。 그의 언행은 좀 신중하지 못하다.
  Tā de yánxíng yǒudiǎnr bù jiǎndiǎn.

- 你是高中生了, 举止也要多加检点。
  Nǐ shì gāozhōngshēng le, jǔzhǐ yě yào duō jiā jiǎndiǎn.
  너는 이제 고등학생이 되었으니, 행동거지도 각별히 주의해야 한다.

유머 한 토막

 不够分量 Búgòu fènliang (중량 미달)

农场主的太太卖给杂货店老板一磅牛油。过了几天, 老板对农场主太太说:
Nóngchǎngzhǔ de tàitai màigěi záhuòdiàn lǎobǎn yí bàng niúyóu. Guò le jǐ tiān, lǎobǎn duì nóngchǎngzhǔ tàitai shuō:

老板: 上次你卖给我的牛油不够分量。
Lǎobǎn: Shàngcì nǐ màigěi wǒ de niúyóu búgòu fènliang.

太太: (吃惊地) 那怎么可能!
Tàitai: (chījīngde) Nà zěnme kěnéng!

老板: 你以为我在说谎吗?
Lǎobǎn: Nǐ yǐwéi wǒ zài shuōhuǎng ma?

太太: 太奇怪了。那天我找不到砝码, 便用你卖给我的一磅食糖充当了。我们非要彼此检点一下良心不可。
Tàitai: Tài qíguài le. Nà tiān wǒ zhǎo bu dào fǎmǎ, biàn yòng nǐ màigěi wǒ de yí bàng shítáng chōngdāng le. Wǒmen fēiyào bǐcǐ jiǎndiǎn yíxià liángxīn bùkě.

어휘

分量 fènliang ⑥ 몡 무게. 중량
磅 bàng ⑥ 몡 파운드
牛油 niúyóu 몡 버터
说谎 shuō//huǎng 동 거짓말을 하다
奇怪 qíguài ③ 혱 묘하다. 이상하다. 괴이하다
砝码 fǎmǎ 몡 저울추

食糖 shítáng 몡 설탕
充当 chōngdāng ⑥ 동 충당하다. 맡다
非要……不可 fēiyào…bùkě 반드시 ~하지 않으면 안 된다(= 非得 fēiděi…不可 bùkě)

중량 미달

농장주의 부인이 잡화점 사장에게 버터를 1파운드 팔았다. 며칠 지나서, 사장이 농장주 부인에게 말했다.

사장: 저번에 당신이 내게 팔았던 버터는 분량이 모자랐어요.
부인: (놀라며) 그럴 리가 있나요!

사장: 내가 지금 거짓말을 하고 있다고 생각하는 겁니까?
부인: 참 이상하군요. 그날 저울추를 찾을 수 없어서, 사장님이 나한테 팔았던 1파운드 설탕을 저울추 대신 썼는데. 피차 양심 점검을 좀 해봐야겠군요.

정결 净洁 洁净

정결		뜻	참고사항
한	淨潔		
중	洁净 jiéjìng	정결하다. 청결하다. 정갈하다. 깨끗하다	(유) ③ 干净 gānjìng, ⑥ 清洁 qīngjié

예문
- 那个城市比我想像的更洁净、漂亮。 그 도시는 나의 상상보다도 훨씬 정결하고 아름다웠다.
  Nà ge chéngshì bǐ wǒ xiǎngxiàng de gèng jiéjìng, piàoliang.

- 这个地方的洁净使人联想起夏威夷。 이곳의 정결함은 하와이를 연상케 한다.
  Zhè ge dìfang de jiéjìng shǐ rén liánxiǎng qi Xiàwēiyí.

유머 한 토막

饿死的医生 Èsǐ de yīshēng (굶어 죽은 의사)

一位房产经纪人为了推销房子，喋喋不休地向客户夸耀那栋楼房和那个居民区。
Yí wèi fángchǎn jīngjìrén wèile tuīxiāo fángzi, diédié bùxiū de xiàng kèhù kuāyào nà dòng lóufáng hé nà ge jūmínqū.

经纪人: 我积极推荐您买这栋楼房。
Jīngjìrén: Wǒ jījí tuījiàn nín mǎi zhè dòng lóufáng.

客户: 到底有些什么好处?
Kèhù: Dàodǐ yǒuxiē shénme hǎochu?

经纪人: 周围风景优美，空气洁净，这地方的居民从来不知道什么是疾病与死亡。
Jīngjìrén: Zhōuwéi fēngjǐng yōuměi, kōngqì jiéjìng, zhè dìfang de jūmín cónglái bù zhīdao shénme shì jíbìng yǔ sǐwáng.

正在这时，一支送葬的队伍从远处走过来，这位经纪人马上说:
Zhèngzài zhèshí, yì zhī sòngzàng de duìwu cóng yuǎnchù zǒu guòlai, zhè wèi jīngjìrén mǎshàng shuō:

经纪人: 您看，那个可怜的人……他是这儿的医生，因为不景气，终于被活活饿死了。
Jīngjìrén: Nín kàn, nà ge kělián de rén...tā shì zhèr de yīshēng, yīnwèi bù jǐngqì, zhōngyú bèi huóhuó èsǐ le.

어휘

饿死 èsǐ 동 굶어 죽다. 아사하다
房产 fángchǎn 명 집. 건물. 부동산
经纪人 jīngjìrén 명 중개인. 거간. 브로커
推销 tuīxiāo 6 동 판매하다. 팔다
喋喋不休 diédié bùxiū 쉴 새 없이 지껄이다. 노닥거리다
客户 kèhù 6 명 고객
夸耀 kuāyào 동 자랑하다. 뽐내다. 과시하다

楼房 lóufáng 명 층집 건물
居民区 jūmínqū 명 주거지역. 주택단지. 주택가
优美 yōuměi 5 형 빼어나게 아름답다
送葬 sòng//zàng 동 장사[장례]를 치르다
可怜 kělián 5 형 가련하다. 불쌍하다. 딱하다. 가엾다
活活 huóhuó 부 멀쩡하게. 산 채로. 무참하게

굶어 죽은 의사

한 부동산 중개인이 집을 팔기 위해, 고객에게 그 건물과 주거지역을 쉴 새 없이 자랑했다.

중개인: 저는 손님이 이 집을 사시라고 강력 추천합니다.
고객: 대체 어떤 장점들을 가졌다는 거죠?
중개인: 주변경치가 아름답고, 공기도 깨끗하여, 이곳 주민들은 여태 질병과 죽음이 뭔지 모른답니다.

마침 이때, 장례 치르는 무리가 멀리서 다가오자, 이 중개인이 잽싸게 말했다.

중개인: 보세요, 저 불쌍한 사람…이곳 의사였는데, 불경기로 끝내 멀쩡하게 굶어 죽었다니까요.

정숙 静肅 / 肅靜

정숙		뜻	참고사항
한	靜肅		
중	肅靜 sùjìng	정숙하다. 고요하고 엄숙하다	

예문
- 会场的气氛很肃静。 회의장의 분위기가 아주 정숙하다.
  Huìchǎng de qìfēn hěn sùjìng.

- 审判长请旁听人员肃静，随后宣布开庭。
  Shěnpànzhǎng qǐng pángtīng rényuán sùjìng, suíhòu xuānbù kāitíng.
  재판장은 방청인들에게 정숙해 달라고 하고는, 바로 개정을 선포했다.

유머 한 토막

 投机 Tóujī (의기투합)

一对夫妇带着三个月的婴儿走进电影院。引座员走过来嘱咐他们：
Yí duì fūfù dàizhe sān ge yuè de yīng'ér zǒujìn diànyǐngyuàn. Yǐnzuòyuán zǒu guòlai zhǔfù tāmen:

引座员: 电影快开演了。请保持肃静。
Yǐnzuòyuán: Diànyǐng kuài kāiyǎn le. Qǐng bǎochí sùjìng.

妻子: 你放心好了。
Qīzi: Nǐ fàngxīn hǎo le.

引座员: 婴儿一哭，就得马上退场。
Yǐnzuòyuán: Yīng'ér yì kū, jiù děi mǎshang tuìchǎng.

丈夫: 退场的时候，退钱吗?
Zhàngfu: Tuìchǎng de shíhou, tuìqián ma?

引座员: 当然，你们可以退票。
Yǐnzuòyuán: Dāngrán, nǐmen kěyǐ tuìpiào.

看到一半时，丈夫转过头来对妻子说:
Kàndào yíbàn shí, zhàngfu zhuǎnguò tóu lái duì qīzi shuō:

丈夫: 这个电影怎么样，有意思吗?
Zhàngfu: Zhè ge diànyǐng zěnmeyàng, yǒuyìsi ma?

妻子: 太没意思了，怎么办?
Qīzi: Tài méi yìsi le, zěnme bàn?

丈夫: (压低嗓门) 我也是。把宝贝弄哭吧!
Zhàngfu: (yādī sǎngmén) Wǒ yě shì. Bǎ bǎobèi nòngkū ba!

어휘

投机 tóujī 6 | 형 의기투합하다. 배짱이 맞다
引座员 yǐnzuòyuán 명 자리안내원
保持 bǎochí 5 | 동 (원래 상태를) 유지하다
退 tuì 동 돌려주다
退票 tuì//piào 동 환불하다. 표를 돈으로 무르다. 돈 을 되돌려 받다

转头 zhuǎn//tóu 머리를 돌리다. 고개를 돌리다
压低 yādī 동 낮추다. 줄이다. 떨어뜨리다
嗓门 sǎngmén 명 목소리. 목청. 음성. 말소리
弄 nòng 4 | 동 (어떤 동작을) 하다

의기투합

한 부부가 3개월 된 젖먹이를 데리고 극장에 들어갔다. 자리안내원이 다가와서 그들에게 당부했다.

안내원: 영화가 곧 시작됩니다. 정숙해주시기 바랍니다.
아내: 안심하세요.
안내원: 아이가 울면, 바로 퇴장하셔야만 합니다.
남편: 퇴장할 때, 돈을 돌려주나요?
안내원: 물론입니다. 표를 환불할 수 있습니다.

절반쯤 보았을 때, 남편이 고개를 돌려 아내에게 말했다.

남편: 이 영화 어때, 재미있어?
아내: 너무 재미없는데, 어떡하지?
남편: (목소리를 낮추고) 나도 그래. 아이를 울려봐!

제거 / 除去 / 去除

제거		뜻	참고사항
한	除去	없애다. 제거하다	
중	去除 qùchú		(유) 除去 chúqù, [6] 消除 xiāochú, [5] 取消 qǔxiāo

예문
- 怎么样才能**去除**家里的蟑螂呢？ 어떻게 해야 집안의 바퀴벌레를 제거할 수 있습니까?
  Zěnmeyàng cái néng qùchú jiāli de zhāngláng ne?

- 请把这件衣服上的油渍**去除**一下。 이 옷의 기름얼룩을 좀 제거해주세요.
  Qǐng bǎ zhè jiàn yīfu shàng de yóuzì qùchú yíxià.

유머 한 토막

神奇的老鼠药 Shénqí de lǎoshǔyào (신통한 쥐약)

摊贩: 来来，快来看！很神奇的老鼠药哇！
Tānfàn: Lái lái, kuài lái kàn! Hěn shénqí de lǎoshǔyào wa!

老人: 我转了半天，原来在这儿卖。
Lǎorén: Wǒ zhuàn le bàntiān, yuánlái zài zhèr mài.

摊贩: 老大爷！买一瓶吧！
Tānfàn: Lǎodàye! Mǎi yì píng ba!

老人: 家里的老鼠很难**去除**，这种药怎么样啊？
Lǎorén: Jiāli de lǎoshǔ hěn nán qùchú, zhè zhǒng yào zěnmeyàng a?

摊贩: 不是我吹，您去哪儿打听打听，没有比这种药再好的了！
Tānfàn: Bú shì wǒ chuī, nín qù nǎr dǎting dǎting, méiyǒu bǐ zhè zhǒng yào zài hǎo de le!

老人: 真那么神奇吗？
Lǎorén: Zhēn nàme shénqí ma?

摊贩: 可不！再厉害的老鼠，碰上这药，也立刻会死的。
Tānfàn: Kě bù! Zài lìhai de lǎoshǔ, pèngshang zhè yào, yě lìkè huì sǐ de.

老人: 这药怎么使用呢?
Lǎorén: Zhè yào zěnme shǐyòng ne?

摊贩: 简单极了，只要抓住老鼠，往它嘴里放一粒，就可以了。
Tānfàn: Jiǎndān jíle, zhǐyào zhuāzhù lǎoshǔ, wǎng tā zuǐ li fàng yí lì, jiù kěyǐ le.

어휘

神奇 shénqí 6 | 형 신기하다. 기묘하다. 신비롭고 기이하다

摊贩 tānfàn 명 노점상(=小贩 xiǎofàn)

转 zhuàn 동 돌다. 맴돌다. 선회하다. 돌아다니다

吹 chuī 5 | 동 허풍 떨다. 떠벌리다. 큰소리하다

厉害 lìhai 4 | 형 심하다. 사납다. 지독하다

嘴 zuǐ 4 | 명 입. 주둥이

신통한 쥐약

노점상: 자자! 어서 와서 보세요, 엄청 신통한 쥐약입니다!
노인: 한참을 돌아다녔는데, 여기서 팔고 있었군.
노점상: 할아버지! 한 병 사세요!
노인: 집안의 쥐를 없애기가 참 힘들었는데, 이 약 어떤가요?
노점상: 제가 허풍 치는 게 아니라, 어디 가 물어봐도 이 약보다 좋은 건 없어요!
노인: 정말 그렇게 신통해요?
노점상: 그렇다니까요! 아무리 사나운 쥐라도 이 약을 만났다 하면, 바로 죽거든요.
노인: 이 약은 어떻게 사용하우?
노점상: 아주 간단해요, 쥐를 붙잡거든 입안에 한 알만 넣으면 그걸로 끝입니다.

제한 制限 / 限制

제한		뜻	참고사항
한	制限		
중	4 限制 xiànzhì	① 제한하다. 제약하다. 규제하다. 속박하다. 구속하다	(유) 5 控制 kòngzhì, 4 规定 guīdìng, 6 束缚 shùfù, 6 约束 yuēshù, 6 局限 júxiàn, 限定 xiàndìng
		② 제한. 한정. 한계. 속박. 제약. 규정된 범위	(유) 限度 xiàndù

part A 음절의 순서가 반대인 어휘

예문 ① 제한하다. 제약하다. 규제하다. 속박하다. 구속하다

- 限制的时间太短了。 제한된 시간이 너무 짧다.
  Xiànzhì de shíjiān tài duǎn le.

- 我尽可能不限制孩子们的行动。 나는 가능한 한 아이들의 행동을 구속하지 않는다.
  Wǒ jǐnkěnéng bú xiànzhì háizimen de xíngdòng.

② 제한. 한정. 한계. 속박. 제약. 규정된 범위

- 所有道路都有时速限制。 모든 도로에는 속도제한이 있다.
  Suǒyǒu dàolù dōu yǒu shísù xiànzhì.

- 由于时间限制，今天就讲到这里吧。 시간의 제약으로 오늘은 여기까지 말씀드리겠습니다.
  Yóuyú shíjiān xiànzhì, jīntiān jiù jiǎngdào zhèli ba.

유머 한 토막

 限制级的故事 Xiànzhì jí de gùshi (제한 등급의 이야기)

小明很喜欢在睡觉前听爸爸讲故事，有一天爸爸又坐在小明的床前给他讲故事：
Xiǎomíng hěn xǐhuan zài shuìjiào qián tīng bàba jiǎng gùshi, yǒu yì tiān bàba yòu zuòzài Xiǎomíng de chuáng qián gěi tā jiǎng gùshi:

爸爸: 从前，有一只小青蛙……
Bàba: Cóngqián, yǒu yì zhī xiǎo qīngwā…

小明: 爸，今天我不想听童话故事，讲个科幻故事，好吗？
Xiǎomíng: Bà, jīntiān wǒ bù xiǎng tīng tónghuà gùshi, jiǎng ge kēhuàn gùshi, hǎo ma?

爸爸: 好! 在太空，有一只小青蛙……
Bàba: Hǎo! Zài tàikōng, yǒu yì zhī xiǎo qīngwa…

小明: 算了，爸！今天是周末，给讲个限制级的故事不行吗？
Xiǎomíng: Suànle, bà! Jīntiān shì zhōumò, gěi jiǎng ge xiànzhì jí de gùshi bù xíng ma?

爸爸: 那有什么难的，爸爸什么都行。
Bàba: Nà yǒu shénme nán de, bàba shénme dōu xíng.

小明: 爸爸最好！快讲！
Xiǎomíng: Bàba zuì hǎo! Kuài jiǎng!

爸爸: 好吧！不过别让你妈妈知道，我不想挨你妈妈的批评。你懂我的意思吧？
Bàba: Hǎo ba! Búguò bié ràng nǐ māma zhīdao, wǒ bù xiǎng ái nǐ māma de pīpíng. Nǐ dǒng wǒ de yìsi ba?

小明: 好的！爸爸！
Xiǎomíng: Hǎo de! Bàbà!

爸爸: 有一只一丝不挂的小青蛙……
Bàbà: Yǒu yì zhī yìsī búguà de xiǎo qīngwā...

어휘

青蛙 qīngwā 명 개구리. 청개구리
科幻 kēhuàn 명 공상과학
太空 tàikōng 6 명 우주
挨 ái 6 동 ~을 받다. 당하다
批评 pīpíng 4 동 비평하다. 나무라다. 꾸짖다
一丝不挂 yìsī búguà 실오라기 하나 걸치지 않다

제한등급 이야기

샤오밍은 잠자기 전에 아빠가 해주는 이야기를 듣기 좋아하는데, 어느 날 아빠가 또 샤오밍의 침대 앞에 앉아서 이야기를 해주었다.

아빠: 옛날에 작은 개구리 한 마리가 있었는데…
샤오밍: 아빠, 오늘은 동화 듣고 싶지 않아요. 공상과학 이야기를 하나 해주실래요?
아빠: 좋아! 우주에, 작은 개구리 한 마리가 있었는데…
샤오밍: 됐어요, 아빠! 오늘이 마침 주말인데, 제한등급의 이야기를 하나 해주시면 안 될까요?
아빠: 그거 어려울 게 뭐 있어, 아빤 뭐든 다 된단다.
샤오밍: 아빠가 최고야! 빨리 해줘요.
아빠: 좋아! 하지만 엄마가 알게 해선 안 돼, 아빤 엄마한테 혼나기 싫거든. 뭔 말인지 알지?
샤오밍: 알았어요. 아빠!
아빠: 옷을 훌떡 벗은 작은 개구리가 한 마리 있었는데…

준엄		뜻	참고사항
한	峻嚴	준엄하다. 모질다. 가혹하다. 냉엄하다. 매섭다	
중	6 严峻 yánjùn		(유) 6 严厉 yánlì, 严酷 yánkù

part A 음절의 순서가 반대인 어휘

예문
- 他们正在面临严峻的考验。 그들은 지금 가혹한 시련에 직면해 있다.
  Tāmen zhèngzài miànlín yánjùn de kǎoyàn.

- 那对我来说是一场严峻的考验。 그건 내게 있어서 한 바탕의 모진 시련이었다.
  Nà duì wǒ lái shuō shì yì chǎng yánjùn de kǎoyàn.

유머 한 토막

 证人 Zhèngrén (증인)

在法庭上，正在审判一起殴打案，辩护律师向证人提出严峻的问题。
Zài fǎtíng shang, zhèngzài shěnpàn yìqǐ ōudǎ àn, biànhù lǜshī xiàng zhèngrén tíchū yánjùn de wèntí.

律师:　当你看见被告毒打原告时，你距离他们多远?
Lǜshī:　Dāng nǐ kànjiàn bèigào dúdǎ yuángào shí, nǐ jùlí tāmen duō yuǎn?

证人:　五米七十。
Zhèngrén:　Wǔ mǐ qīshí.

律师望着法官们，表露出不可捉摸的微笑。
Lǜshī wàngzhe fǎguānmen, biǎolùchū bù kě zhuōmō de wēixiào.

律师:　你怎么会说得这么准确?
Lǜshī:　Nǐ zěnme huì shuō dé zhème zhǔnquè?

证人:　我早就预料有个傻瓜会这样问我，所以已经亲自量过了。
Zhèngrén:　Wǒ zǎo jiù yùliào yǒu ge shǎguā huì zhèyàng wèn wǒ, suǒyǐ yǐjing qīnzì liángguo le.

律师:　(自言自语) 傻瓜，傻瓜……
Lǜshī:　(zìyán zìyǔ) Shǎguā, shǎguā…

证人:　我做错了什么吗?
Zhèngrén:　Wǒ zuòcuò le shénme ma?

어휘

审判 shěnpàn 6 | 동 재판하다. 심판하다
殴打 ōudǎ 6 | 동 구타하다. 때리다
案 àn 명 (법률상의) 사건
(辩护)律师 (biànhù) lǜshī 4 | 명 변호사
毒打 dúdǎ 동 심하게 때리다. 패다. 흠씬 두들기다
距离 jùlí 4 | 동 | 명 (~로부터) 떨어지다. 사이를 두다; 거리
表露 biǎolù 동 보이다. 나타내다. 드러내다

无法 wúfǎ 동 ~할 수 없다. ~할 방법이 없다
捉摸 zhuōmō 동 추측하다. 헤아리다. 짐작하다
准确 zhǔnquè 4 | 형 정확하다. 틀림없다
预料 yùliào 6 | 동 예상하다. 예측하다. 전망하다
亲自 qīnzì 5 | 부 몸소. 직접. 스스로
量 liáng 동 재다. 달다
自言自语 zìyán zìyǔ 혼자 중얼거리다. 혼잣말하다

어떤 증인

법정에서 구타사건을 심문하는데, 변호사가 증인에게 가혹한 질문을 하였다.

변호사: 피고가 원고를 심하게 때리는 것을 보았을 때, 그들로부터 얼마나 멀리 떨어져 있었습니까?
증인: 5미터 70입니다.

변호사는 법관들을 쳐다보며, 알 수 없는 미소를 지어 보였다.

변호사: 증인은 어떻게 그리 정확하게 말할 수 있죠?
증인: 나는 나한테 그렇게 물을 바보가 있을 거라 일찌감치 예상하고, 벌써 직접 재봤답니다.
변호사: (혼잣말로) 바보, 바보라…
증인: 제가 뭘 잘못하기라도 했나요?

채소
菜蔬 / 蔬菜

채소		뜻	참고사항
한	菜蔬	채소. 야채	
중	⑤ 蔬菜 shūcài		野菜 yěcài는 산나물이란 뜻이다.

예문
- 最近蔬菜价格上涨了不少。 최근에 채소 가격이 많이 올랐다.
  Zuìjìn shūcài jiàgé shàngzhàng le bùshǎo.

- 最近蔬菜的供应由于水灾特别紧张。 최근 야채의 공급이 수재로 인해 유난히 달린다.
  Zuìjìn shūcài de gōngyìng yóuyú shuǐzāi tèbié jǐnzhāng.

유머 한 토막

挑剔的客人 Tiāotī de kèrén (까다로운 손님)

服务员: 您想吃点儿什么?
Fúwùyuán: Nín xiǎng chī diǎnr shénme?

客人: 我喜欢吃带有土豆和蔬菜的红烧鸡。不过别太辣了。
Kèrén: Wǒ xǐhuan chī dài yǒu tǔdòu hé shūcài de hóngshāo jī. Búguò bié tài là le.

服务员: 好的。
Fúwùyuán: Hǎo de.

服务员正要离开时,他补充说:
Fúwùyuán zhèngyào líkāi shí, tā bǔchōng shuō:

客人: 再来一个烤鸡,行吗?
Kèrén: Zài lái yí ge kǎojī, xíng ma?

服务员: 当然可以,先生。
Fúwùyuán: Dāngrán kěyǐ, xiānsheng.

服务员一边回答，一边往厨房走。但是，这个人又把他叫回来说：
Fúwùyuán yìbiān huídá, yìbiān wǎng chúfáng zǒu. Dànshì, zhè ge rén yòu bǎ tā jiào huílai shuō:

客人：　请尽量把鸡做得正合适，不要太多，也不要太少，而且尽量瘦点。
Kèren:　Qǐng jǐnliàng bǎ jī zuò de zhèng héshì, búyào tài duō, yě búyào tài shǎo, érqiě jǐnliàng shòu diǎn.

服务员：　明白了。放心好了，先生！我这就去告诉厨师。
Fúwùyuán:　Míngbai le. Fàngxīn hǎo le, xiānsheng! Wǒ zhè jiù qù gàosu chúshī.

服务员再次向厨房走去，这个人再次叫住他说：
Fúwùyuán zàicì xiàng chúfáng zǒuqù, zhè ge rén zàicì jiàozhù tā shuō:

客人：　哦，我忘了说明，我喜欢鸡腿。
Kèren:　Ō, wǒ wàng le shuōmíng, wǒ xǐhuan jītuǐ.

服务员：　是吗？对了，先生！您是喜欢左腿还是右腿呢？
Fúwùyuán:　Shì ma? Duì le, xiānsheng! Nín shì xǐhuan zuǒ tuǐ háishi yòu tuǐ ne?

어휘

挑剔 tiāoti 5 | 형 동 까다롭다. 가리는 것이 많다; 들추다. 트집 잡다
土豆 tǔdòu 5 | 명 감자
红烧 hóngshāo 명 찜 요리
尽量 jǐnliàng 5 | 부 되도록. 가능한 한. 될 수 있는 대로
瘦 shòu 3 | 형 기름기가 적다. 지방이 적다
厨师 chúshī 명 요리사

까다로운 손님

종업원: 뭐 드시겠습니까?
손님：　나 감자와 채소가 들어간 닭찜을 좋아합니다. 하지만 너무 맵게는 하지 마세요.
종업원: 알았습니다.

종업원이 막 떠나려고 할 때, 그가 추가하여 말했다.

손님：　닭구이 하나 추가해도 될까요?
종업원: 물론 되지요, 손님.

종업원은 대답하면서 주방으로 갔다. 그러나 이 사람은 또 그를 되불러 말했다.

손님：　닭을 가능한 한 딱 알맞게, 너무 많게도 너무 적게도 하지 말고, 또한 될 수 있는 대로 기름기를 좀 적게 해주세요.
종업원: 알았습니다. 염려하지 마십시오, 손님! 제가 바로 가서 요리사한테 말하겠습니다.

종업원이 다시 주방 쪽으로 걸어가는데, 이 사람은 또 다시 그를 불러 세우고 말했다.

손님：　아, 내가 잊고 설명을 안 했네요, 난 닭다리를 좋아한답니다.
종업원: 그러신가요? 그런데, 손님! 왼쪽다리를 좋아합니까, 아니면 오른쪽다리를 좋아합니까?

축적		뜻	참고사항
한	蓄積	축적하다. 모으다. 저축(하다); 축적[저축]한 돈	(유) ④ 积累 jīlěi, ⑥ 储蓄 chǔxù, 积存 jīcún, 积聚 jījù, 蓄积 xùjī, 积攒 jīzǎn (반) ④ 浪费 làngfèi, 花费 huāfèi, ⑥ 耗费 hàofèi, ⑥ 消耗 xiāohào
중	积蓄 jīxù		

예문
- 这是他一生的积蓄。 이것은 그가 평생 모은 돈이다.
  Zhè shì tā yìshēng de jīxù.

- 他已经积蓄够了结婚的费用。 그는 이미 결혼자금을 충분히 모아 두었다.
  Tā yǐjing jīxù gòu le jiéhūn de fèiyòng.

유머 한 토막

自由恋爱 Zìyóu liàn'ài (자유연애)

刚结婚不久的新郎新娘搬到新房后请客，大家要他们谈谈是怎样相识结婚的。
Gāng jiéhūn bùjiǔ de xīnláng xīnniáng bāndào xīnfáng hòu qǐngkè, dàjiā yào tāmen tántan shì zěnyàng xiāngshí jiéhūn de.

大家: 你们俩怎么认识的?
Dàjiā: Nǐmen liǎ zěnme rènshi de?

新郎: 你们猜猜看吧。
Xīnláng: Nǐmen cāicai kàn ba.

大家: 我们怎么能知道呢? 经过谁的介绍相识的吗?
Dàjiā: Wǒmen zěnme néng zhīdao ne? Jīngguò shéi de jièshào xiāngshí de ma?

新娘: 我们俩是通过网上聊天儿认识的。网恋成真了！
Xīnniáng: Wǒmen liǎ shì tōngguò wǎngshàng liáotiānr rènshi de. Wǎngliàn chéngzhēn le!

大家 Dàjiā:	算是自由恋爱吧? Suàn shì zìyóu liàn'ài ba?
新娘: Xīnniáng:	对！我们俩是自由恋爱。 Duì! Wǒmen liǎ shì zìyóu liàn'ài.
新郎: Xīnláng:	不错，是自由恋爱，我把十多年的**积蓄**全交给了她母亲，才使她得到了自由。 Búcuò, shì zìyóu liàn'ài, wǒ bǎ shí duō nián de jīxù quán jiāogěi le tā mǔqīn, cái shǐ tā dédào le zìyóu.

어휘

新房 xīnfáng 명 새집. 신방
相识 xiāngshí 동 서로 알다. 안면이 있다
猜 cāi 4|동 추측하다. 알아맞히다
通过 tōngguò 4|개 ~을 통해서. ~에 의해서

网上 wǎngshàng 명 온라인
聊天儿 liáotiānr 4|동 명 채팅하다. 이야기를 하다
网恋 wǎngliàn 명 사이버 연애. 온라인 연애
算 suàn 4|동 ~한 셈이다. ~이라 여겨지다

자유연애

결혼한 지 오래 안 된 신랑신부가 새집으로 이사하여 집들이를 하는데, 사람들이 서로 어떻게 알게 되어 결혼했는지 말해보라고 하였다.

사람들: 두 사람은 어떻게 알게 되었어요?
신랑: 알아맞혀보세요.
사람들: 우리가 어떻게 알겠어요? 소개팅으로 알게 된 건가요?

신부: 우리 두 사람은 인터넷 채팅을 통해서 알게 됐어요. 사이버 연애가 현실로 이루어진 거죠!
사람들: 자유연애인 셈이네요?
신부: 그래요. 우리 두 사람은 자유연애를 했지요.
신랑: 맞습니다, 자유연애지요. 내가 10여 년간 모은 돈을 모두 그녀 엄마한테 다 갖다 바치고 나서야 아내가 자유를 얻었으니까요.

치아		뜻	참고사항
한	齒牙		
중	牙齒 yáchǐ	치아. 이. 이빨	

예문
- 他的**牙齿**特别整齐。 그의 치아는 유난히 가지런하다.
  Tā de yáchǐ tèbié zhěngqí.

- 今天我把一颗活动了的**牙齿**拔掉了。 오늘 나는 흔들거리는 이 하나를 빼버렸다.
  Jīntiān wǒ bǎ yì kē huódòng le de yáchǐ bádiào le.

유머 한 토막

 纪念品 Jìniànpǐn (기념품)

丈夫突然病逝在医院里，他太太紧紧拥抱着死去的丈夫边哭边说：
Zhàngfu tūrán bìngshì zài yīyuàn li, tā tàitai jǐnjǐn yōngbàozhe sǐqù de zhàngfu biān kū biān shuō:

太太:　你连件纪念品都没给我留下，就离开了我，让我多么想念你呀！
Tàitai:　Nǐ lián jiàn jìniànpǐn dōu méi gěi wǒ liúxià, jiù líkāi le wǒ, ràng wǒ duōme xiǎngniàn nǐ ya!

医生:　太太，别哭了，镇定一下！
Yīshēng:　Tàitai, bié kū le, zhèndìng yíxià!

太太:　大夫，打扰您一下儿，请借一把钳子给我用一用。
Tàitai:　Dàifu, dǎrǎo nín yíxiàr, qǐng jiè yì bǎ qiánzi gěi wǒ yòng yi yòng.

医生:　太太，你要钳子干什么呢?
Yīshēng:　Tàitai, nǐ yào qiánzi gàn shénme ne?

太太:　我要他的一颗牙留作纪念。
Tàitai:　Wǒ yào tā de yì kē yá liúzuò jìniàn.

医生:　最好保持你丈夫**牙齿**完整，要别的行吗?
Yīshēng:　Zuì hǎo bǎochí nǐ zhàngfu yáchǐ wánzhěng, yào bié de xíng ma?

太太:　不行，那可是颗金牙呀！
Tàitai:　Bùxíng, nà kěshì kē jīnyá ya!

어휘

病逝 bìngshì 동 병으로 죽다
拥抱 yōngbào 5 동 껴안다. 포옹하다
死去 sǐqù 동 죽다
想念 xiǎngniàn 5 동 그립다. 간절히 생각하다
镇定 zhèndìng 6 동 진정하다. 진정시키다

打扰 dǎrǎo 4 동 귀찮게 하다. 방해하다. 폐를 끼치다
钳子 qiánzi 명 펜치. 집게. 핀셋
完整 wánzhěng 5 형 완전하다. 온전하다

기념품

남편이 갑자기 병으로 병원에서 죽자, 그의 아내가 죽은 남편을 껴안고 울면서 말했다.

아내: 당신은 나한테 기념품 하나도 남겨놓지 않고, 나를 떠나버렸으니, 당신이 얼마나 그립겠어요!
의사: 부인, 이제 그만 우시고 진정하세요!
부인: 의사 선생님. 부탁 드리는데, 제게 펜치 좀 쓰게 빌려주시겠어요?
의사: 부인, 펜치로 뭘 하시려고요?
부인: 그이의 이 하나를 기념으로 남길까 해서요.
의사: 남편의 치아는 온전한 상태로 유지하는 것이 좋을 텐데, 다른 걸로 하시는 게 어떨까요?
부인: 안 됩니다. 그건 금니이니까요!

평생 平生 生平

	평생	뜻	참고사항
한	平生		
중	生平 shēngpíng	① (한)평생. 일생. 생애	(유) 平生 píngshēng, 一生 yìshēng, ⑥ 终身 zhōngshēn, 终生 zhōngshēng, ⑤ 一辈子 yíbèizi
		② 평소. 난생. 종래. 여태껏. 태어나서 지금까지	(유) 平素 píngsù, ④ 从来 cónglái, ⑥ 向来 xiànglái, ⑥ 历来 lìlái

예문

① 평생. 일생. 생애

- 老师给我们介绍了他的生平。 선생님은 우리에게 그의 생애를 소개하셨다.
  Lǎoshī gěi wǒmen jièshào le tā de shēngpíng.

- 能够参加奥林匹克大会，是我生平的荣幸。
  Nénggòu cānjiā Àolínpǐkè dàhuì, shì wǒ shēngpíng de róngxìng.
  올림픽에 참가할 수 있게 된 것은, 내 평생의 영광이다.

② 평소. 난생. 종래. 여태껏

- 我生平没吃过这么好吃的菜。 나는 여태껏 이렇게 맛이 좋은 요리를 먹어본 적이 없다.
  Wǒ shēngpíng méi chīguo zhème hǎochī de cài.

- 他生平第一次懂得了劳动的意义。 그는 난생 처음으로 노동의 가치를 깨달았다.
  Tā shēngpíng dìyīcì dǒngde le láodòng de yìyì.

유머 한 토막

女明星的丈夫 Nǚmíngxīng de zhàngfu (여배우의 남편)

有一天，一个女明星的丈夫生病了，一直高烧不退，肚子也疼得厉害，那个女明星很着急，就打电话给医生。
Yǒu yì tiān, yí ge nǚmíngxīng de zhàngfu shēngbìng le, yìzhí gāoshāo bú tuì, dùzi yě téng de lìhai, nà ge nǚmíngxīng hěn zháojí, jiù dǎ diànhuà gěi yīshēng.

明星: 医生，请马上来一趟。
Míngxīng: Yīshēng, qǐng mǎshàng lái yí tàng.

医生: 什么事儿？冷静点，请讲。
Yīshēng: Shénme shìr? Lěngjìng diǎn, qǐng jiǎng.

明星: 我丈夫恐怕是得了阑尾炎！
Míngxīng: Wǒ zhàngfu kǒngpà shì dé le lánwěiyán!

医生: 放心吧，太太，我一年多前已经把您丈夫的阑尾割掉了，您早就忘掉了吗？
Yīshēng: Fàngxīn ba, tàitai, wǒ yì nián duō qián yǐjing bǎ nín zhàngfu de lánwěi gēdiào le, nín zǎo jiù wàngdiào le ma?

明星: 怎么能忘掉那事呢？我也记得清清楚楚。
Míngxīng: Zěnme néng wàngdiào nà shì ne? Wǒ yě jìde qīngqingchǔchǔ.

医生: 听我说，太太！我从来没听说过天底下有两条阑尾的人。
Yīshēng: Tīng wǒ shuō, tàitai! Wǒ cónglái méi tīngshuōguo tiāndǐxia yǒu liǎng tiáo lánwěi de rén.

明星: 您说得很不错，可是您难道以为女明星应该生平只有一个丈夫吗？
Míngxīng: Nín shuō de hěn búcuò, kěshì nín nándao yǐwéi nǚmíngxīng yīnggāi shēngpíng zhǐyǒu yí ge zhàngfu ma?

어휘

着急 zháo//jí ③ 형 초조[조급]하다; 안달하다. 초조[조급]해하다. 마음을 졸이다

趟 tàng ④ 양 번. 차례(보통 왕복 회수를 나타냄)

冷静 lěngjìng ④ 형 냉정하다. 침착하다

恐怕 kǒngpà ④ 부 아마 ~일 것이다. 어쩌면 ~할 것 같다(대개 부정적인 결과를 예측할 때)

阑尾炎 lánwěiyán 명 맹장염. 충수염

割 gē ⑥ 동 자르다. 베다. 썰다. 끊다

忘掉 wàngdiào 잊어버리다. 망각하다

记得 jìde ③ 동 기억하고 있다. 잊지 않고 있다

天底下 tiāndǐxia 명 이 세상. 천하. 하늘 아래

여배우의 남편

어느 날, 한 여배우의 남편이 병이 나서, 줄곧 고열이 떨어지지 않고 복통도 심해, 그녀는 마음이 조급해서, 의사에게 전화를 했다.

배우: 의사 선생님, 지금 바로 한번 다녀가셨음 합니다.
의사: 무슨 일이신데요. 좀 침착하게 말씀해보세요.
배우: 우리 남편이 아무래도 맹장염에 걸린 것 같아요.
의사: 안심하세요. 부인, 제가 1년여 전에 남편분의 맹장을 이미 제거했는데, 벌써 잊으셨나요?
배우: 어떻게 그 일을 잊어버릴 수 있겠어요? 저도 생생히 기억하고 있습니다.
의사: 제 말 좀 들어보세요, 부인! 저는 여태껏 세상에 맹장을 두 개나 가진 사람이 있다는 건 들어본 적이 없습니다.
배우: 옳은 말씀이에요. 하지만 선생님께선 설마 여배우가 평생 남편을 하나만 가져야 한다고 생각하는 건 아니시겠죠?

	평화	뜻	참고사항
한	平和		우리말에서 평화(平和)는 ②의 뜻으로는 쓰이지 않지만, 중국어에서 平和는 ②의 뜻으로만 쓰인다.
중	⑤ 和平 hépíng	① 평화. 평화롭다. 평온하다	
		② (성격·언행 등이) 순하다. 부드럽다. 온화하다	(유) 平和 pínghé, ⑥ 温和 wēnhé, ⑤ 温柔 wēnróu (반) ⑤ 激烈 jīliè, ⑥ 剧烈 jùliè, ⑥ 猛烈 měngliè, 暴烈 bàoliè

예문

① 평화. 평화롭다. 평온하다
- 原子能必须和平利用。 원자력은 반드시 평화적으로 이용되어야 한다.
  Yuánzǐnéng bìxū hépíng lìyòng.

- 我们必须谋求和平解决的办法。 우리는 평화적인 해결방법을 모색해야만 한다.
  Wǒmen bìxū móuqiú hépíng jiějué de bànfǎ.

② (성격. 언행 등) 온화하다. 순하다. (약성이) 부드럽다
- 这种中药药性很和平。 이 한약은 약성이 아주 부드럽다.
  Zhè zhǒng zhōngyào yàoxìng hěn hépíng.

- 最近他的态度和平了一些。 요즘 그의 태도가 좀 부드러워졌다.
  Zuìjìn tā de tàidù hépíng le yìxiē.

 유머 한 토막

😀 你来我往 Nǐlái wǒwǎng (주거니 받거니)

同屋1:　昨天夜里我梦到上帝，他说可以满足我一个愿望。
Tóngwū1:　Zuótiān yèli wǒ mèngdào shàngdì, tā shuō kěyǐ mǎnzú wǒ yí ge yuànwàng.

同屋2:　你许了什么愿?
Tóngwū2:　Nǐ xǔ le shénme yuàn?

同屋1:	我拿出地球仪说要世界和平。
Tóngwū1:	Wǒ náchū dìqiúyí shuō yào shìjiè hépíng.

同屋2:	上帝怎么说？
Tóngwū2:	Shàngdì zěnme shuō?

同屋1:	他说那太难了，让我换一个。所以我拿出你的照片说要这个变美点儿。
Tóngwū1:	Tā shuō nà tài nán le, ràng wǒ huàn yí ge. Suǒyǐ wǒ náchū nǐ de zhàopiàn shuō yào zhè ge biànměi diǎnr.

同屋2:	上帝满足了那个愿望？
Tóngwū2:	Shàngdì mǎnzú le nà ge yuànwàng?

同屋1:	他深思一下说：拿地球仪我再看看！
Tóngwū1:	Tā shēnsī yíxià shuō: Ná dìqiúyí wǒ zài kànkan!

同屋2:	真巧，昨晚我也做了个梦，梦见你手提菜刀气喘吁吁在追一头猪。
Tóngwū2:	Zhēn qiǎo, zuówǎn wǒ yě zuò le ge mèng, mèngjiàn nǐ shǒutí càidāo qìchuǎn xūxu zài zhuī yì tóu zhū.

同屋1:	你到底要说什么？
Tóngwū1:	Nǐ dàodǐ yào shuō shénme?

同屋2:	那头猪却突然跪地求饶说：本是同根生，相煎何太急！
Tóngwū2:	Nà tóu zhū què tūrán guìdì qiúráo shuō: běn shì tóng gēn shēng, xiāngjiān hé tài jí!

어휘

你来我往 nǐlái wǒwǎng 서로 왕래하며 교제하다. 주고받다

梦 mèng 4 명 동 꿈; 꿈꾸다

满足 mǎnzú 5 동 만족하다. 흡족하다; 만족시키다. 충족시키다

愿望 yuànwàng 5 명 염원. 소원. 바람. 희망

许愿 xǔ//yuàn 동 소원을 빌다

深思 shēnsī 동 깊이 생각하다. 골똘히 궁리하다

巧 qiǎo 형 공교롭다

手提 shǒutí 동 손에 들다. 휴대하다

菜刀 càidāo 명 부엌칼. 식칼

气喘吁吁 qìchuǎnxūxu 숨이 가빠서 헐떡이는 모양

却 què 4 부 뜻밖에. 의외로

跪 guì 6 동 무릎을 꿇다

求饶 qiú//ráo 동 용서를 빌다. 사죄를 하다

相煎太急 xiāngjiān tàijí (형제끼리) 몹시 박해하다. 들볶다. 서로 해치다

주거니 받거니

룸메이트1: 어제 저녁에 나는 옥황상제 꿈을 꿨는데, 소원 하나를 들어주시겠대.
룸메이트2: 그래서 넌 무슨 소원을 빌었는데?
룸메이트1: 지구의를 꺼내서 세계평화를 원한다고 말했지.
룸메이트2: 옥황상제가 뭐래?
룸메이트1: 그건 너무 어렵다며, 나더러 다른 걸로 바꾸래. 그래서 네 사진을 꺼내서 네가 좀 예뻐지길 바란다고 했지.
룸메이트2: 옥황상제가 그 소원을 들어줬어?

룸메이트1: 골똘히 생각하더니, '지구의를 꺼내 봐, 다시 볼 테니!' 그러는 거야.
룸메이트2: 정말 공교롭게, 어젯밤 나도 꿈을 하나 꿨는데, 네가 손에 식칼을 들고 헐떡거리며 돼지 한 마리를 쫓고 있는 거야.
룸메이트1: 너 대체 무슨 소릴 하려고?
룸메이트2: 그런데 뜻밖에도 그 돼지가 갑자기 무릎을 꿇고 용서를 빌며 '본래는 서로 같은 뿌리 태생인데, 왜 이리 박해하느냐'고 하지 뭐야!

포옹 抱擁 / 拥抱

포옹		뜻	참고사항
한	抱擁		
중	[5] 拥抱 yōngbào	포옹하다. 껴안다	(유) [4] 抱 bào, 搂抱 lǒubào

예문

- 他们一见面就热情地**拥抱**上了。 그들은 만나자 마자 열렬히 포옹했다.
  Tāmen yí jiànmiàn jiù rèqíng de yōngbào shang le.

- 妈妈的**拥抱**使他感到无比温暖。 어머니의 포옹은 그로 하여금 한없는 따스함을 느끼게 했다.
  Māma de yōngbào shǐ tā gǎndào wúbǐ wēnnuǎn.

유머 한 토막

 要用脑子 Yào yòng nǎozi (머리를 써야 해)

孩子1: 哎呀，天不早了，快回家吧。
Háizī: Āiyā, tiān bù zǎo le, kuài huíjiā ba.

孩子2: 不，慢慢走回去就好。
Háizī: Bù, mànmàn zǒu huíqu jiù hǎo.

孩子1: 你说什么? 已经八点钟了。再晚就要黑了。
Háizī: Nǐ shuō shénme? Yǐjing bā diǎnzhōng le. Zài wǎn jiù yào hēi le.

孩子2: 如果现在就回家的话，父母一定会批评我们，说我们回去迟了。
Háizī: Rúguǒ xiànzài jiù huíjiā dehuà, fùmǔ yídìng huì pīpíng wǒmen, shuō wǒmen huíqù chí le.

孩子1: 就算挨爸妈的批评，也要尽可能早回去。
Háizī: Jiù suàn ái bàmā de pīpíng, yě yào jǐn kěnéng zǎo huíqù.

孩子2: 你怎么不用脑子想想呀?
Háizī: Nǐ zěnme bú yòng nǎozi xiǎngxiang ya?

孩子1: 这么说，你想出好办法来了?
Háizī: Zhème shuō, nǐ xiǎngchū hǎo bànfǎ lái le?

孩子2: 听我说。干脆等到10点钟再回家，他们不但不骂我们，反而会**拥抱**我们，为我们终于安全到家而高兴。
Háizī: Tīng wǒ shuō. Gāncuì děngdào shí diǎnzhōng zài huíjiā, tāmen búdàn bú mà wǒmen, fǎn'ér huì yōngbào wǒmen, wèi wǒmen zhōngyú ānquán dào jiā ér gāoxìng.

孩子1: 倒也是！
Háizī: Dào yěshì!

어휘

脑子 nǎozi 명 머리. 두뇌
批评 pīpíng 4 동 명 꾸짖다. 나무라다. 야단치다. 비판하다; 꾸중. 비판
就算 jiùsuàn 연 설령 ~하더라도. 설사 ~할지라도
尽可能 jǐn kěnéng 되도록. 가능한 한
干脆 gāncuì 5 부 아예. 차라리

不但不……反而 búdàn bù…fǎn'ér ~하기는커녕 오히려 ~하다
拥抱 yōngbào 5 동 껴안다. 포옹하다
倒也是 dào yě shì 하긴 그렇다. 딴은 그렇다. 그렇긴 하다 (=可也是 kě yě shì, 倒也对 dào yě duì, 也倒是 yě dàoshi)

part A 음절의 순서가 반대인 어휘

머리를 써야 해

아이1: 아이고, 늦었어, 빨리 집에 돌아가자.
아이2: 아니야, 천천히 돌아가는 게 좋아.
아이1: 무슨 소리야? 벌써 8시가 되었어. 더 늦으면 이제 곧 어두워져.
아이2: 지금 바로 집에 돌아가면, 틀림없이 우리가 늦게 돌아왔다고, 어른들이 야단치실거야.
아이1: 엄마아빠한테 꾸중을 듣더라도 되도록 빨리 돌아가야지.
아이2: 넌 왜 머리를 써서 생각할 줄 몰라?
아이1: 그렇게 말하는 걸 보니, 무슨 좋은 방법이라도 생각해낸 모양이지?
아이2: 내 말 들어봐. 차라리 10시까지 기다렸다 돌아가면, 어른들은 우릴 꾸짖기는커녕 포옹하면서 우리가 마침내 안전하게 귀가했다고 기뻐하실 거야.
아이1: 하긴 그렇기도 하겠다!

폭풍 暴风 / 风暴

폭풍		뜻	참고사항
한	暴風		
중	⑥ 风暴 fēngbào	폭풍	(유) 暴风 bàofēng

예문
- 风暴越来越强。 폭풍이 갈수록 거세진다.
  Fēngbào yuèláiyuè qiáng.

- 改革的风暴席卷了全国。 개혁의 폭풍이 전국을 휩쓸고 있다.
  Gǎigé de fēngbào xíjuǎn le quánguó.

유머 한 토막

 水手的回答 Shuǐshǒu de huídá (선원의 대답)

一位水手准备出海，他的一个朋友问他:
Yí wèi shuǐshǒu zhǔnbèi chūhǎi, tā de yí ge péngyou wèn tā:

朋友: 你的父亲是怎么死的?
Péngyou: Nǐ de fùqīn shì zěnme sǐ de?

水手: Shuǐshǒu:	死在海滩上。 Sǐzài hǎitān shang.
朋友: Péngyou:	那你的祖父呢? Nà nǐ de zǔfù ne?
水手: Shuǐshǒu:	爷爷也死在一次海洋的风暴中。 Yéye yě sǐzài yí cì hǎiyáng de fēngbào zhōng.
朋友: Péngyou:	天哪!那你为什么还要当水手去远航呢? Tiān na! Nà nǐ wèishénme hái yào dāng shuǐshǒu qù yuǎnháng ne?
水手: Shuǐshǒu:	(淡淡一笑) 你父亲死在哪里? (dàndàn yí xiào) Nǐ fùqīn sǐzài nǎli?
朋友: Péngyou:	死在床上。 Sǐzài chuáng shang.
水手: Shuǐshǒu:	那你的祖父呢? Nà nǐ de zǔfù ne?
朋友: Péngyou:	也死在床上。 Yě sǐzài chuáng shang.
水手: Shuǐshǒu:	朋友,那你为什么晚上还要睡在床上呢? Péngyou, nà nǐ wèishénme wǎnshang hái yào shuìzài chuáng shang ne?

어휘

水手 shuǐshǒu 명 선원. 뱃사람
出海 chū//hǎi 출항을 하다. 바다로 나가다
海滩 hǎitān 명 해변의 모래사장. 백사장
远航 yuǎnháng 동 멀리 항해하다
淡淡 dàndàn 형 덤덤하다. 담담하다; 냉담하다

선원의 대답

선원 한 사람이 출항을 준비하는데, 그의 한 친구가 그에게 물었다.

친구: 너의 아버지는 어떻게 돌아가셨지?
선원: 해변 모래사장에서 돌아가셨어.
친구: 그럼 할아버지는?
선원: 할아버지 역시 바다폭풍 속에서 돌아가셨어.
친구: 세상에! 그런데도 넌 왜 선원이 되어 원양 항해를 가려고 하지?
선원: (담담하게 웃더니) 너의 아버지는 어디서 돌아가셨지?
친구: 침대 위에서 돌아가셨어.
선원: 그럼 할아버지는?
친구: 역시 침대 위에서 돌아가셨고.
선원: 친구야, 그런데도 넌 왜 밤에 침대에서 잠을 자려고 하지?

한계 限界 界限

한계		뜻	참고사항
한	限界	한계(선). 경계(선). 분계. 끝. 한도	
중	⑥ 界限 jièxiàn		(유) 界线 jièxiàn, 分界 fēnjiè

예문
- 人的欲望是没有界限的。 인간의 욕망은 한계가 없다.
  Rén de yùwàng shì méiyǒu jièxiàn de.

- 这件事情超出我能力的界限。 이 일은 내 능력의 한계 밖이다.
  Zhè jiàn shìqing chāochū wǒ nénglì de jièxiàn.

유머 한 토막

 牛粪也不好找 Niúfèn yě bù hǎo zhǎo (소똥도 찾기가 쉽지 않아)

儿子: 爸爸妈妈，你们俩谁先求婚的?
érzi: Bàba māma, nǐmen liǎ shéi xiān qiúhūn de?

妈妈: 那当然是你爸爸。
Māma: Nà dāngrán shì nǐ bàba.

儿子: 妈妈马上答应了吗?
érzi: Māma mǎshàng dāying le ma?

妈妈: 开始你爸爸并不是合我心意的对象。大家都说是一朵鲜花插在牛粪上！
Māma: Kāishǐ nǐ bàba bìng bú shì hé wǒ xīnyì de duìxiàng. Dàjiā dōu shuō shì yì duǒ xiānhuā chāzài niúfèn shang!

儿子: 那你为什么改变了想法?
érzi: Nà nǐ wèi shénme gǎibiàn le xiǎngfǎ?

妈妈: 爱情的力量是没有界限的啊！
Māma: Àiqíng de lìliang shì méiyǒu jièxiàn de a!

爸爸: 牛粪也不好找，在说什么梦话?
Bàba: Niúfèn yě bù hǎo zhǎo, zài shuō shénme mènghuà?

어휘

牛粪 niúfèn 명 소똥. 쇠똥
心意 xīnyì 명 뜻. 생각. 의사. 의향. 마음
对象 duìxiàng 5 명 대상. 결혼상대
鲜花 xiānhuā 명 신선한 꽃. 예쁜 꽃
插 chā 5 동 꽂다. 끼우다. 삽입하다

改变 gǎibiàn 4 동 변하다. 바뀌다. 바꾸다
想法 xiǎngfǎ 명 생각. 의견. 견해
说梦话 shuō mènghuà 잠꼬대를 하다. 헛소리를 하다

소똥도 찾기가 쉽지 않아

아들: 엄마아빠, 두 분 중 누가 먼저 프러포즈하셨어요?
아빠: 그야 당연히 아빠지.
아들: 엄마는 바로 승낙했나요?
엄마: 처음에 아빠는 결코 내 맘에 드는 결혼상대가 아니었단다. 다들 한 송이 예쁜 꽃이 소똥 위에 꽂혔다고들 했었으니까.
아들: 그런데 왜 생각을 바꿨어요?
엄마: 사랑의 힘은 한계가 없는 거잖아!
아빠: 소똥도 찾기가 쉽지 않았던 거지, 무슨 뚱딴지같은 소릴 하는 거요?

해독
害毒　毒害

해독		뜻	참고사항
한	害毒		우리말의 해독(害毒)은 ①의 뜻, 즉 명사로만 쓰인다.
중	毒害 dúhài	① 해독. 폐해	(유) 5 危害 wēihài
		② 해독을 끼치다. 해치다	(유) 5 危害 wēihài, 6 腐蚀 fǔshí

예문　① 해독. 폐해

- 因特网淫秽网站的**毒害**越来越严重了。
  Yīntèwǎng yínhuì wǎngzhàn de dúhài yuèláiyuè yánzhòng le.
  인터넷 음란 사이트의 폐해가 갈수록 심각해지고 있다.

- 大气污染的**毒害**已经是个无法回避的现实问题了。
  Dàqì wūrǎn de dúhài yǐjing shì ge wúfǎ huíbì de xiànshí wèntí le.
  대기오염의 폐해는 이미 피할 수 없는 현실문제가 되었다.

② 해독을 끼치다. 해치다

- 不良环境极大地**毒害**着青少年。 불량한 환경은 청소년들에게 막대한 해를 끼치고 있다.
  Bùliáng huánjìng jídà de dúhàizhe qīngshàonián.

- 地球环境已经被各种污染物**毒害**得太深了。
  지구환경은 각종 오염물질에 의해, 이미 심각하게 해독을 입고 있다.
  Dìqiú huánjìng yǐjing bèi gèzhǒng wūrǎnwù dúhài de tài shēn le.

유머 한 토막

 戒酒 Jièjiǔ (금주)

一天，一个男子走进一间酒吧，叫道：
Yì tiān, yí ge nánzi zǒujìn yì jiān jiǔbā, jiàodào:

男子: 来两杯酒！
Nánzǐ: Lái liǎng bēi jiǔ!

服务员: 先生，为什么一个人要两杯呢?
Fúwùyuán: Xiānsheng, wèi shénme yí ge rén yào liǎng bēi ne?

男子: 一杯是自己的，一杯是我朋友的。
Nánzǐ: Yì bēi shì zìjǐ de, yì bēi shì wǒ péngyou de.

服务员: 那你朋友在哪儿?
Fúwùyuán: Nà nǐ péngyou zài nǎr?

男子: 他得了重病，住进了医院，我替他喝一杯。
Nánzǐ: Tā dé le zhòngbìng, zhùjìn le yīyuàn, wǒ tì tā hē yì bēi.

过了几天，他又走进那个酒吧。
Guò le jǐ tiān, tā yòu zǒujìn nà ge jiǔbā.

男子: 来一杯酒！
Nánzǐ: Lái yì bēi jiǔ!

服务员: 今天怎么了? 那个朋友死了吗?
Fúwùyuán: Jīntiān zěnme le? Nà ge péngyou sǐ le ma?

男子: 他的身体一天比一天好。
Nánzǐ: Tā de shēntǐ yì tiān bǐ yì tiān hǎo.

服务员：	那你今天为什么只要一杯呢？
Fúwùyuán:	Nà nǐ jīntiān wèi shénme zhǐ yào yì bēi ne?
男子：	因为过度饮酒**毒害**健康，我戒酒了。
Nánzǐ:	Yīnwèi guòdù yǐnjiǔ dúhài jiànkāng, wǒ jièjiǔ le.

어휘

戒酒 jiè//jiǔ 동 술을 끊다. 금주하다
酒吧 jiǔbā 5 명 술집
过度 guòdù 6 형 지나치다. 과도하다
饮酒 yǐn//jiǔ 동 술을 마시다. 음주하다

금주

하루는 한 남자가 한 술집에 들어와 소리쳤다.

남자: 술 두 잔 부탁해요!
종업원: 손님은 왜 혼자서 두 잔을 시키시는 거죠?
남자: 한 잔은 내 것이고, 한 잔은 내 친구 것이에요.
종업원: 그럼 친구 분은 어디 계시죠?
남자: 그는 중병이 걸려, 병원에 입원해서, 내가 그를 대신하여 한 잔 마시는 겁니다.

며칠 지나서, 그는 또 그 술집에 들어왔다.

남자: 술 한 잔 부탁해요!
종업원: 오늘은 웬일이죠? 그 친구는 죽었나요?
남자: 그의 건강은 하루하루 좋아지고 있어요.
종업원: 그럼 오늘은 왜 한 잔만 시키시죠?
남자: 과도한 음주는 건강을 해치니까, 나는 술을 끊었지요.

허용　许容　容许

허용		뜻	참고사항
한	許容	허용하다. 허가하다. 용납하다	우리말에서는 许容을 주로 쓰고, 중국어에서는 容许를 쓴다. (유) 4 允许 yǔnxǔ, 准许 zhǔnxǔ, 6 许可 xǔkě (반) 4 禁止 jìnzhǐ
중	容许 róngxǔ		

part A 음절의 순서가 반대인 어휘

- 我们不容许任何外来干涉。 우리는 어떠한 외부간섭도 허용하지 않는다.
  Wǒmen bù róngxǔ rènhé wàilái gānshè.

- 我决不能容许他那种行为。 나는 그의 그런 행위를 결코 용납할 수 없다.
  Wǒ jué bù néng róngxǔ tā nà zhǒng xíngwéi.

유머 한 토막

 先试试 Xiān shìshi (먼저 시험해보다)

一位年轻漂亮的女士在化妆品店问男店员:
Yí wèi niánqīng piàoliang de nǚshì zài huàzhuāngpǐn diàn wèn nán diànyuán:

女士: 这支口红颜色怎么样?
Nǚshì: Zhè zhī kǒuhóng yánsè zěnmeyàng?

男店员: 我觉得，不浓不浅正合适。
Nándiànyuán: Wǒ juéde, bù nóng bù qiǎn zhèng héshì.

女士: 那接吻后会不会褪色?
Nǚshì: Nà jiēwěn hòu huì bu huì tuìshǎi?

男店员: 我想不会的。
Nándiànyuán: Wǒ xiǎng bú huì de.

女士: 我怎么相信呢?
Nǚshì: Wǒ zěnme xiāngxìn ne?

男店员: 只要你容许，咱们可以试试看。
Nándiànyuán: Zhǐyào nǐ róngxǔ, zánmen kěyǐ shìshi kàn.

어휘

口红 kǒuhóng 명 립스틱
浓 nóng 5 형 짙다. 진하다
浅 qiǎn 5 형 옅다. 연하다

接吻 jiē//wěn 동 키스를 하다. 입을 맞추다
褪色 tuì//shǎi 동 퇴색하다. 색이 바래다. 색이 빠지다(=退色 tuìsè)

먼저 시험해보다

어떤 젊고 아름다운 부인이 화장품 가게에서 남자 점원에게 물었다.

여사: 이 립스틱 색깔 어때요?
점원: 제 보기엔, 진하지도 엷지도 않고 딱 좋은 것 같습니다.

여사: 그게 키스 후에는 퇴색하지 않을까요?
점원: 그렇지 않을 것입니다.
여사: 그걸 어떻게 믿어요?
점원: 허용만 하신다면, 우리가 시험해볼 수도 있습니다.

형제 / 兄弟 / 弟兄

형제		뜻	참고사항
한	兄弟	형제	
중	弟兄 dìxiong		(유) 5 兄弟 xiōngdì

예문
- 他们弟兄三个都是博士。 그들 삼형제는 모두 박사이다.
  Tāmen dìxiong sān ge dōu shì bóshì.

- 他们弟兄两人分开已经有十年了。 그들 형제 두 사람이 헤어진 지 벌써 10년이 되었다.
  Tāmen dìxiong liǎng rén fēnkāi yǐjing yǒu shí nián le.

유머 한 토막

 因为了解你 Yīnwèi liǎojiě nǐ (너를 알기 때문에)

男子1: 我们认识多久啦?
Nánzǐ: Wǒmen rènshi duō jiǔ la?

男子2: 已经有十年多了吧。
Nánzǐ: Yǐjing yǒu shí nián duō le ba.

男子1: 你很了解我，是不是?
Nánzǐ: Nǐ hěn liǎojiě wǒ, shì bu shì?

男子2:	是的。也许可以说比亲弟兄更了解。
Nánzǐ:	Shì de. Yěxǔ kěyǐ shuō bǐ qīn dìxiong gèng liǎojiě.

男子1:	那么请借给我1万块钱。可以吧?
Nánzǐ:	Nàme, qǐng jiègěi wǒ yíwàn kuài qián. Kěyǐ ba?

男子2:	不行!
Nánzǐ:	Bùxíng!

男子1:	为什么?
Nánzǐ:	Wèi shénme?

男子2:	因为我太了解你啦。
Nánzǐ:	Yīnwèi wǒ tài liǎojiě nǐ la.

어휘

了解 liǎojiě 3 | 동 알다. 이해하다

也许 yěxǔ 4 | 부 어쩌면. 아마. 혹시

너를 알기 때문에

남자1: 우리가 알고 지낸 지 얼마나 되었지?
남자2: 벌써 10여 년 되었을 거야.
남자1: 넌 날 잘 이해하지?
남자2: 그럼. 어쩌면 친형제보다도 더 잘 이해한다고 할 수 있지.
남자1: 그럼, 나한테 1만 위안만 빌려줘. 그럴 수 있지?
남자2: 안 돼!
남자1: 왜?
남자2: 내가 너를 너무나 잘 알고 있으니까.

	호칭	뜻	참고사항
한	呼稱		'일컫는 이름'이란 뜻의 명사형 칭호(= 호칭)는 한중 공히 称号를 쓸 수 있다.
중	⑤ 称呼 chēnghu	① 호칭하다. 부르다. 일컫다	(유) 叫做 jiàozuò, 号称 hàochēng
		② 호칭. 명칭. 칭호	(유) 名称 míngchēng, ⑤ 称号 chēnghào

예문

① 호칭하다. 부르다. 일컫다

- 您怎么称呼? 당신을 어떻게 호칭합니까?[성함이 어떻게 되십니까?]
  Nín zěnme chēnghu?

- 大家从此就用'酒先生'称呼起我来了。
  Dàjiā cóngcǐ jiù yòng 'jiǔ xiānsheng' chēnghu qǐ wǒ lái le.
  모두들 이때부터 나를 '술 선생'으로 호칭하기 시작했다.

② 호칭. 명칭. 칭호

- 她对我的称呼随时改变。그녀의 나에 대한 호칭은 수시로 바뀐다.
  Tā duì wǒ de chēnghu suíshí gǎibiàn.

- 中国人的称呼可真复杂，弄不好就出笑话。
  Zhōngguórén de chēnghu kě zhēn fùzá, nòng bu hǎo jiù chū xiàohua.
  중국사람들의 호칭은 그야말로 참 복잡하여, 잘못하면 웃음거리가 된다.

유머 한 토막

 女士的超短裙 Nǚshì de chāoduǎnqún (여사의 미니스커트)

一位刚步入老年的绅士坐上了地铁。眼前站着一位穿超短裙的女士。她的裙子实在是太短了，绅士几次试图把视线移开，但注意力却始终被定在一点上。地铁经过几站后，绅士向女士打招呼：
Yí wèi gāng bùrù lǎonián de shēnshì zuòshàng le dìtiě. Yǎnqián zhànzhe yí wèi chuān chāoduǎnqún de nǚshì. Tā de qúnzi shízài shì tài duǎn le, shēnshì jǐ cì shìtú bǎ shìxiàn yíkāi, dàn zhùyìlì què shǐzhōng bèi dìngzài yì diǎn shàng. Dìtiě jīngguò jǐ zhàn hòu, shēnshì xiàng nǚshì dǎ zhāohū:

绅士: 请允许我说句不礼貌的话,小姐,你的裙子太短了吧!
Shēnshì: Qǐng yǔnxǔ wǒ shuō jù bù lǐmào de huà, xiǎojie, nǐ de qúnzi tài duǎn le ba!

女士: (瞪一下眼睛)我不是什么小姐,请你称呼我'太太'。
Nǚshì: (dèng yíxià yǎnjing) Wǒ bú shì shénme xiǎojie, qǐng nǐ chēnghu wǒ 'tàitai'.

绅士: 实在对不起,因为我没有看清您的面容……
Shēnshì: Shízài duìbuqǐ, yīnwèi wǒ méiyǒu kànqīng nín de miànróng…

어휘

步入 bùrù 동 들어가다. 진입하다
超短裙 chāoduǎnqún 명 미니스커트
裙子 qúnzi 3 명 치마. 스커트
移开 yíkāi 동 치우다. 옮기다
定 dìng 동 고정하다. 고정시키다
允许 yǔnxǔ 4 동 허가하다. 허락하다
瞪 dèng 6 동 눈을 부릅뜨다. 눈을 부라리다
面容 miànróng 명 얼굴. 용모. 얼굴생김새

여사의 미니스커트

노년에 막 진입한 신사 한 분이 지하철을 탔다. 바로 앞에 미니스커트를 입은 여사 한 분이 서 있었다. 그녀의 치마가 워낙 짧아서, 신사는 몇 번이나 시선을 옮기려 했지만, 오히려 주의력이 한 곳에 고정되었다. 지하철이 몇 개 역을 지난 후, 신사가 여사에게 말을 꺼냈다.

신사: 제가 결례되는 말씀을 좀 드리겠는데, 아가씨, 치마가 너무 짧은 것 같소이다!
여사: (눈을 부릅뜨고) 난 아가씨가 아니거든요, '부인'이라고 부르셔야죠.
신사: 정말 미안합니다. 당신 얼굴을 자세히 못 봐서 그만…

회수		뜻	참고사항
한	回收	회수하다. 거둬들이다. 되찾다. 취소하다. 철회하다	
중	收回 shōuhuí		

- 借出的资料，应该收回了。 대출된 자료는 반드시 회수되어야 한다.
  Jièchū de zīliào, yīnggāi shōuhuí le.

- 我们连成本都不能收回了。 우리는 생산비조차도 회수할 수 없게 되었다.
  Wǒmen lián chéngběn dōu bù néng shōuhuí le.

유머 한 토막

🗣 嗜酒如命 Shìjiǔ rúmìng (술을 목숨처럼 좋아하다)

嗜酒如命的儿子提着个酒瓶回家来，不巧正碰上严厉的父亲。他只好撒谎说：
Shìjiǔ rúmìng de érzi tízhe ge jiǔpíng huíjiā lái, bùqiǎo zhèng pèngshàng yánlì de fùqīn. Tā zhǐhǎo sāhuǎng shuō:

儿子: 这瓶酒是和朋友合买的，一半属于他。
érzi: Zhè píng jiǔ shì hé péngyou hé mǎi de, yíbàn shǔyú tā.

父亲: 那你把另一半酒给我倒掉！
fùqīn: Nà nǐ bǎ lìng yíbàn jiǔ gěi wǒ dàodiào!

儿子: 没法倒，我那一半在下面。
érzi: Méi fǎ dào, wǒ nà yíbàn zài xiàmian.

父亲气得把酒瓶一把夺过来扔出窗外，酒瓶碎了，酒流了一地，儿子还是愣愣地望着窗外。
Fùqīn qì de bǎ jiǔpíng yì bǎ duó guòlai rēngchū chuāngwài, jiǔpíng suì le, jiǔ liú le yí dì, érzi háishi lènglèng de wàngzhe chuāngwài.

父亲: 这么冷的天，你站在窗户那儿干吗？
fùqīn: Zhème lěng de tiān, nǐ zhànzài chuānghu nàr gànmá?

儿子: 　等着酒冻起来了，好**收回**。
érzi: 　Děngzhe jiǔ dòng qǐlái le, hǎo shōuhuí.

어휘

嗜酒如命 shìjiǔ rúmìng 술을 (목숨처럼) 몹시 좋아하다
提 tí [5][동] 들다. 쥐다
不巧 bùqiǎo [부][형] 유감스럽게도. 공교롭게도. 운 없게도; (형편이나 때가) 좋지 않다. 적합하지 않다
严厉 yánlì [6][형] 엄하다. 엄격하다. 준엄하다
撒谎 sā//huǎng [6][동] 거짓말을 하다

倒 dào [5][동] 따르다. 쏟다. 붓다
夺 duó [동] 빼앗다. 강탈하다
扔 rēng [4][동] 던지다. 버리다. 내버리다
碎 suì [5][동] 부서지다. 깨지다
愣愣 lènglèng [형] 멍하다. 벙하다. 어리둥절하다. 얼떨떨하다
冻 dòng [5][동] 얼다
好 hǎo [1][능] ~하기에 편하다. ~하기 쉽다

술을 목숨처럼 좋아하다

술을 목숨처럼 좋아하는 아들이 술병을 하나 들고 집에 돌아오는데, 공교롭게도 아주 엄한 아버지와 딱 마주쳤다. 그는 어쩔 수 없이 거짓말을 하였다.

아들: 이 술은 친구와 합쳐서 산 것이니까, 절반은 친구 것이에요.
아버지: 그렇다면 다른 절반은 쏟아버려!
아들: 쏟을 수가 없어요. 제 그 절반은 아래쪽에 있거든요.

아버지는 화가 나서, 술병을 한 손에 덥석 빼앗아 창밖으로 던져버리자, 술병이 깨져 술이 온 땅바닥에 흘러버렸지만, 아들은 여전히 멍하니 창밖을 바라보고 있었다.

아버지: 이렇게 추운 날, 창 쪽에 서서 뭐하는 거냐?
아들: 회수하기 쉽게, 술이 얼기를 기다리고 있어요.

희비 喜悲 悲喜

	희비	뜻	참고사항
한	喜悲	희비. 명암	
중	悲喜 bēixǐ		(유) 喜悲 xǐbēi

예문
- 人们常把**悲喜**交集的人生比作航海。
  Rénmen cháng bǎ bēixǐ jiāojí de rénshēng bǐzuò hánghǎi.
  사람들은 흔히 희비가 교차하는 인생을 항해에 비유하곤 한다.

- 这部话剧是被誉为**悲喜**剧大家的作品。 이 연극은 희비극의 대가의 작품이다.
  Zhè bù huàjù shì bèi yùwéi bēixǐjù dàjiā de zuòpǐn.

유머 한 토막

 误会 Wùhuì (오해)

导演:　　我最近导演的新片，你看过了吧?
Dǎoyǎn:　Wǒ zuìjìn dǎoyǎn de xīn piàn, nǐ kànguo le ba?

朋友:　　当然已经看过了。
Péngyou:　Dāngrán yǐjing kànguo le.

导演:　　请你说说，观众对这部影片有何评价?
Dǎoyǎn:　Qǐng nǐ shuōshuo, guānzhòng duì zhè bù yǐngpiàn yǒu hé píngjià?

朋友:　　放映你这部大作时，电影院里真是**悲喜**交集!
Péngyou:　Fàngyìng nǐ zhè bù dàzuò shí, diànyǐngyuàn li zhēn shì bēixǐ jiāojí!

导演:　　真没想到这样动人心弦。
Dǎoyǎn:　Zhēn méi xiǎngdào zhèyàng dòngrén xīnxián.

朋友:　　是啊! 只要影片中的女主角痛苦流涕，观众就笑得前仰后合。
Péngyou:　Shì a! Zhǐyào yǐngpiàn zhōng de nǚzhǔjué tòngkǔ liútì, guānzhòng jiù xiào de qiányáng hòuhé.

어휘

误会 wùhuì ④ |동|명| 오해(하다)
导演 dǎoyǎn ⑤ |동|명| 감독하다. 감독을 맡다; 감독
影片 yǐngpiàn |명| 영화
放映 fàngyìng |동| 상영하다. 방영하다
悲喜交集 bēixǐ jiāojí 희비가 교차하다. 희비가 엇갈리다(=悲喜交加 bēixǐ jiāojiā)

没想到 méi xiǎngdào 의외이다. 생각하지 못했다
动人心弦 dòngrén xīnxián 사람을 매우 감동시키다. 심금을 울리다
主角 zhǔjué |명| 주인공. 주연배우
流涕 liú//tì 눈물을 흘리다
前仰后合 qiányáng hòuhé 몸을 앞뒤로 크게 흔들다(=前俯后仰 qiánfǔ hòuyǎng)

오해

감독: 내가 최근에 감독한 새 영화, 자네 보았지?
친구: 물론 벌써 보았지.
감독: 관객들이 그 영화에 대해 어떤 평가를 하는지 말 좀 해줘.
친구: 자네의 이 대작을 상영할 때, 극장 안은 그야말로 희비가 교차하더군!

감독: 그렇게까지 사람들을 감동시키다니 정말 의외인걸.
친구: 그러게! 영화에서 여주인공이 슬프게 눈물을 흘리기만 하면, 관객들이 포복하며 크게 웃어 제치니 말이야.

part B

음절을 줄여서 쓰는 어휘

가로등 街路灯 路灯

가로등		뜻	참고사항
한	街路燈	가로등	
중	路灯 lùdēng		(유) 街灯 jiēdēng

예문
- 天已经黑了，可是**路灯**还没亮。 날이 이미 저물었는데도, 가로등이 아직 켜지지 않았다.
  Tiān yǐjing hēi le, kěshì lùdēng hái méi liàng.

- 这条路没有**路灯**，到了晚上就很黑。 이 길은 가로등이 없어서, 저녁만 되면 아주 어둡다.
  Zhè tiáo lù méiyǒu lùdēng, dào le wǎnshang jiù hěn hēi.

유머 한 토막

人手不足 Rénshǒu bùzú (일손 부족)

男子: 喂，**路灯**管理所吧？
Nánzǐ: Wéi, lùdēng guǎnlǐsuǒ ba?

职员: 对！
Zhíyuán: Duì!

男子: 这里是先进路十号，有一盏**路灯**坏了。
Nánzǐ: Zhèli shì Xiānjìn Lù shí hào, yǒu yì zhǎn lùdēng huài le.

职员: 你只要一踢灯柱，灯就亮了。
Zhíyuán: Nǐ zhǐyào yì tī dēngzhù, dēng jiù liàng le.

男子: 你这么说，是让我自己踢灯柱吗？
Nánzǐ: Nǐ zhème shuō, shì ràng wǒ zìjǐ tī dēngzhù ma?

职员: 最近我们这儿人手不足，很难确定什么时候能派人去修理。
Zhíyuán: Zuìjìn wǒmen zhèr rénshǒu bùzú, hěn nán quèdìng shénme shíhou néng pài rén qù xiūlǐ.

男子: 什么？
Nánzǐ: Shénme?

职员:	如果你能每晚把路灯踢亮，我们可以让你在管理所兼职。
Zhíyuán:	Rúguǒ nǐ néng měi wǎn bǎ lùdēng tīliàng, wǒmen kěyǐ ràng nǐ zài guǎnlǐsuǒ jiānzhí.

男子:	是真的吗？
Nánzǐ:	Shì zhēnde ma?

职员:	真的。对了，忘了说了，并免费提供一双皮鞋。
Zhíyuán:	Zhēnde. Duìle, wàng le shuō le, bìng miǎnfèi tígōng yì shuāng píxié.

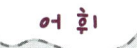

人手 rénshǒu 명 일하는 사람. 일손
盏 zhǎn 양 등을 세는 양사
踢 tī 동 차다. 걷어차다
灯柱 dēngzhù 명 가로등 기둥
确定 quèdìng 5 | 동 확정하다

派 pài 5 | 동 보내다. 파견하다
兼职 jiān//zhí 6 | 동 겸직을 하다. 다른 직무를 겸하다
免费 miǎn//fèi 4 | 동 비용을 면제하다. 무료로 (하다). 무상으로 (하다). 공짜로 (하다)

일손 부족

남자: 여보세요, 가로등관리소죠?
직원: 맞습니다!
남자: 여긴 선진로 10호인데, 가로등 하나가 고장이 났어요.
직원: 가로등 기둥을 한 번 차면 불이 켜질 거예요.
남자: 그건, 나더러 직접 기둥을 차라는 겁니까?
직원: 요즘 저희가 일손이 달려서, 언제 사람을 보내 수리할 수 있을지 확정하기가 어려워서요.

남자: 뭐라고요?
직원: 만약 매일 밤 가로등을 차서 불을 켜실 수 있다면, 저희가 당신을 관리소에 겸직하도록 할 수 있습니다.
남자: 그게 정말이오?
직원: 정말입니다. 그리고 깜박했는데, 아울러 구두 한 켤레도 무료로 제공해드립니다.

간소화		뜻	참고사항
한	簡素化	간소화하다. 간략화하다	
중	6 简化 jiǎnhuà		

part B 음절을 줄여서 쓰는 어휘

예문
- 我们要把生产工序大大地**简化**。 우리는 생산 공정을 대대적으로 간소화하려고 한다.
Wǒmen yào bǎ shēngchǎn gōngxù dàdà de jiǎnhuà.

- 有关部门非把审批手续大幅度地**简化**不可。
Yǒuguān bùmén fēi bǎ shěnpī shǒuxù dà fúdù de jiǎnhuà bùkě.
관련부서에서는 심사비준 수속을 대폭적으로 간소화하지 않으면 안 된다.

유머 한 토막

 简化 Jiǎnhuà (간소화)

女的: 你的书出来了吗?
Nǚde: Nǐ de shū chūlai le ma?

男的: 已经出来了。这就是我说的那本书。
Nánde: Yǐjing chūlai le. Zhè jiù shì wǒ shuō de nà běn shū.

女的: 你不是说这本书的作者是你吗?
Nǚde: Nǐ bú shì shuō zhè běn shū de zuòzhě shì nǐ ma?

男的: 对啊!
Nánde: Duì a!

女的: 怎么书上没有你的名字呢?
Nǚde: Zěnme shū shang méiyǒu nǐ de míngzi ne?

男的: 不，也有我的名字，只是**简化**了。
Nánde: Bù, yě yǒu wǒ de míngzi, zhǐshì jiǎnhuà le.

女的: 这不是朱彭夏等著吗? 哪有你的名字?
Nǚde: Zhè bú shì Zhū Péngxià děng zhù ma? Nǎ yǒu nǐ de míngzi?

男的: 我的名字就在那个"等"字里面。
Nánde: Wǒ de míngzi jiù zài nà ge 'děng' zì lǐmian.

作者 zuòzhě ④ 명 작자, 저자　　　著 zhù 동 저작하다, 저술하다

간소화

여자: 당신 책이 출판되었나요?
남자: 네, 출판되었어요. 이게 바로 내가 말했던 그 책입니다.
여자: 당신이 이 책의 저자라고 하지 않았나요?
남자: 그랬지요!
여자: 그런데 왜 책에 당신 이름이 없는 거죠?
남자: 아닙니다. 나의 이름도 있어요. 다만 간소화했을 뿐이지요.
여자: '朱彭夏 등 저'라고 되어 있잖습니까? 어디 당신 이름이 있다는 거죠?
남자: 나의 이름은 바로 그 '등' 자 안에 있지요.

간행물 刊行物 / 刊物

간행물		뜻	참고사항
한	刊行物	간행물. 출판물	
중	刊物 kānwù		

예문
- 这些都是非法刊物。 이것들은 모두 불법 간행물들이다.
  Zhèxiē dōu shì fēifǎ kānwù.

- 政府严禁出版地下刊物。 정부에서는 지하 간행물의 출판을 엄격히 금지하고 있다.
  Zhèngfǔ yánjìn chūbǎn dìxià kānwù.

유머 한 토막

😊 节约 Jiéyuē (절약)

在列车上，甲乙丙三个人凑在一起吹牛。
Zài lièchē shang, jiǎ yǐ bǐng sān ge rén còuzài yìqǐ chuīniú.

甲: 我的朋友很有经济头脑，为了节约墨水，无论写什么，字写得像虱子一样大小，而且为防止墨水挥发，他每写一字，都把瓶盖盖上。
Jiǎ: Wǒ de péngyou hěn yǒu jīngjì tóunǎo, wèile jiéyuē mòshuǐ, wúlùn xiě shénme, zì xiě de xiàng shīzi yíyàng dàxiǎo, érqiě wèi fángzhǐ mòshuǐ huīfā, tā měi xiě yí zì, dōu bǎ pínggài gàishàng.

乙: 我有一个更节约的朋友，为了减少钟表磨损，别说睡觉的时候，天一黑他就把钟表全部弄停。
Yǐ: Wǒ yǒu yí ge gèng jiéyuē de péngyou, wèile jiǎnshǎo zhōngbiǎo mósǔn, biéshuō shuìjiào de shíhou, tiān yì hēi tā jiù bǎ zhōngbiǎo quánbù nòngtíng.

丙: 你们的朋友都没有我的朋友节约，他为了省报纸和文艺刊物的订阅费，每天到图书馆去阅读。近来为了节约眼镜，连报刊都不看，索性不去图书馆了。
Bǐng: Nǐmen de péngyou dōu méi yǒu wǒ de péngyou jiéyuē, tā wèile shěng bàozhǐ hé wényì kānwù de dìngyuèfèi, měitiān dào túshūguǎn qù yuèdú. Jìnlái wèile jiéyuē yǎnjìng, lián bàokān dōu bú kàn, suǒxìng bú qù túshūguǎn le.

어휘

凑 còu 동 모이다. 모으다
吹牛 chuī//niú 6 동 허풍을 떨다. 허풍을 치다
经济 jīngjì 4 형 명 경제적이다; 경제
头脑 tóunǎo 명 머리. 두뇌. 사고 능력
墨水 mòshuǐ 6 명 먹물. 잉크
虱子 shīzi 명 이
大小 dàxiǎo 명 크기
挥发 huīfā 동 휘발하다. 증발하다

瓶盖 pínggài 명 병뚜껑. 병마개
盖 gài 5 동 덮다. 씌우다
钟表 zhōngbiǎo 명 시계
磨损 mósǔn 동 마손하다. 마모되다
省 shěng 4 동 아끼다. 절약하다
订阅 dìngyuè 동 구독하다
订阅费 dìngyuèfèi 명 구독료
索性 suǒxìng 6 부 차라리. 아예

절약

열차에서 갑, 을, 병 세 사람이 한데 모여 허풍을 떨고 있었다.

갑: 나의 친구는 굉장히 경제적인 사고를 하는 사람인데, 잉크를 절약하기 위해, 무엇을 쓰든, 글자를 이와 같은 크기로 쓰고, 또한 잉크가 증발하는 것을 막기 위해, 한 글자를 쓸 때마다 반드시 병뚜껑을 덮는답니다.

을: 나한테는 그보다 더 경제적인 친구가 한 명 있는데, 시계의 마모를 줄이기 위해, 잠을 잘 때는 말할 것도 없고, 일단 날이 어두워지기만 하면, 예외 없이 이 시계를 멈추게 한다니까요.

병: 당신들 친구는 다 내 친구보다 경제적이지 못해요. 그는 신문과 문예 간행물의 구독료를 절약하기 위해, 매일 도서관에 가서 읽어요. 요즘에는 안경을 절약하기 위해, 신문이나 간행물마저도 보지 않아, 아예 도서관에도 가지 않게 되었지요.

간호사		뜻	참고사항
한	看護師	간호사	우리말에서는 간호사(看護師)라 쓴다.
중	④ 护士 hùshi		

예문
- 他的未婚妻是护士。 그의 약혼녀는 간호사이다.
  Tā de wèihūnqī shì hùshi.

- 那位护士非常细心地护理病人。 저 간호사는 아주 세심하게 환자를 간호한다.
  Nà wèi hùshi fēicháng xìxīn de hùlǐ bìngrén.

유머 한 토막

 证明 Zhèngmíng (증명)

一个青年在流动采血车里献血后向护士小心地问道：
Yí ge qīngnián zài liúdòng cǎixiěchē li xiànxuè hòu xiàng hùshi xiǎoxīn de wèndào:

青年: 护士小姐，我有一件事想问问。
Qīngnián: Hùshi xiǎojie, wǒ yǒu yí jiàn shì xiǎng wènwen.

护士: 什么事？您请说吧！
Hùshi: Shénme shì? Nín qǐng shuō ba!

青年: 我的血是温热的吗？
Qīngnián: Wǒ de xuè shì wēnrè de ma?

护士: 那还用说，您又不是什么爬行动物。
Hùshi: Nà hái yòng shuō, nín yòu bú shì shénme páxíng dòngwù.

青年: 麻烦你给我开张证明好吗？
Qīngnián: Máfan nǐ gěi wǒ kāi zhāng zhèngmíng hǎo ma?

护士: 你要做什么?
Hùshi: Nǐ yào zuò shénme?

青年: 不为别的，我女朋友动不动就骂我是冷血动物，我要向她证明，我不是！
Qīngnián: Bú wèi bié de, wǒ nǚpéngyou dòngbudòng jiù mà wǒ shì lěngxuè dòngwù, wǒ yào xiàng tā zhèngmíng, wǒ bú shì!

어휘

采血车 cǎixiěchē 명 헌혈차
献血 xiàn//xuè 동 헌혈하다
小心 xiǎoxīn 3 동 형 조심하다. 주의하다
温热 wēnrè 형 따뜻하다. 덥다

爬行动物 páxíng dòngwù 명 파충류
麻烦 máfan 4 동 형 귀찮게 하다. 번거롭게 하다; 귀찮다. 성가시다. 번거롭다
骂 mà 5 동 욕하다. 꾸짖다. 따지다

증명

한 청년이 이동헌혈차에서 헌혈하고 나서 간호사에게 조심스럽게 물었다.

청년: 간호사 아가씨, 좀 물어보고 싶은 게 하나 있는데요.
간호사: 무슨 일인데요? 말씀해 보세요.
청년: 내 피는 따뜻한 피인가요?
간호사: 그야 당연하죠! 당신이 무슨 파충류도 아닌데!
청년: 귀찮겠지만, 증명서 한 장만 떼어 주실래요?
간호사: 뭐하시게요?
청년: 다름이 아니라, 제 여자친구가 걸핏하면 나더러 냉혈동물이라고 욕을 해서 증명해보이려고요, 그게 아니라는 걸!

건강미 健康美 健美

	건강미	뜻	참고사항
한	健康美		
중	健美 jiànměi	① 건강미. 육체미 ② 건강하고 아름답다	健美操 jiànměicāo 에어로빅. 미용체조 (=健美舞=健身操=健身舞) 健美运动 jiànměi yùndòng 보디빌딩

예문 ① 건강미, 육체미

- 我准备参加健美比赛。 나는 육체미대회에 참가할 작정이다.
  Wǒ zhǔnbèi cānjiā jiànměi bǐsài.

- 我每天晚上去健身房做健美操。 나는 매일 저녁 헬스클럽에 가서 에어로빅을 한다.
  Wǒ měitiān wǎnshang qù jiànshēnfáng zuò jiànměicāo.

② 건강하고 아름답다

- 她是个很健美活泼的姑娘。 그녀는 아주 건강하고 아름다우며 활달한 아가씨이다.
  Tā shì ge hěn jiànměi huópo de gūniang.

- 只有少吃多锻炼才能有健美的身材。
  Zhǐyǒu shǎo chī duō duànliàn cái néng yǒu jiànměi de shēncái.
  적게 먹고 운동을 많이 해야만 건강하고 아름다운 몸매를 가질 수 있다.

유머 한 토막

产后减肥 Chǎnhòu jiǎnféi (산후 다이어트)

一位白领女性生了孩子之后，体重增长了近20公斤，于是她下决心减肥。
Yí wèi báilǐng nǚxìng shēng le háizi zhīhòu, tǐzhòng zēngzhǎng le jìn èrshí gōngjīn, yúshì tā xià juéxīn jiǎnféi.

经过三个多月的努力，她自我感觉身材有所苗条。
Jīngguò sān ge duō yuè de nǔlì, tā zìwǒ gǎnjué shēncái yǒu suǒ miáotiao.

星期六，她从衣柜里拿出了一条牛仔裤，试穿了一下，竟然穿了进去。她激动地对老公说：
Xīngqīliù, tā cóng yīguì li náchu le yì tiáo niúzǎikù, shì chuān le yíxià, jìngrán chuān le jìnqù. Tā jīdòng de duì lǎogōng shuō:

妻子: 亲爱的，我好像终于恢复了以往的健美。
Qīzi: Qīn'ài de, wǒ hǎoxiàng zhōngyú huīfù le yǐwǎng de jiànměi.

老公: 你说什么？恢复了健美？
Lǎogōng: Nǐ shuō shénme? Huīfù le jiànměi?

妻子: 我真的瘦了，竟然能穿下牛仔裤了。
Qīzi: Wǒ zhēnde shòu le, jìngrán néng chuānxia niúzǎikù le.

老公: 老婆，你穿牛仔裤没什么，只是你为什么偏偏要穿我的牛仔裤呀？
Lǎogōng: Lǎopo, nǐ chuān niúzǎikù méi shénme, zhǐshì nǐ wèishénme piānpiān yào chuān wǒ de niúzǎikù ya?

어휘

- 减肥 jiǎn//féi ④ 동 살을 빼다. 체중을 줄이다. 다이어트를 하다
- 公斤 gōngjīn ② 명 킬로그램. kg
- 感觉 gǎnjué ④ 동·명 ~라고 느끼다. 생각하다; 감각. 느낌
- 苗条 miáotiao ⑤ 형 날씬하다. 늘씬하다
- 牛仔裤 niúzǎikù ⑤ 명 청바지
- 竟然 jìngrán ④ 부 뜻밖에도. 의외로. 놀랍게도
- 激动 jīdòng ④ 동 흥분하다. 감동하다. 감격하다
- 恢复 huīfù ⑤ 동 회복하다. 회복되다
- 瘦 shòu ③ 형 야위다. 마르다
- 偏偏 piānpiān ⑥ 부 굳이. 한사코. 기어이. 꼭

산후 다이어트

한 화이트칼라 직장여성이 아이를 출산한 후, 체중이 20kg 가까이 늘어나, 다이어트를 하기로 결심했다.
3개월 남짓 노력 끝에, 그녀는 스스로 몸매가 어느 정도 날씬해졌다고 느꼈다.
토요일 옷장에서 청바지 하나를 꺼내 시험 삼아 입어 보았더니, 뜻밖에도 들어갔다. 그녀는 흥분하여 남편에게 말했다.

아내: 여보, 내가 마침내 과거의 건강미를 회복한 것 같아요.
남편: 무슨 말이야? 건강미를 회복하다니?
아내: 나 정말 날씬해졌어요. 놀랍게도 청바지를 입을 수 있게 되었다니까.
남편: 여보, 당신이 청바지를 입는 건 괜찮은데, 왜 굳이 내 청바지를 입으려고 하는 거야?

경계선 境界线 界线

경계선		뜻	참고사항
한	境界線	경계선. 경계. 한도. 한계. 차이	
중	界线 jièxiàn		(유) 境界线 jìngjièxiàn, 分界线 fēnjièxiàn, ⑥ 界限 jièxiàn

예문
- 人的欲望是没有**界线**的。 인간의 욕망에는 한계가 없다.
  Rén de yùwàng shì méi yǒu jièxiàn de.

- 这两个村子的**界线**有点儿模糊。 이 두 마을의 경계선은 좀 모호하다.
  Zhè liǎng ge cūnzi de jièxiàn yǒudiǎnr móhu.

유머 한 토막

区别公母 Qūbié gōngmǔ (암수 구분)

妻子: 你在干什么呢?
Qīzi: Nǐ zài gàn shénme ne?

丈夫: 打苍蝇呢！我在5分钟内打死了10只苍蝇，4只公的，6只母的。
Zhàngfu: Dǎ cāngying ne! Wǒ zài wǔ fēnzhōng nèi dǎsǐ le shí zhī cāngying, sì zhī gōngde, liù zhī mǔde.

妻子: 你怎么认得出来哪些是公的，哪些是母的?
Qīzi: Nǐ zěnme rèn de chūlai nǎxiē shì gōngde, nǎxiē shì mǔde?

丈夫: 公母界线很明确，在酒杯上抓住的是公的，在镜子上抓住的是母的。
Zhàngfu: Gōngmǔ jièxiàn hěn míngquè, zài jiǔbēi shang zhuāzhù de shì gōngde, zài jìngzi shang zhuāzhù de shì mǔde.

 어휘

公母 gōngmǔ 명 수컷과 암컷　　　　　　　镜子 jìngzi 4 | 명 거울

암수 구분

아내: 당신 뭘 하고 있는 거죠?
남편: 파리 잡아! 나 5분 동안 파리 10마리를 잡았는데, 수컷 4마리, 암컷 6마리야.
아내: 어느 게 수컷이고 어느 게 암컷인지 당신이 어떻게 알아낼 수 있단 말이에요?
남편: 암수 차이는 아주 명확해서, 술잔 위에서 잡은 건 수컷이고, 거울 위에서 잡은 건 암컷이지.

고사장 考查场 考场

고사장		뜻	참고사항
한	考查场	고사장. 시험장	
중	考场 kǎochǎng		

예문
- 在进**考场**前，老师再三叮嘱我别紧张。
  Zài jìn kǎochǎng qián, lǎoshī zàisān dīngzhǔ wǒ bié jǐnzhāng.
  시험장에 들어가기 전, 선생님은 긴장하지 말라고 거듭 당부했다.

- 无论是哪个**考场**，都难免有一些作弊的考生。
  Wúlùn shì nǎ ge kǎochǎng, dōu nánmiǎn yǒu yìxiē zuòbì de kǎoshēng.
  어떤 고사장이라도 다 약간의 부정행위를 하는 수험생이 있게 마련이다.

유머 한 토막

心理医生 Xīnlǐ yīshēng (정신과 의사)

朋友: 有日子没见你了。过得好吧?
Péngyou: Yǒu rìzi méi jiàn nǐ le. Guò de hǎo ba?

医生: 我还是老样子。今天是什么风把你吹来的?
Yīshēng: Wǒ háishi lǎo yàngzi. Jīntiān shì shénme fēng bǎ nǐ chuīlai de?

朋友: 只是路过，顺便来看看。
Péngyou: Zhǐshì lùguò, shùnbiàn lái kànkan.

医生: 请坐！你要喝什么?
Yīshēng: Qǐngzuò! Nǐ yào hē shénme?

朋友: 随便。你气色有点儿不好，哪儿不舒服?
Péngyou: Suíbiàn. Nǐ qìsè yǒudiǎnr bù hǎo, nǎr bù shūfu ma?

医生: 我最近常像考场的考生一样紧张，得找个心理医生看看。
Yīshēng: Wǒ zuìjìn cháng xiàng kǎochǎng de kǎoshēng yíyàng jǐnzhāng, děi zhǎo ge xīnlǐ yīshēng kànkan.

朋友: 可是，你不就是有名的心理医生吗?
Péngyou: Kěshì, nǐ bú jiùshì yǒumíng de xīnlǐ yīshēng ma?

医生: 对，不过我的诊费太贵……
Yīshēng: Duì, búguò wǒ de zhěnfèi tài guì...

有日子 yǒu rìzi 오래되다　　　　　　　　　　顺便 shùnbiàn 4 부 ~하는 김에, 차제에

시댁 친척

친구: 오랜만이야. 잘 지내지?
의사: 나야 늘 그렇지 뭐. 오늘은 무슨 바람이 불어서 왔어?
친구: 그냥 지나는 길에 좀 볼까 하고 들렀지.
의사: 앉아! 뭐 좀 마시겠어?
친구: 편할 대로. 자네 안색이 좀 안 좋은데, 어디 불편한 거야?
의사: 나 요즘 항상 고사장의 수험생처럼 긴장돼. 아무래도 정신과 의사를 찾아가 진찰을 좀 해야 할까 봐.
친구: 하지만 자넨 명성 있는 의사가 아닌가?
의사: 맞긴 한데, 나는 진료비가 너무 비싸서 말이야…

고위층		뜻	참고사항
한	高位層	고위층. 고위	
중	高层 gāocéng		

예문
- 他爸爸是检察机关的**高层**干部。그의 아버지는 검찰기관의 고위층 간부이다.
  Tā bàba shì jiǎnchá jīguān de gāocéng gànbù.

- 他在访华期间会见了许多政界和工商界的**高层**人士。
  Tā zài fǎng Huá qījiān huìjiàn le xǔduō zhèngjiè hé gōngshāngjiè de gāocéng rénshì.
  그는 중국 방문기간에 많은 정재계 고위층 인사들을 만났다.

part B 음절을 줄여서 쓰는 어휘　187

유머 한 토막

简单的窍门 Jiǎndān de qiàomén (간단한 요령)

孩子: 爸爸，你的职业是什么？
Háizi: Bàba, nǐ de zhíyè shì shénme?

爸爸: 我是公务员。
Bàba: Wǒ shì gōngwùyuán.

孩子: 那你将来的梦想是什么？
Háizi: Nà nǐ jiānglái de mèngxiǎng shì shénme?

爸爸: 说不好。简单地说，就是做个**高层**公务员。
Bàba: Shuō bu hǎo. Jiǎndān de shuō jiùshì zuò ge gāocéng gōngwùyuán.

孩子: 我想那是不太难的事。
Háizi: Wǒ xiǎng nà shì bútài nán de shì.

爸爸: 不太难？你在说什么话？
Bàba: Bútài nán? Nǐ zài shuō shénme huà?

孩子: 现在我们搬家，不就行了吗？
Háizi: Xiànzài wǒmen bānjiā, bú jiù xíng le ma?

爸爸: 这又是什么话？
Bàba: Zhè yòu shì shénme huà?

孩子: 爸爸你怎么连这个窍门都不知道？我们搬到**高层**公寓去就行了，是不是？
Háizi: Bàba nǐ zěnme lián zhè ge qiàomén dōu bù zhīdào? Wǒmen bāndào gāocéng gōngyù qù jiù xíng le, shì bu shì?

어휘

梦想 mèngxiǎng 6 |명| |동| 꿈. 바람. 이상   搬家 bān//jiā |동| 집을 옮기다. 이사를 하다

간단한 요령

아이: 아빠는 직업이 뭐예요?
아빠: 공무원이란다.
아이: 그럼 아빠는 앞으로의 꿈이 뭐예요?
아빠: 글쎄. 간단히 말하자면 고위층 공무원이 되는 것이지.
아이: 제 생각엔 그건 별로 어려운 일 같지 않은데요?
아빠: 별로 어렵지 않다고? 그건 또 무슨 얘기니?
아이: 지금 바로 우리가 이사하면 되는 거 아니에요?
아빠: 그건 또 무슨 똥딴지같은 소리야?
아이: 아빤 어떻게 이런 요령도 모르세요? 우리가 고층 아파트로 이사하면 되지요. 안 그래요?

공공연		뜻	참고사항
한	公公然	공공연하다. 숨김없이 떳떳하다 공공연히. 거리낌 없이. 공개적으로	
중	⑥ 公然 gōngrán		(유) ⑤ 公开 gōngkāi (반) ⑤ 秘密 mìmì, ⑥ 隐蔽 yǐnbì

예문
- 上次期末考试，他**公然**作弊。 지난 기말시험에서 그는 공공연히 부정행위를 했다.
  Shàngcì qīmò kǎoshì, tā gōngrán zuòbì.

- 他虽然不会**公然**反对，可是也不见得会赞成。
  Tā suīrán bú huì gōngrán fǎnduì, kěshì yě bújiàndé huì zànchéng.
  그는 공공연히 반대하지는 않겠지만, 그렇다고 찬성하리라 생각되지도 않는다.

유머 한 토막

 厚颜无耻的抢劫犯 Hòuyán wúchǐ de qiǎngjiéfàn (뻔뻔한 강도)

警察: 你为什么抢别人的东西？
Jǐngchá: Nǐ wèishénme qiǎng biéren de dōngxi?

抢劫犯: 我没有抢！
Qiǎngjiéfàn: Wǒ méiyǒu qiǎng!

警察: 一切物证都在这里，你还敢抵赖吗？
Jǐngchá: Yíqiè wùzhèng dōu zài zhèli, nǐ hái gǎn dǐlài ma?

抢劫犯: 这怎么能说是抢呢？我只不过是来不及和人家商量，就把东西拿去用了。
Qiǎngjiéfàn: Zhè zěnme néng shuō shì qiǎng ne? Wǒ zhǐbúguò shì láibují hé rénjia shāngliang, jiù bǎ dōngxi ná qù yòng le.

警察: 你的胆子真不小，**公然**在大白天干这种事。
Jǐngchá: Nǐ de dǎnzi zhēn bù xiǎo, gōngrán zài dàbáitiān gàn zhè zhǒng shì.

抢劫犯: 警官先生，您又错了，我是夜以继日地干，从来不分白天黑夜。
Qiǎngjiéfàn: Jǐngchá xiānsheng, nín yòu cuò le, wǒ shì yèyǐ jìrì de gàn, cónglái bù fēn báitiān hēiyè.

어휘

抢劫 qiǎngjié ⑥|동 빼앗다. 약탈하다. 강도질하다
厚颜无耻 hòuyán wúchǐ 후안무치하다. 뻔뻔스러워 부끄러움을 모르다
抵赖 dǐlài 동 잡아떼다. 발뺌하다. 부인하다. 억지를 부리다
来不及 láibují ④ ~할 틈[시간//겨를]이 없다. ~하기에는 늦다
胆子 dǎnzi 명 담. 담력. 용기
夜以继日 yèyǐ jìrì 밤낮으로 계속하다. 밤낮 없이 계속하다
黑夜 hēiyè 명 밤. 야간

뻔뻔한 강도

경찰: 당신은 왜 남의 물건을 강탈하려 했소?
강도: 나는 강탈하지 않았어요!
경찰: 모든 물증이 여기 다 있는데, 억지 부릴 거야?
강도: 이걸 어떻게 강탈이라 할 수 있단 말이에요? 단지 그 사람과 상의할 틈이 없어, 물건을 갖다 썼을 뿐인데요.
경찰: 간덩이가 부었구나, 공공연히 백주 대낮에 이런 일을 저지르다니.
강도: 경관나리, 또 틀렸어요. 나는 밤낮 가리지 않고 한다고요. 여태 낮과 밤을 구분해본 적이 없어요.

과수원 果树园 果园

과수원		뜻	참고사항
한	果樹園	과수원	
중	果园 guǒyuán		(유) 果树园 guǒshùyuán

예문
• 这一带有不少果园。 이 일대에는 과수원이 많이 있다.
　Zhè yídài yǒu bù shǎo guǒyuán.

• 虽然上了年纪，但是他仍然去果园干活儿。
　Suīrán shàng le niánjì, dànshì tā réngrán qù guǒyuán gàn huór.
　비록 나이가 들었지만, 그는 여전히 과수원에 가서 일을 한다.

유머 한 토막

 惯偷 Guàntōu (상습절도)

一个老头儿跑进一个果园去偷果子吃，被果园主人发现了。
Yí ge lǎotóur pǎojìn yí ge guǒyuán qù tōu guǒzi chī, bèi guǒyuán zhǔrén fāxiàn le.

主人: 哎哟，原来是个老头子啊！
Zhǔrén: Āiyō, yuánlái shì ge lǎotózi a!

农夫: 那又怎么样?
Nóngfū: Nà yòu zěnmeyàng?

主人: 喂，你这把年纪了还偷吃别人的东西?
Zhǔrén: Wèi, nǐ zhè bǎ niánjì le hái tōuchī biéren de dōngxi?

农夫: 不，您说错了，我年轻时也经常偷吃！
Nóngfū: Bù, nín shuōcuò le, wǒ niánqīng shí yě jīngcháng tōuchī!

어휘

惯偷 guàntōu 명 동 상습절도범; 상습적으로 절도하다

老头子 lǎotóuzi 명 늙은이. 영감쟁이. 영감탱이

把 bǎ ③ 양 (나이, 힘, 능력 등) 추상적인 사물에 대한 양사

偷吃 tōuchī 동 훔쳐 먹다. 남몰래 먹다

상습절도

한 할아버지가 과수원에 들어가서 과일을 훔쳐먹다가 과수원 주인에게 발각되었다.

주인: 아니, 알고 보니 영감탱이네!
할아버지: 그게 어쨌다는 거요?

주인: 이봐요, 당신은 이 나이가 되어서도 남의 것을 훔쳐먹는 거예요?
할아버지: 아니, 틀렸어요 나는 젊은 시절에도 늘 훔쳐먹었는걸!

기숙사 寄宿舍 宿舍

기숙사		뜻	참고사항
한	寄宿舍	기숙사	
중	⑤ 宿舍 sùshè		

예문
- 他刚才回宿舍去了。 그는 아까 기숙사로 돌아갔다.
  Tā gāngcái huí sùshè qù le.

- 这个学生宿舍里的设施很齐全。 이 학생 기숙사 시설은 매우 편리하다.
  Zhè ge xuésheng sùshè li de shèshī hěn qíquán.

유머 한 토막

 门上留言 Mén shang liúyán (문 위의 메모)

女生宿舍门上贴着下列几句留言。
Nǚshēng sùshè mén shang tiēzhe xiàliè jǐ jù liúyán.

留言1:　阿美，对不起，我下次不敢了。请回电话。小张。
Liúyán:　Āměi, duìbuqǐ, wǒ xiàcì bù gǎn le. Qǐng huí diànhuà. Xiǎo Zhāng.

留言2:　阿美，我对你是真心的！不要折磨我了，见字回话。小张。
Liúyán:　Āměi, wǒ duì nǐ shì zhēnxīn de! Búyào zhémó wǒ le, jiàn zì huíhuà. Xiǎo Zhāng.

留言3:　阿美，逃避不是办法。我对你的爱是一成不变的。小张。
Liúyán:　Āměi, táobì bú shì bànfǎ. Wǒ duì nǐ de ài shì yìchéng búbiàn de. Xiǎo Zhāng.

留言4:　阿美，没有你，我毫无意义。没有你，我会疯掉！我等你。小张。
Liúyán:　Āměi, méiyǒu nǐ, wǒ háowú yìyì. Méiyǒu nǐ, wǒ huì fēngdiào! Wǒ děng nǐ. Xiǎo Zhāng.

留言5:　小张，你找错了宿舍房间。祝你疯掉以前见到阿美。
Liúyán:　Xiǎo Zhāng, nǐ zhǎocuò le sùshè fángjiān. Zhù nǐ fēngdiào yǐqián jiàndào Āměi.

어휘

留言 liúyán 명 메모. 전언. 댓글
折磨 zhémó 6 | 동 고통스럽게 하다
回话 huí//huà 동 회답을 하다. 대답을 하다. 응답을 하다
逃避 táobì 5 | 동 피하다. 도피하다
一成不变 yìchéng búbiàn 고정불변이다. 변함이 없다
毫无 háowú 6 조금도 없다. 털끝만큼도 없다
疯 fēng 동 돌다. 미치다

문 위의 메모

여학생 기숙사 문에 아래와 같은 몇 개의 메모가 붙어 있었다.

메모1: 아메이, 미안해, 앞으론 안 그럴게. 전화 줘. 샤오장.

메모2: 아메이, 난 너에게 진심이야! 나를 그만 힘들게 하고, 메모 보는 대로 답신을 줘. 샤오장.

메모3: 아메이, 피하는 것은 결코 방법이 아니야, 너에 대한 나의 사랑은 변치 않아. 샤오장.

메모4: 아메이, 네가 없으면 난 아무런 의미가 없어. 네가 없음, 난 미쳐버리고 말거야! 기다릴게. 샤오장

메모5: 샤오장, 기숙사 방을 잘못 찾았어요. 당신이 미쳐버리기 전에 아메이를 만나길 바랍니다. 거주자.

남학생 / 男学生 / 男生

남학생	뜻	참고사항
한	男學生	남학생	
중	男生 nánshēng		(유) 男学生 nánxuéshēng

예문
- 我们班**男生**占三分之一。 우리반은 남학생이 3분의 1을 차지한다.
  Wǒmen bān nánshēng zhàn sān fēnzhī yī.
- 我们班**男生**比女生多得多。 우리 반에는 남학생이 여학생보다 훨씬 더 많다.
  Wǒmen bān nánshēng bǐ nǚshēng duō de duō.

유머 한 토막

🟢 抬头挺胸 Táitóu tíngxiōng (고개를 들고 가슴을 펴라)

妈妈: 你有什么不开心的事情吗?
Māma: Nǐ yǒu shénme bù kāixīn de shìqing ma?

女儿: 妈咪，我太伤心了!
Nǚ'ér: Māmī, wǒ tài shāngxīn le!

妈妈: 又有什么事?
Māma: Yòu yǒu shénme shì?

女儿: 有个小伙子调戏我!
Nǚ'ér: Yǒu ge xiǎohuozi tiáoxì wǒ!

妈妈: 怎么了?
Māma: Zěnme le?

女儿: 我刚才从他身边走过去，他对我说: "小兄弟，是**男生**就应该抬头挺胸!"
Nǚ'ér: Wǒ gāngcái cóng tā shēnbiān zǒu guòqu, tā duì wǒ shuō: 'Xiǎo xiōngdi, shì nánshēng jiù yīnggāi táitóu tíngxiōng!'

어휘

抬头 tái//tóu 〔동〕 머리를 들다. 고개를 들다
挺胸 tǐng//xiōng 〔동〕 가슴을 펴다. 가슴을 쭉 내밀다
妈咪 māmī 〔명〕 마미. 엄마
伤心 shāngxīn 4|〔형〕 상심하다. 슬퍼하다. 속상하다
调戏 tiáoxì 〔동〕 (부녀자를) 희롱하다
小兄弟 xiǎoxiōngdi 〔명〕 어린 동생

고개를 들고 가슴을 펴라

엄마: 무슨 언짢은 일이라도 있었어?
딸: 엄마, 나 너무 속상해!
엄마: 또 무슨 일이야?
딸: 어떤 녀석이 나를 희롱했어요!

엄마: 뭐라고?
딸: 내가 아까 그놈 옆을 지나치는데, 나한테 "어린 동생, 남학생은 고개를 들고 가슴을 펴야 하는 거야."라고 그러잖아.

도박장 赌博场 / 赌场

도박장	뜻	참고사항
한 赌博场	도박장. 노름판	
중 赌场 dǔchǎng		(유) 赌博场 dǔbóchǎng

예문
- 卡西诺是合法**赌场**。 카지노는 합법적인 도박장이다.
  Kǎxīnuò shì héfǎ dǔchǎng.

- 他在**赌场**输了很多钱。 그는 도박장에서 많은 돈을 잃었다.
  Tā zài dǔchǎng shū le hěn duō qián.

유머 한 토막

合法继承人 Héfǎ jìchéngrén (합법 상속인)

妻子: 你最近动不动就往**赌场**跑，我再无法忍受你，我们离婚吧。
Qīzi: Nǐ zuìjìn dòngbudòng jiù wǎng dǔchǎng pǎo, wǒ zài wúfǎ rěnshòu nǐ, wǒmen líhūn ba.

丈夫: 别这样，再给我一次机会吧！下次不敢了。
Zhàngfu: Bié zhèyàng, zài gěi wǒ yí cì jīhuì ba! Xiàcì bù gǎn le.

妻子: 狗改不了吃屎。
Qīzi: Gǒu gǎi bu liǎo chīshǐ.

丈夫: 那你当初怎么要跟我结婚？
Zhàngfu: Nà nǐ dāngchū zěnme yào gēn wǒ jiéhūn?

妻子: 你不是说我要是不嫁给你，你就去死吗？
Qīzi: Nǐ bú shì shuō wǒ yàoshi bú jiàgěi nǐ, nǐ jiù qù sǐ ma?

丈夫: 当时我死了不更好？
Zhàngfu: Dāngshí wǒ sǐ le bú gèng hǎo?

妻子: 可当时我还没成为你遗产的合法继承人呢！
Qīzi: Kě dāngshí wǒ hái méi chéngwéi nǐ yíchǎn de héfǎ jìchéngrén ne!

어휘

继承人 jìchéngrén 명 상속인. 상속자. 계승자
屎 shǐ 명 똥. 대변
当初 dāngchū ⑥ 명 당초. 처음. 이전. 예전
当时 dāngshí ④ 명 당시. 그때

합법 상속인

아내: 당신 요즘 걸핏하면 도박장에 가니, 이제 더는 당신을 못 참겠어요, 우리 그만 이혼해요.
남편: 그러지 말고, 다시 한 번 기회를 줘요! 다시는 안 그럴 테니.
아내: 제 버릇 개 못 준댔어요. (←개는 똥 먹는 습관을 고칠 수 없다)

남편: 그럼 당신은 애초에 왜 나와 결혼하려 했지?
아내: 내가 당신과 결혼하지 않으면 가서 죽어버리겠다고 하지 않았어요?
남편: 그때 내가 죽었으면 더 좋지 않겠소?
아내: 그러나 당시에는 내가 당신 유산의 합법적인 상속인이 아니었으니까요.

도주범		뜻	참고사항
한	逃走犯	도주범. 탈주범	
중	逃犯 táofàn		

예문
- 那个逃犯还没抓住。 그 도주범은 아직 잡히지 않았다.
  Nà ge táofàn hái méi zhuāzhù.

- 警察在逃犯可能逃走的道路入口设置了路障。
  Jǐngchá zài táofàn kěnéng táozǒu de dàolù rùkǒu shèzhì le lùzhàng.
  경찰은 도주할 가능성이 있는 도로 입구에 바리케이트를 설치했다.

유머 한 토막

 白桃与白逃 Báitáo yǔ bái táo (흰 복숭아와 헛된 도주)

一名囚犯整天想着如何越狱，什么时机最好。
Yì míng qiúfàn zhěngtiān xiǎngzhe rúhé yuèyù, shénme shíjī zuì hǎo.

这天，所有的囚犯在农场干活，他无意中捡到一个桃子，认定是上天暗示他"逃"！于是他趁着周围人不注意逃走了，没过多久，那个逃犯又被抓住了。
Zhè tiān, suǒyǒu de qiúfàn zài nóngchǎng gànhuó, tā wúyìzhōng jiǎndào yí ge táozi, rèndìng shì shàngtiān ànshì tā 'táo'! Yúshì tā chěnzhe zhōuwéirén bú zhùyì táozǒu le, méi guò duō jiǔ, nà ge táofàn yòu bèi zhuāzhù le.

警察: 为什么越狱？
Jǐngchá: Wèi shénme yuèyù?

逃犯: 我捡到一个桃子，以为上天暗示我逃，所以就……
Táofàn: Wǒ jiǎndào yí ge táozi, yǐwéi shàngtiān ànshì wǒ táo, suǒyǐ jiù...

警察: 那为什么又被抓回来了？
Jǐngchá: Nà wèishénem yòu bèi zhuā huílai le?

逃犯: 一时大意，没注意到那桃子的颜色是白色！
Táofàn: Yìshí dàyì, méi zhùyìdào nà táozi de yánsè shì báisè!

어휘

囚犯 qiúfàn 명 재소자. 수감된 죄인. 수인
罪犯 zuìfàn 명 범인. 죄인
整天 zhěngtiān 명 온종일. 하루 종일
越狱 yuè//yù 동 감옥을 탈출하다. 탈옥하다
时机 shíjī 6 명 때. 시기. 기회

干活 gàn//huó 6 동 일을 하다
无意中 wúyìzhōng 부 무의식중에. 무심코
捡 jiǎn 5 동 줍다. 습득하다
逃走 táozǒu 동 도주하다

흰복숭아와 헛된 도주

수감된 재소자 한 명이 어떻게 탈옥할 것이며, 어느 때가 가장 좋을지를 생각하고 있었다.

이날 모든 죄수들이 농장에서 일을 하는 중에, 그가 무심코 복숭아 한 개를 주웠는데, 하늘이 그에게 '도주'를 암시한다고 굳게 믿었다. 그리하여 그는 주변사람들이 부주의한 틈을 타서 도주했으나 오래 지나지 않아, 그 도주범은 다시 붙잡히게 되었다.

경찰: 왜 탈옥을 했지?
도주범: 복숭아를 하나 주웠는데, 하늘이 나에게 도주를 암시하는 것으로 생각하고 그랬습니다.
경찰: 그럼 왜 다시 붙잡혀 돌아오게 되었지?
도주범: 잠시 소홀하여, 그 복숭아 색깔이 백색이란 데 주목하지 못한 겁니다!

모국어		뜻	참고사항
한	母國語	모국어	
중	6 母语 mǔyǔ		

- 学好母语都要花很大力气，何况一种外语呢。
  Xuéhǎo mǔyǔ dōu yào huā hěn dà lìqi, hékuàng yì zhǒng wàiyǔ ne.
  모국어를 잘 배우는 데도 많은 노력을 기울여야 하는데, 하물며 외국어야.

- 汉语水平考试(HSK)是专为测试母语非汉语者的汉语水平而设立的国家级标准化考试。
  Hànyǔ Shuǐpíng Kǎoshì shì zhuān wéi cèshì mǔyǔ fēi Hànyǔ zhě de Hànyǔ shuǐpíng ér shèlì de guójiājí biāozhǔnhuà kǎoshì.
  한어수평고시(HSK)는 모국어를 중국어로 하지 않는 사람의 중국어 수준을 전적으로 평가하기 위해 설립된 국가급 표준화고시이다.

유머 한 토막

 会说外语的猫 Huì shuō wàiyǔ de māo (외국어를 할 줄 아는 고양이)

有一天，主人买来了一只外国猫，那只猫天天在老鼠洞口蹲着，住在里面的老鼠们很害怕。
Yǒu yìtiān, zhǔrén mǎi lái le yì zhī wàiguó māo, nà zhī māo tiāntiān zài lǎoshǔ dòngkǒu dūnzhe, zhùzài lǐmian de lǎoshǔmen hěn hàipà.

就开会商量该怎么办，老鼠甲对老鼠乙说："你在这里等着，我先出去看看，如果没事了，我叫你出来。"
Jiù kāihuì shāngliang gāi zěnme bàn, lǎoshǔ jiǎ duì lǎoshǔ yǐ shuō: 'Nǐ zài zhèli děngzhe, wǒ xiān chūqù kànkan, rúguǒ méi shì le, wǒ jiào nǐ chūlai.'

老鼠甲出去不长时间，就听见外面传来很小的声音："快出来吧，没事了。"
Lǎoshǔ jiǎ chūqu bù cháng shíjiān, jiù tīngjiàn wàimian chuánlái hěn xiǎo de shēngyīn: 'Kuài chūlai ba, méi shì le.'

老鼠乙一听，急忙爬了出去，刚出洞口，就被那只外国猫抓住了。猫笑着对老鼠乙说："现在你知道不仅母语，第二语言也很重要了吧？"
Lǎoshǔ yǐ yì tīng, jímáng pá le chūqu, gāng chū dòngkǒu, jiù bèi nà zhī wàiguó māo zhuānzhù le. Māo xiàozhe duì lǎoshǔ yǐ shuō: 'Xiànzài nǐ zhīdao bùjǐn mǔyǔ, dì'èr yǔyán yě hěn zhòngyào le ba?'

어휘

洞口 dòngkǒu 명 구멍 입구. 동굴 입구

急忙 jímáng 5 | 형 급하다. 바쁘다. 분주하다

외국어를 할 줄 아는 고양이

어느 날 주인이 외국 고양이를 한 마리 사왔는데, 그 고양이가 날마다 쥐구멍에 쪼그리고 앉아 있어, 그 안에 사는 쥐들은 몹시 두려워했다.

이 쥐들은 어떻게 해야 할지 회의를 열어 의논하였는데, 갑쥐가 을쥐에게 말했다. "넌 여기서 기다리고 있어, 내가 먼저 나가서 좀 보고, 아무 일 없으면 너를 나오라고 부를게."

갑쥐가 나간 지 오래지 않아, 밖에서 아주 작은 소리가 들려왔다. "빨리 나와, 아무 일 없어."

을쥐가 그 말을 듣고, 서둘러 기어나가, 막 구멍 입구를 빠져나가려는 순간, 그 외국 고양이에게 붙잡히고 말았다. 고양이가 을쥐에게 웃으면서 말했다. "이제 모국어뿐만 아니라, 제2외국어도 아주 중요한 거라는 걸 알겠지?"

모성애 母性爱 母爱

모성애		뜻	참고사항
한	母性愛	모성애	
중	母爱 mǔ'ài		(반) 父爱 fù'ài

예문
- 他在成长过程中所得到的母爱不足。 그는 성장과정에서 받은 모성애가 부족했다.
  Tā zài chéngzhǎng guòchéng zhōng suǒ dédào de mǔ'ài bùzú.

- 她决定领养这个缺少母爱的小孩子。
  Tā juédìng lǐngyǎng zhè ge quēshǎo mǔ'ài de xiǎoháizi.
  그녀는 모성애가 결핍된 이 어린아이를 입양하기로 결정했다.

유머 한 토막

 伟大的母爱 Wěidà de mǔ'ài (위대한 모성애)

小明上学的时候，同学们发现他脸上肿了一大块，就问他是怎么弄的。
Xiǎomíng shàngxué de shíhou, tóngxuémen fāxiàn tā liǎnshang zhǒng le yí dà kuài, jiù wèn tā shì zěnme nòng de.

同学:	你的脸怎么了?
Tóngxué:	Nǐ de liǎn zěnme le?
小明:	没什么。
XiǎoMíng:	Méi shénme.
同学:	跟谁打架了吗?
Tóngxué:	Gēn shéi dǎjià le ma?
小明:	不是! 昨天我和妈妈去公园划船，一只马蜂落在我脸上了。
XiǎoMíng:	Bú shì! Zuótiān wǒ hé māma qù gōngyuán huáchuán, yì zhī mǎfēng luòzài wǒ liǎnshang le.
同学:	那你把它赶走，不就行了?
Tóngxué:	Nà nǐ bǎ tā gǎnzǒu, bú jiù xíngle?
小明:	我还没来得及赶走它，我妈就用桨把它拍死了!
XiǎoMíng:	Wǒ hái méi láidejí gǎnzǒu tā, wǒ mā jiù yòng jiǎng bǎ tā pāisǐ le!
同学:	真了不起! 哦, 伟大的妈妈, 伟大的母爱!
Tóngxué:	Zhēn liǎobuqǐ! Ō, wěidà de māma, wěidà de mǔ'ài!

 어휘

发现 fāxiàn ③ | 동 발견하다, 알아차리다
块 kuài ① | 명 조각, 덩어리
划船 huá//chuán ⑤ | 배를 젓다, 보트를 젓다
马蜂 mǎfēng | 명 말벌, 호박벌
落 luò | 동 내리다, 떨어지다, 하강하다
赶走 gǎnzǒu | 동 내쫓다, 쫓아내다, 몰아내다
不就行了 bú jiù xíng le ~하면 되잖아!

来得及 láidejí ④ 아직 시간이 있다, 늦지 않다, 손 쓸 틈이 있다
桨 jiǎng ⑥ | 명 (배의) 노
拍 pāi ⑤ | 동 때리다, 치다, 두드리다
了不起 liǎobuqǐ ⑤ | 형 대단하다, 굉장하다, 뛰어나다

위대한 모성애

샤오밍이 등교할 때, 친구들이 그의 얼굴이 크게 부어 있는 것을 발견하고, 그에게 어찌 된 일인지 물었다.

반 친구: 너 얼굴이 왜 그래?
샤오밍: 별거 아니야.
반 친구: 누구와 싸운 거야?
샤오밍: 아니야! 어제 나는 엄마와 공원에 가서 보트 놀이를 했는데, 말벌 한 마리가 내 얼굴 위에 내려앉았어.
반 친구: 그럼 그걸 쫓아버리면 되잖아!
샤오밍: 내가 그걸 쫓아낼 틈도 없이, 엄마가 노로 벌을 때려 죽여 버렸어!
반 친구: 정말 대단하시다! 오, 위대한 엄마여, 위대한 모성애여!

무도회		뜻	참고사항
한	舞蹈會	무도회. 춤 파티	
중	舞会 wǔhuì		

예문
- 舞会结束以后，周围一下子变得十分安静。
  Wǔhuì jiéshù yǐhòu, zhōuwéi yíxiàzi biàn de shífēn ānjìng.
  무도회가 끝나자, 주위는 일시에 매우 조용해졌다.

- 周末晚上我们这儿有迪斯科舞会，欢迎你来参加。
  Zhōumò wǎnshang wǒmen zhèr yǒu dísīkē wǔhuì, huānyíng nǐ lái cānjiā.
  주말 저녁에 우리 여기에서 디스코 파티가 있으니, 당신의 참가를 환영합니다.

유머 한 토막

 面具 Miànjù (가면)

妻子: 亲爱的，你能给参谋一下吗?
Qīzi: Qīn'ài de, nǐ néng gěi cānmóu yíxià ma?

丈夫: 什么事儿？尽管说。
Zhàngfu: Shénme shìr? Jǐnguǎn shuō.

妻子: 这次假面舞会我戴哪种面具好，你给我出出主意。
Qīzi: Zhècì jiǎmiàn wǔhuì wǒ dài nǎ zhǒng miànjù hǎo, nǐ gěi wǒ chūchu zhǔyi.

丈夫: 这么简单的问题还想什么！
Zhàngfu: Zhème jiǎndān de wèntí hái xiǎng shénme!

妻子: 什么？你说是简单的问题？
Qīzi: Shénme? Nǐ shuō shì jiǎndān de wèntí?

丈夫: 你不用戴假发，不要化妆，不要画眉毛，不要涂唇膏，这样不就行了吗？
Zhàngfu: Nǐ bú yòng dài jiǎfà, búyào huàzhuāng, búyào huà méimao, búyào tú chúngāo, zhèyàng bú jiù xíng le ma?

妻子: 你说什么？
Qīzi: Nǐ shuō shénme?

丈夫: 只要这样，别人一定认不出你！
Zhàngfu: Zhǐyào zhèyàng, biéren yídìng rèn bu chū nǐ!

어휘

面具 miànjù 명 가면. 탈
参谋 cānmóu 6|동|명 의견을 내다. 조언하다; 참모
戴 dài 4|동 착용하다. 쓰다. 끼다. 차다
主意 zhǔyi 4|명 아이디어. 생각
化妆 huà//zhuāng 6 화장을 하다
眉毛 méimao 5|명 눈썹
涂 tú 동 바르다. 칠하다
唇膏 chúngāo 명 립스틱

가면

아내: 여보, 나한테 조언 좀 해줄 수 있죠?
남편: 무슨 일인데? 얼마든지 말해봐.
아내: 이번 가면무도회에서 난 어떤 가면을 쓰는 게 좋을지, 당신 생각을 말해줘요.
남편: 이렇게 간단한 문제를 생각할 게 뭐 있어!
아내: 뭐라고요? 간단한 문제라고요?
남편: 가발 쓰지 말고, 화장하지 말고, 눈썹 그리지 말고, 립스틱도 바르지 말아요. 이렇게 하면 되지 않겠어?
아내: 당신 무슨 말을 하는 거예요?
남편: 그렇게만 하면, 다른 사람들은 틀림없이 당신을 알아보지 못할 테니까!

무용극 舞踊劇 舞剧

	무용극	뜻	참고사항
한	舞踊劇	무용극	
중	舞剧 wǔjù		

예문
- 京剧不是歌剧，不是话剧，也不是舞剧。
  Jīngjù bú shì gējù, bú shì huàjù, yě bú shì wǔjù.
  경극은 가극도 아니고, 연극도 아니고, 무용극도 아니다.

- 那个芭蕾舞剧好极了。 그 발레 무용극 매우 좋다.
  Nà ge bālěi wǔjù hǎo jíle.

유머 한 토막

 牛肉拉面 Niúròu lāmiàn (소고기 국수)

和同事到小饭馆吃牛肉拉面。
Hé tóngshì dào xiǎo fànguǎn chī niúròu lāmiàn.

面很快上来了，可我们找来找去没有看到一块牛肉。心里很不爽，但忍了忍没说话。同事气不过，把老板叫过来，指着碗问：
Miàn hěn kuài shànglái le, kě wǒmen zhǎolái zhǎoqù méiyǒu kàndao yí kuài niúròu. Xīnli hěn bù shuǎng, dàn rěn le rěn méi shuōhuà. Tóngshì qìbuguò, bǎ lǎobǎn jiào guòlai, zhǐzhe wǎn wèn:

同事: 牛肉拉面怎么没有牛肉？
Tóngshì: Niúròu lāmiàn zěnme méiyǒu niúròu?

老板: 舞剧里有舞蹈，歌剧里有歌儿，但是我看一切不见得。难道你还指望从麻婆豆腐里吃出个老婆儿吗？
Lǎobǎn: Wǔjù li yǒu wǔdào, gējù li yǒu gēr, dànshì wǒ kàn yíqiè bújiàndé. Nándào nǐ hái zhǐwàng cóng mápó dòufu li chīchū ge lǎopór ma?

어휘

拉面 lāmiàn 명 국수
爽 shuǎng 형 맑다. 밝다. 편안하다. 안락하다. 상쾌하다
气不过 qìbuguò 화가 나서 견딜 수 없다
老板 lǎobǎn 5 | 명 주인. 사장
讲理 jiǎng//lǐ 동 이치를 따지다. 시비를 가리다

难道 nándào 4 | 부 설마 ~하겠는가. 설마 ~것은 아니겠죠?
指望 zhǐwang 6 | 동 바라다. 기대하다. 희망하다. 소망하다
麻婆豆腐 mápó dòufu 명 마파두부
老婆儿 lǎopór 명 노파. 할멈

소고기 국수

직장 동료와 식당에 가서 소고기 국수를 먹기로 결정했다.
면은 아주 빨리 나왔지만, 이리저리 찾아봐도 소고기라고는 한 점도 보이지 않았다. 불쾌하였지만, 나는 참고 참으며 아무 말도 하지 않았다. 동료가 화를 견딜 수 없어, 사장을 불러, 그릇을 가리키며 물었다.

동료: 소고기 국수에 왜 소고기가 없는 거죠?
사장: 무용극에는 무용이 있고, 가극에는 노래가 있지만, 모든 게 반드시 그렇지는 않다고 생각해요. 설마 마파두부에서 할머니를 먹게 되길 바라지는 않겠지요?

방문객 访问客 访客

방문객		뜻	참고사항
한	訪問客	방문객. 내방객	
중	访客 fǎngkè		

예문
- 他把访客领进会客室。 그는 방문객을 면회실로 안내했다.
  Tā bǎ fǎngkè lǐngjìn huìkèshì.

- 这个网站的每天平均访客达1万人。 이 사이트의 하루 평균 방문객 수는 1만 명에 달한다.
  Zhè ge wǎngzhàn de měitiān píngjūn fǎngkè dá yī wàn rén.

유머 한 토막

 乞丐与吝啬鬼 Qǐgài yǔ lìnsèguǐ (거지와 자린고비)

乞丐: 请给一小块肥肉或者几块糕点。
Qǐgài: Qǐng gěi yì xiǎo kuài féiròu huòzhě jǐ kuài gāodiǎn.

吝啬鬼: 没有!
Lìnsèguǐ: Méiyǒu!

乞丐: 面包屑也行,可怜可怜我这个访客吧!
Qǐgài: Miànbāo xiè yě xíng, kělián kělián wǒ zhè ge fǎngkè ba!

吝啬鬼: 没有。
Lìnsèguǐ: Méiyǒu.

乞丐: 那就给口水喝吧!我已经两天没吃东西了。
Qǐgài: Nà jiù gěi kǒu shuǐ hē ba! Wǒ yǐjing liǎng tiān méi chī dōngxi le.

吝啬鬼: 我们这儿连水也没有了。
Lìnsèguǐ: Wǒmen zhèr lián shuǐ yě méiyǒu le.

乞丐: 那你为什么还坐在家里?快跟我一起要饭去!
Qǐgài: Nà nǐ wèishénme hái zuò zài jiā li? Kuài gēn wǒ yìqǐ yào fàn qù!

어휘

乞丐 qǐgài ⑥ | 명 거지. 비렁뱅이
吝啬鬼 lìnsèguǐ 명 구두쇠. 자린고비
肥肉 féiròu 명 기름진 고기
糕点 gāodiǎn 명 떡. 케이크. 과자

屑 xiè ⑥ | 명 부스러기. 찌꺼기
要饭 yào//fàn 동 밥을 구걸하다. 동냥을 하다. 걸식을 하다

거지와 자린고비

거지: 작은 고깃덩어리나 떡 몇 조각 주십시오.
자린고비: 없어!
거지: 빵부스러기라도 괜찮으니, 이 방문객을 불쌍히 여기시고!
자린고비: 없어.

거지: 그럼 물 한 모금 마시게 주세요! 벌써 이틀 동안 아무 것도 못 먹었어요.
자린고비: 여긴 이젠 물도 없다니까!
거지: 그럼 당신은 왜 여태 집에 앉아 있는 거요? 어서 나와 함께 구걸하러 가야지!

	배우자	뜻	참고사항
한	配偶者	배우자. 배필	
중	⑥ 配偶 pèi'ǒu		(유) ⑥ 伴侣 bànlǚ, 老伴 lǎobàn

예문
- 谁都愿意找到理想的配偶。 누구나 이상적인 배우자를 찾기를 원한다.
  Shéi dōu yuànyì zhǎodào lǐxiǎng de pèi'ǒu.

- 你心中理想的配偶是什么样的人? 당신 마음속 이상적인 배우자는 어떤 사람입니까?
  Nǐ xīnzhōng lǐxiǎng de pèi'ǒu shì shénme yàng de rén?

유머 한 토막

 你的配偶 Nǐ de pèi'ǒu (당신의 배우자)

一对夫妻吵架，都说自己强。
Yí duì fūqī chǎojià, dōu shuō zìjǐ qiáng.

丈夫: 我在各方面都比你强，是不是?
Zhàngfu: Wǒ zài gè fāngmiàn dōu bǐ nǐ qiáng, shì bu shì?

妻子: 你也太不自量力了!
Qīzi: Nǐ yě tài búzì liànglì le!

丈夫: 不自量力?
Zhàngfu: Búzì lìliàng?

妻子: 对! 你有钱? 还是有学问? 还是长得帅?
Qīzi: Duì! Nǐ yǒu qián? Háishì yǒu xuéwèn? Háishì zhǎng de shuài?

丈夫: 你有什么拿得出手的吗? 但是你有一点比我强!
Zhàngfu: Nǐ yǒu shénme ná de chū shǒu de ma? Dànshì nǐ yǒu yì diǎn bǐ wǒ qiáng!

妻子: 哪一点?
Qīzi: Nǎ yì diǎn?

丈夫: 你的配偶比我的强多了!
Zhàngfu: Nǐ de pèi'ǒu bǐ wǒ de qiáng duō le!

夫妻 fūqī 명 부부
强 qiáng 형 좋다. 낫다. 우월하다. 훌륭하다
不自量力 búzì liànglì 자신을 과대평가하다. 자기 주제파악을 못하다.
帅 shuài 4 형 멋지다. 스마트하다
拿出手 ná chū shǒu 동 내세우다

당신의 배우자

한 부부가 모두 자기가 더 잘났다며 싸운다.

남편: 내가 모든 면에서 당신보다야 더 낫지, 안 그래?
아내: 참 주제파악도 못하시는군!
남편: 주제파악을 못한다고?
아내: 맞아요! 당신, 돈 있어요? 아니면 학벌이 좋아요, 잘 생겼어요?
남편: 그러는 당신은 내세울 만한 게 뭐 있기나 해? 하기사 유일하게 나보다 나은 게 하나 있긴 하지!
아내: 그게 뭔데요?
남편: 당신의 배우자가 내 배우자보다 훨씬 낫다는 거!

분실물 纷失物 失物

분실물		뜻	참고사항
한	纷失物	분실물. 유실물	
중	失物 shīwù		

예문
- 他还没找到失物。 그는 분실물을 아직 찾지 못했다.
  Tā hái méi zhǎodào shīwù.

- 请问，失物招领处在哪儿？ 말씀 좀 여쭙겠는데, 분실물 보관소가 어디죠?
  Qǐngwèn, shīwù zhāolǐngchù zài nǎr?

유머 한 토막

 婚前婚后 Hūnqián hūnhòu (결혼 전 결혼 후)

妻子: 结婚前你不是一直叫我天使吗?
Qīzi: Jiéhūn qián nǐ bú shì yìzhí jiào wǒ tiānshǐ ma?

丈夫: 是的。当时我觉得好像找到了我珍贵的失物。
Zhàngfu: Shì de. Dāngshí wǒ juéde hǎoxiàng zhǎodào le wǒ zhēnguì de shīwù.

妻子: 那为什么你现在不这样叫了呢?
Qīzi: Nà wèishénme nǐ xiànzài bú zhèyàng jiào le ne?

丈夫: 啊, 亲爱的, 其实你应该高兴才是。
Zhàngfu: A, qīn'ài de, qíshí nǐ yīnggāi gāoxìng cái shì.

妻子: 我怎么应该高兴呢?
Qīzi: Wǒ zěnme yīnggāi gāoxìng ne?

丈夫: 你爱的老公, 头脑现在才恢复正常嘛!
Zhàngfu: Nǐ ài de lǎogōng, tóunǎo xiànzài cái huīfù zhèngcháng ma!

어휘

好像 hǎoxiàng　4│부　마치 ~같다

珍贵 zhěnguì　6│형　진귀하다, 귀중하다

결혼 전 결혼 후

아내: 결혼 전에 당신은 줄곧 나를 천사라 부르지 않았나요?
남편: 그랬었지. 그땐 내가 마치 잃어버린 귀중한 분실물을 찾아낸 것 같았으니까.
아내: 그런데 왜 지금은 이렇게 부르지 않아요?
남편: 아, 여보, 사실 당신은 기뻐해야 해요.
아내: 내가 왜 기뻐해야 하죠?
남편: 당신이 사랑하는 남편의 머리가 이제 비로소 정상으로 돌아온 거잖아!

분위기　氛围气　氛围

	분위기	뜻	참고사항
한	雰圍氣	분위기	
중	氛围 fēnwéi		(유) 5 气氛 qìfēn

예문

• 观众太少, 赛场的氛围冷清得很。　관중이 너무 적어, 경기장 분위기가 몹시 썰렁하다.
　Guānzhòng tài shǎo, sàichǎng de fēnwéi lěngqīng de hěn.

• 下星期就要到中秋节了, 可是根本没感觉到佳节的氛围。
　Xiàxīngqī jiùyào dào Zhōngqiū Jié le, kěshì gēnběn méi gǎnjué dào jiājié de fēnwéi.
　다음 주면 바로 추석인데도, 전혀 명절 분위기를 느낄 수가 없다.

유머한 토막

 最后的镜头 Zuìhòu de jìngtóu (마지막 신)

演员: 这里的氛围怎么忽然阴郁了起来? 这次拍摄什么镜头?
Yǎnyuán: Zhèle de fēnwéi zěnme hūrán yīnyù le qǐlai? Zhècì pāishè shénme jìngtóu?

导演: 你应该从这座悬崖上跳下去。
Dǎoyǎn: Nǐ yīnggāi cóng zhè zuò xuányá shang tiào xiàqu.

演员: 可下边是深水啊!
Yǎnyuán: Kě xiàbiān shì shēnshuǐ a!

导演: 对。有什么问题吗?
Dǎoyǎn: Duì. Yǒu shénme wèntí ma?

演员: 怎么不用替身演员?
Yǎnyuán: Zěnme bú yòng tìshēn yǎnyuán?

导演: 你放心好了, 这是整部片子的最后一个镜头。
Dǎoyǎn: Nǐ fàngxīn hǎo le, zhè shì zhěng bù piànzi de zuìhòu yí ge jìngtóu.

###

镜头 jìngtóu 6 | 명 장면. 신(scene)
阴郁 yīnyù 형 (분위기가) 음울하다. 음침하다. 무겁고 답답하다
拍摄 pāishè 동 찍다. 촬영하다

悬崖 xuányá 명 벼랑. 낭떠러지
替身演员 tìshēn yǎnyuán 명 스턴트맨
整部 zhěngbù 명 전부
片子 piānzi 명 영화

마지막 신

배우: 이곳 분위기가 왜 갑자기 무거워졌죠? 이번엔 무슨 신을 찍나요?
감독: 이 벼랑에서 뛰어내려야 해요.
배우: 아래는 깊은 물인데!
감독: 맞아요. 무슨 문제라도 있나요?
배우: 어떻게 스턴트맨을 안 쓰죠?
감독: 염려할 것 없어요. 이건 영화 전체 중의 마지막 신이니까.

비행기 飞行机 飞机

	비행기	뜻	참고사항
한	飛行機	비행기	
중	① 飞机 fēijī		

 예문

- 从这儿到北京坐飞机要坐多长时间? 여기서 베이징까지 비행기로 얼마나 걸립니까?
  Cóng zhèr dào Běijīng zuò fēijī yào zuò duō cháng shíjiān?

- 今天早上雾下得太大, 飞机不能起飞。
  Jīntiān zǎoshang wù xià de tài dà, fēijī bù néng qǐfēi.
  오늘 아침에는 안개가 너무 짙어, 비행기가 이륙할 수가 없다.

유머 한 토막

😀 口香糖的效用 Kǒuxiāngtáng de xiàoyòng (껌의 효용)

飞机起飞后, 空中小姐发给每旅客几块口香糖。
Fēijī qǐfēi hòu, kōngzhōng xiǎojie fāgěi měi lǚkè jǐ kuài kǒuxiāngtáng.

乘客: 这口香糖是干什么用的?
Chéngkè: Zhè kǒuxiāngtáng shì gàn shénme yòng de?

空姐: 防止你的耳朵嗡嗡响。
Kōngjiě: Fángzhǐ nǐ de ěrduo wēngwēng xiǎng.

乘客: 啊, 原来如此。我不知道口香糖还能这么用。谢谢!
Chéngkè: Ā, yuánlái rúcǐ. Wǒ bù zhīdào kǒuxiāngtáng hái néng zhème yòng. Xièxie!

飞机着陆后, 那位乘客对空中小姐说:
Fēijī zhóuluò hòu, nà wèi chéngkè duì kōngzhōng xiǎojie shuō:

乘客: Chéngkè:	这口香糖真管事！ Zhè kǒuxiāngtáng zhēn guǎnshì!
空姐: Kōngjiě:	那就好！ Nà jiù hǎo!
乘客: Chéngkè:	不过，麻烦你，你能帮我把它从耳朵里取出来吗？ Búguò, máfan nǐ, nǐ néng bāng wǒ bǎ tā cóng ěrduo li qǔ chūlai ma?

어휘

口香糖 kǒuxiāngtáng 명 껌
起飞 qǐfēi 4 동 이륙하다
管事 guǎnshì 형 유용하다. 쓸모가 있다
取 qǔ 4 동 취하다. 빼다. 손에 넣다

껌의 효용

비행기가 이륙한 후에, 스튜어디스가 모든 승객에게 껌을 몇 개씩 나눠주었다.

승객: 이 껌은 뭐하는 데 쓰는 거죠?
스튜어디스: 귀가 웅웅거리는 것을 방지하기 위해서예요.
승객: 아, 그런 거군요. 껌이 이렇게도 쓰이는지 몰랐네요. 감사해요!

비행기가 착륙 후, 그 승객이 스튜어디스에게 말했다.

승객: 이 껌 정말 쓸모 있더군요!
스튜어디스: 그렇다면 다행이예요.
승객: 그런데 귀찮겠지만, 이걸 귀에서 좀 빼줄래요?

비행선		뜻	참고사항
한	飛行船	비행선. 우주선. 우주비행선	
중	飞船 fēichuán		(유) 飞艇 fēitǐng, 太空船 tàikōngchuán, 宇宙飞船 yǔzhòu fēichuán

예문
- 全世界的电视观众都在收看宇宙飞船返航的实况。
  Quán shìjiè de diànshì guānzhòng dōu zài shōukàn yǔzhòu fēichuán fǎnháng de shíkuàng.
  전 세계 TV시청자 모두가 우주선의 귀항 실황을 시청하고 있다.

- 宇航员在飞船上看地球的时候，唯一能用眼睛看到的构筑物就是万里长城。
  Yǔhángyuán zài fēichuán shang kàn dìqiú de shíhou, wéiyī néng yòng yǎnjing kàndào de gòuzhùwù jiù shì Wànlǐ chángchéng.
  우주비행사가 비행선에서 지구를 볼 때, 유일하게 육안으로 볼 수 있는 구조물이 바로 만리장성이다.

유머 한 토막

登上太阳的办法 Dēngshàng tàiyáng bànfǎ (태양에 오르는 방법)

儿子: 妈妈，历史上第一个乘宇宙飞船上月球的是谁来着？
érzi: Māma, lìshǐ shang dì yī ge chéng yǔzhòu fēichuán shàng yuèqiú de shì shéi láizhe?

妈妈: 是美国人阿姆斯特郎。
Māma: Shì Měiguórén Āmǔshītèláng.

儿子: 那谁能第一个登上太阳？
érzi: Nà shéi néng dìyī ge dēngshàng tàiyáng?

妈妈: 那是绝对不可能的。
Māma: Nà shì juéduì bù kěnéng de.

儿子: 为什么？
érzi: Wèi shénme?

妈妈: 傻瓜，太阳太烫了，会把人烧死的。
Māma: Shǎguā, tàiyáng tài tàng le, huì bǎ rén shāosǐ de.

儿子: 你才是傻瓜呢，在夜里上去不就行了？
érzi: Nǐ cái shì shǎguā ne, zài yèli shàngqù bú jiù xíngle?

어휘

登 dēng 동 오르다. 올라가다
办法 bànfǎ 3 명 방법
月球 yuèqiú 명 달
来着 láizhe 조 (모르거나 잊어버린 일이나 사람을 물을 때) ~이었지요?

阿姆斯特郎 Āmǔshītèláng 인명 암스트롱
烫 tàng 5 형 동 뜨겁다; 데우다
烧 shāo 동 태우다
才 cái 3 부 ~이야말로, 정말
夜里 yèli 명 밤. 밤중

태양에 오르는 방법

아들: 엄마, 역사상 첫 번째로 우주비행선을 타고 달에 오른 사람이 누구였죠?
엄마: 그건 미국인 암스트롱이란다.
아들: 그럼 누가 첫 번째로 태양에 올라갈 수 있을까요?
엄마: 그건 절대 불가능해.
아들: 왜요?
엄마: 바보 같으니라고! 태양은 너무 뜨거워서 사람이 타죽을 거야.
아들: 엄마야말로 바보예요, 저녁에 올라가면 되잖아요?

삽입곡 插入曲 插曲

삽입곡		뜻	참고사항
한	插入曲		
중	插曲 chāqǔ	① 삽입곡. 간주곡. (영화. 연극의) 주제가	
		② 에피소드	(유)插话 chāhuà, 意外事件 yìwài shìjiàn

예문

① 삽입곡. 간주곡. 주제가

- 那个电影的**插曲**风行一时。 이 영화의 삽입곡은 한 때 크게 유행했다.
  Nà ge diànyǐng de chāqǔ fēngxíng yìshí.

- 剧中的主题歌和全部**插曲**由他包办。 극중의 주제가와 모든 삽입곡은 그가 도맡아 한다.
  Jùzhōng de zhǔtígē hé quánbù chāqǔ yóu tā bāobàn.

② 에피소드. 해프닝

- 这是很有趣的**插曲**之一。 이건 아주 재미있는 에피소드 중 하나이다.
  Zhè shì hěn yǒuqù de chāqǔ zhī yī.

- 我来给你们讲讲中国旅游中的一个**插曲**。
  Wǒ lái gěi nǐmen jiǎngjiang Zhōngguó lǚyóu zhōng de yí ge chāqǔ.
  내가 여러분들에게 중국여행 중의 에피소드를 하나 소개하겠다.

유머 한 토막

 五音不全 Wǔyīn bùquán (음치)

同屋1:	这是什么歌儿?
Tóngwū1:	Zhè shì shénme gēr?
同屋2:	这一部影片的**插曲**，你不知道吗?
Tóngwū2:	Zhè yí bù yǐngpiàn de chāqǔ, nǐ bù zhīdao ma?
同屋1:	对啦！我想起来了！怪不得好像在哪儿听过好多次。
Tóngwū1:	Duì la! Wǒ xiǎng qǐlai le! Guàibude hǎoxiàng zài nǎr tīngguo hǎoduō cì.

同屋2:	最近最流行的歌儿嘛！
Tóngwū2:	Zuìjìn zuì liúxíng de gēr ma!

同屋1:	不管怎样，不要唱了好吗？
Tóngwū1:	Bùguǎn zěnyàng, búyào chàng le hǎo ma?

同屋2:	为什么？难听吗？
Tóngwū2:	Wèishénme? Nántīng ma?

同屋1:	你难道不知道自己五音不全吗？你唱歌就是噪音污染。
Tóngwū1:	Nǐ nándào bù zhīdao zìjǐ wǔyīn bùquán ma? Nǐ chàng gē jiù shì zàoyīn wūrǎn.

同屋2:	对不起？我没意识到。
Tóngwū2:	Duìbuqǐ, wǒ méi yìshídào.

어휘

五音不全 wǔyīn bùquán 오음이 온전치 못하다. 음치이다
同屋 tóngwū 명 룸메이트
难听 nántīng 형 듣기 싫다. 귀에 거슬리다
噪音 zàoyīn 6 명 소음
污染 wūrǎn 4 | 동 오염되다. 오염시키다
意识 yìshí 6 | 동 명 의식하다. 깨닫다. 느끼다; 의식

음치

룸메이트1: 이게 무슨 노래지?
룸메이트2: 이거 영화 삽입곡인데, 몰라?
룸메이트1: 맞아, 생각났어! 어쩐지 어디서 많이 들어 봤다 했지.
룸메이트2: 요즘 한창 유행하는 노래잖아!

룸메이트1: 그나저나 그만 불렀으면 좋겠는데?
룸메이트2: 왜? 듣기 싫어?
룸메이트1: 너 설마 네가 음치라는 걸 모르는 건 아니겠지? 네가 노래하면 소음공해야.
룸메이트2: 미안해, 난 그런 줄 몰랐어.

상대방 相对方 对方

상대방	뜻	참고사항
한 相對方	상대방. 상대편. 상대. 적	
중 ⑤ 对方 duìfāng		(반) 我方 wǒfāng

예문
- 我们应该尊重**对方**的意见。 우리는 마땅히 상대방의 의견을 존중해야 한다.
  Wǒmen yīnggāi zūnzhòng duìfāng de yìjian.

- 她快要结婚了，**对方**是个实习医生。 그녀는 곧 결혼하는데, 상대는 인턴과정 의사이다.
  Tā kuàiyào jiéhūn le, duìfāng shì ge shíxí yīshēng.

유머 한 토막

近亲结婚 Jìnqīn jiéhūn (근친결혼)

妻子: 我不能再忍受像你这么不会关心**对方**的人了。我们离婚吧！
Qīzi: Wǒ bù néng zài rěnshòu xiàng nǐ zhème bú huì guānxīn duìfāng de rén le. Wǒmen líhūn ba!

丈夫: 离婚就离婚，谁怕谁？
Zhàngfu: Líhūn jiù líhūn, shéi pà shéi?

妻子: 我嫁给魔鬼也比嫁给你强！
Qīzi: Wǒ jiàgěi móguǐ yě bǐ jiàgěi nǐ qiáng!

丈夫: 那不可能！近亲禁止结婚。
Zhàngfu: Nà bù kěnéng! Jìnqīn jìnzhǐ jiéhūn.

어휘

魔鬼 móguǐ ⑥ 명 마귀   禁止 jìnzhǐ ④ 동 금지하다

근친결혼

아내: 난 당신처럼 이렇게 상대방을 배려할 줄 모르는 사람을 더는 못 참겠어요. 우리 그만 이혼해요.
남편: 이혼하면 하는 거지, 누가 무섭대?

아내: 마귀한테 시집을 가도 당신보다는 나을 거야!
남편: 그건 불가능하지! 근친끼리의 결혼은 금지니까.

생산량		뜻	참고사항
한	生产量	생산량	
중	产量 chǎnliàng		(유) 生产量 shēngchǎnliàng

예문
- 今年的石油产量比去年增加了两倍。 금년 석유 생산량은 작년보다 2배나 증가했다.
  Jīnnián de shíyóu chǎnliàng bǐ qùnián zēngjiā le liǎng bèi.

- 这里的苹果产量很高，并且质量也很好。
  Zhèli de píngguǒ chǎnliàng hěn gāo, bìngqiě zhìliàng yě hěn hǎo.
  이곳 사과는 생산량이 많을 뿐 아니라, 품질도 좋다.

유머 한 토막

 乐天主义 Lètiān zhǔyì (낙천주의)

从前有个农夫叫乐观。
Cóngqián yǒu ge nóngfū jiào lèguān.

有一天山洪暴发，大水漫过村庄。乐观坐在自家屋顶上，乐滋滋地唱歌。邻居划着船到他家，大声说：
Yǒu yì tiān shānhóng bàofā, dàshuǐ mànguò cūnzhuāng. Lèguān zuòzài zìjiā wūdǐng shàng, lèzīzī de chànggē. Línjū huázhe chuán dào tā jiā, dàshēng shuō:

邻人:	你的鸭子都冲走了！
Línrén:	Nǐ de yāzi dōu chōngzǒu le!
乐观:	没关系，它们都会游泳。
Lèguān:	Méi guānxi, tāmen dōu huì yóuyǒng.
邻人:	你的稻谷也淹光了。
Línrén:	Nǐ de dàogǔ yě yānguāng le.
乐观:	没关系，今年反正是歉收年，产量少得可怜。
Lèguān:	Méi guānxi, jīnnián fǎnzhèng shì qiànshōunián, chǎnliàng shǎo de kělián.
邻人:	哎呀，水淹到你家的窗户了！
Línrén:	Āiyā, shuǐ yāndào nǐ jiā de chuānghu le!
乐观:	太好了，我正准备擦窗户，这下省事多了！
Lèguān:	Tài hǎo le, wǒ zhèng zhǔnbèi cā chuānghu, zhèxià shěngshì duō le!

어휘

- 山洪 shānhóng 명 산간지역의 홍수
- 暴发 bàofā 동 갑자기 일어나다. 갑자기 나타나다
- 漫过 mànguò 동 넘치다. 범람하다. 잠기다. 침수되다
- 村庄 cūnzhuāng 명 마을. 촌. 부락
- 屋顶 wūdǐng 명 지붕
- 乐滋滋 lèzīzī 형 만족스러움에 기쁘다
- 邻居 línjū 3 명 이웃사람. 이웃집
- 冲走 chōngzǒu 동 떠내려가다
- 稻谷 dàogǔ 6 명 벼
- 淹 yān 동 잠기다. 침수하다
- 歉收年 qiànshōunián 흉년 (↔丰丰收 fēngshōunián)
- 可怜 kělián 5 형 (품질 등이) 형편없다. 떨어지다
- 省事 shěng//shì 동 일을 덜다. 일을 줄이다. 수고를 덜다

낙천주의

옛날에 낙관이라는 농부가 있었다.
어느 날 산간홍수가 갑자기 발생하여, 큰물에 마을이 잠기게 되었다. 낙관은 자기 집 지붕에 앉아서, 기쁘게 노래를 불렀다. 이웃사람이 배를 저어 그의 집에 와서 큰소리로 말했다.

이웃: 당신네 오리가 다 떠내려갔어요!

낙관: 괜찮아요, 그놈들은 다 헤엄을 칠 줄 아니까.

이웃: 당신네 벼도 몽땅 물에 잠겨버렸어요.

낙관: 상관없어요. 올해는 어차피 흉년으로, 생산량이 형편없을 거예요.

이웃: 아이쿠, 물이 당신네 창문까지 차올랐어요!

낙관: 잘 됐네요. 나는 마침 창문을 닦을 생각이었는데, 이번에 일을 많이 덜게 되었군요!

쌍방향		뜻	참고사항
한	雙方向	쌍방향. 양방향	
중	双向 shuāngxiàng		(반) 单向 dānxiàng

- 这是**双向**四车道的公路。 이것은 왕복 4차선 도로이다.
  Zhè shì shuāngxiàng sì chēdào de gōnglù.

- 你知道**双向**电视是什么吗? 쌍방향 TV가 무엇인지 알아요?
  Nǐ zhīdao shuāngxiàng diànshì shì shénme ma?

유머 한 토막

单行道 Dānxíngdào (일방통행로)

有一司机由于违反交通法规被交通警察抓住了。
Yǒu yì sījī yóuyú wéifǎn jiāotōng fǎguī bèi jiāotōng jǐngchá zhuāzhù le.

司机: 怎么了？我不知道我做错了什么。
Sījī: Zěnme le? Wǒ bù zhīdao wǒ zuòcuò le shénme.

警察: 这是单行道。
Jǐngchá: Zhè shì dānxíngdào.

司机: 是吗？搞错了，我以为这条路能**双向**行驶。
Sījī: Shì ma? Gǎocuò le, wǒ yǐwéi zhè tiáo lù néng shuāngxíng xíngshǐ.

警察: 这是罚单。
Jǐngchá: Zhè shì fádān.

司机: 那可不行。我不是故意的，现在就掉头。
Sījī: Nà kě bù xíng. Wǒ bú shì gùyì de, xiànzài jiù diàotou.

警察: 不行，这里禁止掉头。
Jǐngchá: Bù xíng, zhèli jìnzhǐ diàotóu.

司机: 那我就把车停在这里。
Sījī: Nà wǒ jiù bǎ chē tíngzài zhèli.

警察: 这里也严禁停车。
Jǐngchá: Zhèli yě yánjìn tíngchē.

司机: 那么，您出个价吧。我正好是去报废，如果罚款太多，这辆车就归您了。
Sījī: Nàme, nín chū ge jià ba. Wǒ zhènghǎo shì qù bàofèi, rúguǒ fákuǎn tài duō, zhè liàng chē jiù guī nín le.

어휘

单行道 dānxíngdào 명 일방통행로(=单行线)
违反 wéifǎn 5 동 위반하다. 위배하다
遵守 zūnshǒu 5 동 준수하다. 지키다
搞错 gǎocuò 동 착각하다. 잘못하다. 실수하다
罚单 fádān 명 벌금딱지. 벌금고지서
掉头 diào//tou 동 방향을 돌리다. U턴하다. 고개를 돌리다
严禁 yánjìn 6 동 엄금하다. 절대로 금지하다
出价 chū//jià 동 (적합하다고 생각되는) 가격을 제시하다. 가격을 내다. 입찰하다
报废 bào//fèi 동 폐기 신고하다. 폐품 처리하다
归 guī 동 ~에게 속하다. ~의 소유이다

일방통행로

기사 한 사람이 교통법규 위반으로 교통경찰에 붙잡혔다.

운전사: 왜 그러시죠? 제가 뭘 잘못했는지 모르겠군요.
경찰: 여긴 일방통행입니다.
운전사: 그런가요? 저는 이곳이 쌍방향 통행이 가능한 걸로 착각했네요.
경찰: 벌금고지서입니다.
운전사: 그건 안 됩니다. 전 고의가 아니었으니, 지금 바로 차를 돌리겠습니다.
경찰: 안 됩니다. 여기는 U턴 금지입니다.
운전사: 그럼 차를 여기에 주차하도록 하겠습니다.
경찰: 여긴 주차도 절대 안 됩니다.
운전사: 그럼, 가격을 제시해보세요. 마침 폐차하러 가는 길이었는데, 만약 벌금이 너무 많으면, 이 차는 경관님이 가지세요.

	성인	뜻	참고사항
한	成人	성인. 성년. 어른	
중	成年人 chéngniánrén		(유) 大人 dàren, 成人 chéngrén, 成年 chéngnián (반) 小孩儿 xiǎoháir

예문
- 三四十岁的**成年人**是这种商品的主要消费群体。
  Sānsìshí suì de chéngniánrén shì zhè zhǒng shāngpǐn de zhǔyào xiāofèi qúntǐ.
  3~40세 성인이 이 상품의 주소비층이다.

- 几年不见，你都成**成年人**了，我几乎认不出来了。
  Jǐ nián bú jiàn, nǐ dōu chéng chéngniánrén le, wǒ jīhū rèn bu chūlai le.
  몇 년 보지 못 했는데, 벌써 성인이 되어 거의 알아보지 못하겠다.

유머 한 토막

 大话 Dàhuà (큰소리)

有一个男的一直追一个女的。有一天他对那个女的说:
Yǒu yí ge nánde yìzhí zhuī yí ge nǚde. Yǒu yì tiān tā duì nà ge nǚ de shuō:

男的: 你嫁给我吧！我爱你！我不能没有你！
Nánde: Nǐ jiàgěi wǒ ba! Wǒ ài nǐ! Wǒ bù néng méiyǒu nǐ.

女的: 不行，我妈妈会反对的，她说你太没出息。
Nǚde: Bùxíng, wǒ māma huì fǎnduì de, tā shuō nǐ tài méi chūxi.

男的: 你如果不答应，我就死在你的面前！
Nánde: Nǐ rúguǒ bù dāying, wǒ jiù sǐzài nǐ de miànqián!

说着，他从上衣口袋里掏出了一支手枪。
Shuōzhe, tā cóng shàngyī kǒudai li tāochū le yì zhī shǒuqiāng.

女的: 请等一下，我去问问妈妈。
Nǚde: Qǐng děng yíxià, wǒ qù wènwen māma.

男的: 嘿嘿，我就知道这招管用。
Nánde: Hēihēi, wǒ jiù zhīdao zhè zhāo guǎnyòng.

女的: 我妈妈说我已经**成年人**了，可以看这种血腥场面了。
Nǚde: Wǒ māma shuō wǒ yǐjing chéngniánrén le, kěyǐ kàn zhè zhǒng xuèxīng chǎngmiàn le.

어휘

大话 dàhuà 명 큰소리. 흰소리. 허풍
嫁 jià 5│동 출가하다. 시집가다
没出息 méi chūxi 변변치 못하다. 장래성이 없다
口袋 kǒudai 명 주머니. 호주머니. 포켓
手枪 shǒuqiāng 명 권총. 피스톨

招 zhāo 명 방법. 수단. 계책
管用 guǎnyòng 형 유효하다. 쓸모가 있다. 효과가 있다
血腥 xuèxīng 명 피비린내

큰소리

한 여자를 끊임없이 쫓아다니는 남자가 있었다. 어느 날 그가 그 여인에게 말했다.

남자: 나와 결혼해줘요! 당신을 사랑해요! 나는 당신 없이는 안 돼요!
여자: 안 돼요. 우리 엄마가 반대하실 거예요. 엄마가 당신은 너무 장래성이 없다고 했어요.
남자: 당신이 승낙하지 않으면, 당신 앞에서 죽어버리겠어요!

그렇게 말하면서, 그는 상의 주머니에서 권총을 한 자루 꺼냈다.

여자: 잠깐만요, 가서 엄마한테 좀 물어볼게요.
남자: 히히, 난 이 수가 통할 줄 알았지.
여자: 우리 엄마가 나도 이제 성년이 되었으니, 피비린내 나는 (끔찍한) 장면을 봐도 된다고 하시네요.

	소아과	뜻	참고사항
한	小兒科	소아과	
중	儿科 érkē		* 小儿科 xiǎo'érkē

- 那个婴儿被送到了儿科进行特别护理。그 아이는 소아과에 보내져 특별히 돌보고 있다.
  Nà ge yīng'ér bèi sòngdào le érkē jìnxíng tèbié hùlǐ.

- 他爱人是儿科医生，儿子正在读大学。
  Tā àiren shì érkē yīshēng, érzi zhèngzài dú dàxué.
  그의 아내는 소아과 의사이고, 아들은 대학에 다니고 있다.

😊 夸耀孩子 Kuāyào háizi (자식 자랑)

三位母亲自豪地谈着她们的孩子。
Sān wèi mǔqīn zìháo de tánzhe tāmen de háizi.

妈妈1:   我相信我的孩子将成为一名好工程师。
Māmā: Wǒ xiāngxìn wǒ de háizi jiāng chéngwéi yì míng hǎo gōngchéngshī.

妈妈2:   你根据什么相信呢?
Māmā: Nǐ gēnjù shénme xiāngxìn ne?

妈妈1:   那是因为不管我买给他什么玩具，他都把它们拆得七零八落。
Māmā: Nà shì yīnwèi bùguǎn wǒ mǎi gěi tā shénme wánjù, tā dōu bǎ tāmen chāi de qīlíng bāluò.

妈妈2:   我为我儿子感到骄傲。他将来一定会成为一名好律师。
Māmā: Wǒ wèi wǒ érzi gǎndào jiāo'ào. Tā jiānglái yídìng huì chéngwéi yì míng hǎo lǜshī.

妈妈1:   为什么?
Māmā: Wèishénme?

妈妈2:   因为他总爱和别人吵架。
Māmā: Yīnwèi tā zǒng ài hé biéren chǎojià.

妈妈3:   我儿子将来会成为一名出色的儿科医生。
Māmā3: Wǒ érzi jiānglái huì chéngwéi yì míng chūsè de érkē yīshēng.

妈妈1:   你凭什么这么确信?
Māmā: Nǐ píng shénme zhème quèxìn?

妈妈3:   因为他现在体弱多病，俗话说：'久病成良医'。
Māmā3: Yīnwèi tā xiànzài tǐruò duōbìng, súhuà shuō: 'jiǔ bìng chéng liángyī'.

어휘

自豪 zìháo ⑤|형 자랑스럽다. 대견하다
根据 gēnjù ③|개 ~에 근거하여. ~을 근거로. ~에 따라
玩具 wánjù ⑤|명 완구. 장난감
拆 chāi ⑤|동 뜯다. 해체하다. 허물다
七零八落 qīlíng bāluò 분산되어 드문드문한 모양. 흩어져 성긴 모양
律师 lǜshī ④|명 변호사
出色 chūsè ⑤|형 출중하다. 탁월하다. 훌륭하다. 뛰어나다
确信 quèxìn ⑥|동 확신하다. 굳게 믿다
体弱多病 tǐruò duōbìng 몸이 약하고 병이 많다

자식 자랑

세 사람의 엄마가 자랑스럽게 각자의 아이에 대해 이야기한다.

엄마1: 나는 우리 아이가 장차 훌륭한 엔지니어가 될 것이라 믿어요.
엄마2: 뭘 갖고 그렇게 믿는 거죠?
엄마1: 그건 그 아이에게 어떤 장난감을 사주든, 항상 그것들을 낱낱이 해체해버리기 때문이에요.
엄마2: 나는 우리 아들 녀석 때문에 자부심을 느껴요. 그는 틀림없이 장차 아주 훌륭한 변호사가 될 거예요.
엄마1: 왜요?
엄마2: 그 아이는 언제나 남과 말다툼하기를 좋아하기 때문이지요.
엄마3: 우리 아들은 장차 출중한 소아과 의사가 될 거예요.
엄마1: 뭘 근거로 그렇게 확신해요?
엄마3: 그 녀석은 지금 병약한데, 속담에 '오랜 병에 훌륭한 의사가 된다'고 했기 때문이지요.

시험관 试验管 试管

시험관		뜻	참고사항
한	試驗管	시험관	
중	试管 shìguǎn		

• 那对夫妇希望通过**试管**婴儿生育小孩。 그 부부는 시험관 아이를 출산하길 바라고 있다.
  Nà duì fūfù xīwàng tōngguò shìguǎn yīng'ér shēngyù xiǎohái.

• 第一个**试管**婴儿出生时，引起了极大的伦理争议。
  Dì yī ge shìguǎn yīng'ér chūshēng shí, yǐnqǐ le jídà de lúnlǐ zhēngyì.
  맨 처음 시험관 아기가 태어났을 때는, 아주 커다란 윤리 논쟁이 일어났다.

유머 한 토막

 化学实验 Huàxué shíyàn (화학실험)

上化学课的时候，老师把一枚硬币和一只试管举得高高的，大声说：
Shàng huàxuékè de shíhou, lǎoshī bǎ yì méi yìngbì hé yì zhī shìguǎn jǔ de gāogāo de, dàshēng shuō:

老师:	我这是一枚10元硬币，这里有一管乳白色的液体，我现在就把这硬币扔进这**试管**中。
Lǎoshī:	Wǒ zhè shì yì méi shí yuán yìngbì, zhèli yǒu yì guǎn rǔbáisè de yètǐ, wǒ xiànzài jiù bǎ zhè yìngbì rēngjìn zhè shìguǎn zhōng.
学生:	管里的液体是什么呢？
Xuésheng:	Guǎn li de yètǐ shì shénme ne?
老师:	这是酸液。这种溶液能把这枚硬币溶解吗？
Lǎoshī:	Zhè shì suānyè. Zhè zhǒng róngyè néng bǎ zhè méi yìngbì róngjiě ne?
学生:	不会的。
Xuésheng:	Bú huì de.
老师:	为什么？
Lǎoshī:	Wèi shénme?
学生:	要是那溶液能溶解硬币，您一定拿出1元的硬币来做这样的实验。
Xuésheng:	Yàoshi nà róngyè néng róngjiě yìngbì, nín yídìng náchū yì yuán de yìngbì lái zuò zhèyàng de shíyàn.

어휘

硬币 yìngbì ⑤ 명 동전
乳白色 rǔbáisè 명 유백색. 젖빛
液体 yètǐ ⑤ 명 액체
酸液 suānyè 명 산성용액

溶液 róngyè ③ 명 용액
溶解 róngjiě ⑥ 동 녹다. 용해되다. 용해하다
实验 shíyàn ⑤ 명 실험

화학실험

화학수업 시간에 선생님이 동전 한 닢과 시험관 하나를 높이 들고 큰소리로 말했다.

선생님: 이건 10위안짜리 동전이고, 이 시험관에는 유백색의 액체가 가득 들었는데, 지금 나는 이 동전을 이 시험관 속에 넣겠습니다.
학생: 시험관 속의 액체는 뭔데요?
선생님: 이건 산성용액이야. 이 용액은 이 동전을 녹일 수 있을까?
학생: 그렇지 않을 걸요.
선생님: 왜지?
학생: 만약 그 용액이 동전을 녹일 수 있다면, 선생님은 분명히 1위안짜리 동전으로 실험을 하실 테니까요.

식중독
食中毒　食物中毒

식중독		뜻	참고사항
한	食中毒	식중독(에 걸리다)	
중	食物中毒 shíwù zhòngdú		

예문
- 依我看，可能是**食物中毒**。 내가 보기엔, 식중독인 것 같다.
  Yī wǒ kàn, kěnéng shì shíwù zhòngdú.

- 吃了不新鲜的生鱼片，他就**食物中毒**了。
  Chī le bù xīnxiān de shēngyúpiàn, tā jiù shíwù zhòngdú le.
  신선하지 않은 회를 먹고, 그는 바로 식중독에 걸렸다.

유머 한 토막

喝水的理由 Hē shuǐ de lǐyóu (물 마시는 이유)

妈妈:	你为什么喝那么多水?
Māma:	Nǐ wèi shénme hē nàme duō shuǐ?

孩子:	我担心食物中毒。
Háizi:	Wǒ dānxīn shíwù zhòngdú.

妈妈:	怎么? 你吃了什么坏东西吗?
Māma:	Zěnme? Nǐ chī le shénme huài dōngxi ma?

孩子:	我刚才吃了一个苹果。
Háizi:	Wǒ gāngcái chī le yí ge píngguǒ.

妈妈:	那为什么要多喝水呢?
Māma:	Nà wèi shénme yào duō hē shuǐ ne?

孩子:	那个苹果太脏，我忘了洗了。
Háizi:	Nà ge píngguǒ tài zāng, wǒ wàng le xǐ le.

 어휘

忘 wàng 동 잊다. 망각하다   脏 zāng 4|형 더럽다. 불결하다. 지저분하다

물 마시는 이유

엄마: 넌 무슨 물을 그렇게 많이 마시니?
아이: 식중독이 걱정되어서요.
엄마: 왜? 뭘 상한 거라도 먹은 거야?
아이: 방금 사과를 하나 먹었거든요.
엄마: 그런데 왜 물을 많이 마셔야 되는 거니?
아이: 그 사과가 엄청 지저분했는데, 잊어버리고 씻지 않았거든요.

신입생 新入生 新生

신입생		뜻	참고사항
한	新入生	신입생	
중	新生 xīnshēng		(반) 旧生 jiùshēng

예문
- 这个大学今年招考多少新生？ 이 대학에서는 올해 신입생을 얼마나 모집합니까?
  Zhè ge dàxué jīnnián zhāokǎo duōshao xīnshēng?
- 我们学校今年录取一千多个新生。 우리 학교에서는 올해 1,000여 명의 신입생을 뽑는다.
  Wǒmen xuéxiào jīnnián lùqǔ yìqiān duō ge xīnshēng.

유머 한 토막

 我的女儿 Wǒ de nǚ'ér (내 딸내미)

我女儿是大学一年级新生，有一次在家书里谈到我的老本行天文学：
Wǒ nǚ'ér shì dàxué yī niánjí xīnshēng, yǒu yícì zài jiāshū li tándào wǒ de lǎo běnháng tiānwénxué.

爸，你总以为从前给我讲解星座时我不用心听。
Bà, nǐ zǒng yǐwéi cóngqián gěi wǒ jiǎngjiě xīngzuò shí wǒ bú yòngxīn tīng.

但前几天晚上我和一个"普通朋友"散步，我把北斗七星和猎户座指给他看了。
Dàn qián jǐ tiān wǎnshang wǒ hé yí ge 'pǔtōng péngyou' sànbù, wǒ bǎ běidǒu qīxīng hé lièhùzuò zhǐgěi tā kàn le.

你知道了一定很开心吧？
Nǐ zhīdao le yídìng hěn kāixīn ba?

我在回信中说：
Wǒ zài huíxìn zhōng shuō:

我确实很开心。
Wǒ quèshí hěn kāixīn.

前几天夜里我和你妈妈散步，也看到北斗七星了。
Qián jǐ tiān yèli wǒ hé nǐ māma sànbù, yě kàndào běidòu qīxīng le.

但我们并没有看见猎户座，因为每年这个时候猎户座要到凌晨一点才出现。
Dàn wǒmen bìng méiyǒu kànjiàn lièhùzuò, yīnwèi měinián zhè ge shíhou lièhùzuò yào dào língchén yì diǎn cái chūxiàn.

我很好奇，你那个"普通朋友"是你的什么人？
Wǒ hěn hàoqí, nǐ nà ge 'pǔtōng péngyou' shì nǐ de shénme rén?

어휘

本行 běnháng 명 본업. 직업. 분야
讲解 jiǎngjiě 동 설명하다. 해설하다
用心 yòng//xīn 동 주의력을 집중하다. 심혈을 기울이다. 마음을 쓰다
普通 pǔtōng 일반적이다. 보통이다. 평범하다
猎户座 Lièhùzuò 명 오리온자리(겨울철 남쪽하늘에서 관측 가능한 별자리)
凌晨 língchén 6 명 새벽
好奇 hàoqí 5 형 호기심이 많다. 궁금하다

내 딸내미

내 딸내미는 대학 1학년 신입생인데, 한번은 집에 보내온 편지에서 나의 오랜 본업인 천문학에 대해 언급했다.

아빠, 아빠는 이전에 아빠가 나한테 별자리를 설명해주실 때, 제가 언제나 집중해서 듣지 않는다고 생각하셨지요.
하지만, 며칠 전 밤에 저는 한 '보통 친구'와 산책을 하다가, 북두칠성과 오리온 자리를 가리켜 보여줬답니다.
아빠가 아시게 되면, 틀림없이 매우 좋으시겠죠?

나는 답신에서 말했다.

네 말대로 나는 아주 기분이 좋았다.
며칠 전 밤에 나도 엄마와 산책을 하다가, 북두칠성을 보았단다.
하지만, 우리는 오리온 자리는 보지 못했지. 왜냐하면, 오리온 자리는 매년 이맘때에는 새벽 1시가 되어야 나타나기 때문이야.
나는 너의 그 '보통친구'가 너와 어떤 관계인지 몹시 궁금하구나!

심지어 甚至於 / 甚至

	심지어	뜻	참고사항
한	甚至於	심지어. 까지도. 조차도. ~마저	
중	④ 甚至 shènzhì		(유) 甚至于 shènzhìyú, 甚而 shèn'ér

- 猫、狗**甚至**兔子，她都害怕。 그녀는 고양이와 개, 심지어 토끼조차도 무서워한다.
  Māo, gǒu shènzhì tùzi, tā dōu hàipà.

- 他一字不识，**甚至**不会写自己的名字。
  Tā yí zì bù shí, shènzhì bú huì xiě zìjǐ de míngzi.
  그는 일자무식이어서, 심지어 자기 이름도 쓸 줄 모른다.

유머 한 토막

😀 **检查尿液** Jiǎnchá niàoyè (소변검사)

有一个人非常吝啬，有一次他带了一大瓶尿液去检查身体，医生检查完后告诉他：
Yǒu yí ge rén fēicháng lìnsè, yǒu yí cì tā dào le yí dà píng niàoyè qù jiǎnchá shēntǐ, yīshēng jiǎnchá wán hòu gàosu ta:

医生: 一切都很正常，你的尿液中，找不出一点毛病。
Yīshēng: Yíqiè dōu hěn zhèngcháng, nǐ de niàoyè zhōng, zhǎobuchū yìdiǎn máobìng.

男子: 没有糖尿病? 也没有过多的蛋白质?
Nánzǐ: Méiyǒu tángniàobìng? Yě méiyǒu guòduō de dànbáizhì?

医生: 一点也没有，好极了！
Yīshēng: Yìdiǎn yě méiyǒu, hǎo jíle!

男子: 我能不能借下电话，打给我老婆?
Nánzǐ: Wǒ néng bu néng jiè xia diànhuà, dǎgěi wǒ lǎopo?

医生:　　　请随便用。
Yīshēng:　　Qǐng suíbiàn yòng.

过了一会儿，电话接通以后，他说:
Guò le yíhuìr, diànhuà jiētōng yǐhòu, tā shuō:

男子:　　　好消息！亲爱的。现在我在医院，医生说，你，还有我，还有孩子
　　　　　　们，**甚至**我母亲，都没有什么问题！
Nánzǐ:　　Hǎo xiāoxi! Qīn'ài de. Xiànzài wǒ zài yīyuàn, yīshēng shuō, nǐ, háiyǒu wǒ, háiyǒu háizimen, shènzhì wǒ mǔqīn, dōu méiyǒu shénme wèntí!

어휘

毛病 máobìng ⑤ 명 고장. 결함. 단점. 질병
蛋白质 dànbáizhì ⑥ 명 단백질
随便 suíbiàn ④ 부 동 마음대로. 하고 싶은 대로;　　　마음대로 하다. 편한 대로 하다
接通 jiētōng 동 통하다. 연결되다

소변검사

매우 인색한 사람이 있었다. 한번은 그가 소변이 담긴 큰 병 하나를 가지고 신체검사를 하러 갔는데, 의사가 검사를 한 후에 그에게 말했다.

의사: 모든 것이 아주 정상입니다. 당신 소변에서 질병을 전혀 찾을 수 없어요.
남자: 당뇨병 없어요? 과다한 단백질도 없고요?
의사: 조금도 없어요. 지극히 좋습니다.
남자: 전화 좀 빌릴 수 있을까요, 집사람한테 전화할까 하는데?
의사: 얼마든지 쓰세요.

잠시 후에 전화가 연결되자, 그가 말했다.

남자: 좋은 소식이야! 여보. 나 지금 병원인데, 의사 선생님이 당신, 그리고 나, 또 아이들, 심지어 어머니까지 모두 아무런 문제없다고 하셨어!

약방문 药方文 / 药方

약방문		뜻	참고사항
한	藥方文	약방문. 처방전	
중	药方 yàofāng		(유) 处方 chǔfāng, 药单儿 yàodānr

예문
- 这儿有医生开的<u>药方</u>。 여기 의사의 처방전이 있습니다.
  Zhèr yǒu yīshēng kāi de yàofāng.

- 你拿这<u>药方</u>去取药吧。 당신은 이 처방전을 가지고 가서 약을 타세요.
  Nǐ ná zhè yàofāng qù qǔ yào ba.

유머 한 토막

😊 **死人不会开口** Sǐrén bú huì kāikǒu (죽은 자는 말을 못해)

有个医术很差的医生。病人来看病，他胡乱看一气，乱开<u>药方</u>，因此出了许多医疗事故。
Yǒu ge yīshù hěn chà de yīshēng. Bìngrén lái kànbìng, tā húluàn kàn yíqì, luàn kāi yàofāng, yīncǐ chū le xǔduō yīliáo shìgù.

有一次，有位生命垂危的病人，由家属陪着来看病。医生看了半天，没查出什么毛病。病人的家属问：
Yǒu yícì, yǒu wèi shēngmìng chuíwēi de bìngrén, yóu jiāshǔ péizhe lái kànbìng. Yīshēng kàn le bàntiān, méi cháchū shénme máobìng. Bìngrén de jiāshǔ wèn:

家属： 你究竟会不会看病?
Jiāshǔ: Nǐ jiūjìng huì bu huì kànbìng?

医生： 那当然，我看过的病人，从没有说过我不好。
Yīshēng: Nà dāngrán, wǒ kànguo de bìngrén, cóng méiyǒu shuōguo wǒ bù hǎo.

这时，路过这家诊所的一个人说：
Zhèshí, lùguò zhè jiā zhěnsuǒ de yí ge rén shuō:

路人： 难道那些死人会开口吗?
Lùrén: Nándào nàxiē sǐrén huì kāikǒu ma?

어휘

胡乱 húluàn ⑥ | 부 마음대로. 대충
一气 yíqì | 부 잠시. 한번. 한동안. 한바탕
乱 luàn ④ | 부 제멋대로. 마구
因此 yīncǐ ④ | 연 이 때문에. 이로 인해서. 그래서
垂危 chuíwēi | 동 (병세가 무거워) 위독한 상황이 되다. 사경에 이르다. 죽음이 임박하다
差点儿 chàdiǎnr | 부 하마터면. 여차하면. 까딱하면 ~할 뻔하다
断气 duàn//qì | 동 숨을 멈추다. 숨이 끊기다. 사망하다. 죽다
路过 lùguò | 동 지나가다. 거치다
诊所 zhěnsuǒ | 명 진료소

죽은 자는 말을 못해

의술이 형편없는 한 의사가 있었다. 환자가 진찰받으러 오면, 그는 대충 한 번 보고, 제멋대로 처방전을 쓰기 때문에 의료사고가 많이 났다.
한번은 생명이 위독한 환자를 가족이 데리고 와서 진찰을 받았다. 의사가 한참을 진찰했지만, 아무 병도 찾아내지 못하니, 환자의 가족이 물었다.

가족: 당신 도대체 병을 볼 줄은 아는 거요?
의사: 그야 당연하지요. 내가 진찰한 환자치고, 내가 나쁘다고 한 사람은 여태 없었으니까요.

이때, 이 진료소를 지나가던 한 사람이 말했다.

행인: 설마하니 그 죽은 사람들이 말을 할 수 있을라고요?

여객기 旅客機 客机

여객기		뜻	참고사항
한	旅客機	여객기	
중	客机 kèjī		

예문
- 这是相当于波音707的大型喷气客机。 이건 보잉707에 상당하는 대형 제트여객기이다.
  Zhè shì xiāngdāngyú Bōyīn qī líng qī de dàxíng pēnqì kèjī.

- 听说一架飞往欧洲的客机被几个恐怖分子劫持了。
  Tīngshuō yí jià fēiwǎng Ōuzhōu de kèjī bèi jǐ ge kǒngbù fēnzǐ jiéchí le.
  유럽으로 비행하던 여객기 한 대가 몇 명의 테러리스트에게 납치되었다고 한다.

유머 한 토막

🍃 **旅客名单** Lǚkè míngdān (여객 명단)

豪华客机上，一个非洲食人族小国的国王也是乘客之一。
Háohuá kèjī shang, yí ge Fēizhōu shírénzú xiǎoguó de guówáng yě shì chéngkè zhī yī.

空姐: 先生，你的午餐想吃什么？
　　　牛排好吗？
Kōngjiě: Xiānsheng, nǐ de wǔcān xiǎng chī shénme?
　　　　 Niúpái hǎo ma?

国王: (摇着头) 我不喜欢。
Guówáng: (yáo zhe tóu) Wǒ bù xǐhuan.

空姐: 鸡排好吗？
Kōngjiě: Jīpái hǎo ma?

国王: 也不喜欢。
Guówáng: Yě bù xǐhuan.

空姐: 那么，最近挺吃香的韩国拌饭怎么样？
Kōngjiě: Nàme, zuìjìn tǐng chīxiāng de Hánguó bànfàn zěnmeyàng?

国王: 只有这些了吗？
Guówáng: Zhǐ yǒu zhèxiē le ma?

空姐: 先生，那您究竟想吃什么？
Kōngjiě: Xiānsheng, nà nín jiūjìng xiǎng chī shénme?

国王: 干脆这样吧。请拿旅客名单来给我看看……
Guówáng: Gāncuì zhèyàng ba. Qǐng ná lǚkè míngdān lái gěi wǒ kànkan....

非洲 Fēizhōu 명 아프리카　　　　　　吃香 chīxiāng 형 인기 있다. 환영받다. 중시되다
牛排 niúpái 명 비프스테이크　　　　　拌饭 bànfàn 명 비빔밥

여객 명단

아프리카 식인종 소국의 국왕도 호화 여객기 승객의 한 사람이었다.

스튜어디스: 선생님, 오찬은 무엇으로 드시겠습니까? 비프스테이크 괜찮습니까?
국왕: (고개를 저으며) 좋아하지 않아요.
스튜어디스: 닭갈비는 어떠십니까?
국왕: 역시 좋아하지 않아요.
스튜어디스: 그럼 요즘 매우 인기 좋은 한국식 비빔밥은 어떻습니까?
국왕: 그 것들밖에 없어요?
스튜어디스: 그럼 선생님은 대체 뭘 드시고 싶은 거죠?
국왕: 차라리 이렇게 합시다. 승객명단을 가져와 보여주시면…

여학생		뜻	참고사항
한	女學生	여학생	
중	女生 nǚshēng		(유) 女学生 nǚxuéshēng (반) 男生 nánshēng

예문
- 女生宿舍楼在男生宿舍楼前边儿。 여학생 기숙사 건물은 남학생 기숙사 건물 앞쪽에 있다.
  Nǚshēng sùshèlóu zài nánshēng sùshèlóu qiánbiānr.

- 我们中文系女生比男生多一点儿。 우리 중문과는 여학생이 남학생보다 좀 많다.
  Wǒmen Zhōngwénxì nǚshēng bǐ nánshēng duō yìdiǎnr.

유머 한 토막

 某个留学生的听力 Mǒu ge liúxuéshēng de tīnglì (어떤 유학생의 청력)

留学生: 我很好奇，刚才那个女生是你什么人？
Liúxuéshēng: Wǒ hěn hàoqí, gāngcái nà ge nǚshēng shì nǐ shénmerén?

朋友: 她只是我们系的同学而已。
Péngyou: Tā zhǐ shì wǒmen xì de tóngxué éryǐ.

留学生: 你们系有多少个女生?
Liúxuéshēng: Nǐmen xì yǒu duōshao ge nǚshēng?

朋友: 一个。
Péngyou: Yí ge.

留学生: 七个?
Liúxuéshēng: Qī ge?

朋友: 不是七个，是一个。
Péngyou: Bú shì qī ge, shì yí ge.

留学生: 十一个，这么多啊?
Liúxuéshēng: Shíyī ge, zhème duō a?

朋友: 不是十一个，而是一个。
Péngyòu: Búshì shíyī ge, érshì yí ge.

留学生: 什么? 二十一个?
Liúxuéshēng: Shénme? Èrshíyī ge?

朋友: 不是二十一个，就是一个。
Péngyou: Bú shì èrshíyī ge, jiù shì yí ge.

留学生: 哦，九十一个！
Liúxuéshēng: Ō, jiǔshíyī ge!

朋友: 我的天哪！
Péngyou: Wǒ de tiān na!

某 mǒu 5 대 어느. 모. 아무개   听力 tīnglì 명 청력. 듣기. 히어링

어떤 유학생의 청력

유학생: 나 아주 궁금한데, 아까 그 여학생 너와 무슨 사이야?
친구: 그 애는 우리 과 동학이야.
유학생: 너희 과엔 여학생이 몇 명이나 되는데?
친구: 하나.
유학생: 일곱 명?
친구: 7명이 아니라, 한 명.
유학생: 열한 명, 그렇게 많아?
친구: 열한 명이 아니라, 한 명이라고.
유학생: 뭐라고? 스물한 명?
친구: 스물한 명이 아니라, 한 명이라니까.
유학생: 오, 아흔한 명!
친구: 맙소사!

연예인		뜻	참고사항
한	演藝人	연예인	
중	艺人 yìrén		(유) ④ 演员 yǎnyuán, 演艺人 yǎnyìrén

 예문
- 他是香港著名艺人。 그는 홍콩의 유명한 연예인이다.
  Tā shì Xiānggǎng zhùmíng yìrén.

- 我的志向是成为一个出色艺人。 나의 장래희망은 훌륭한 연예인이 되는 것이다.
  Wǒ de zhìxiàng shì chéngwéi yí ge chūsè yìrén.

유머 한 토막

难看与发型 Nánkàn yú fànxíng (맵상과 헤어스타일)

老婆: 亲爱的，今天我在美容院剪了个新的发型。
Lǎopo: Qīn'ài de, jīntiān wǒ zài měiróngyuàn jiǎn le ge xīn de fàxíng.

老公: 是吗?
Lǎogōng: Shì ma?

老婆: 你看怎么样? 像时尚的艺人吗?
Lǎopo: Nǐ kàn zěnmeyàng? Xiàng shíshàng de yìrén ma?

老公: 什么艺人！
Lǎogōng: Shénme yìrén!

老婆: 你别说风凉话，实话实说。是不是很难看?
Lǎopo: Nǐ bié shuō fēngliánghuà, shíhuà shíshuō. Shì bu shì hěn nánkàn?

老公: 不会啊！
Lǎogōng: Bú huì a!

老婆: 真的吗?
Lǎopo: Zhēnde ma?

老公：　　是啊！你的难看与发型无关！
Lǎogōng:　Shì a! Nǐ de nánkàn yú fàxíng wúguān!

어휘

难看 nánkàn ⑤ |형| 보기 싫다. 추하다. 못생기다
发型 fàxíng |명| 머리형. 헤어스타일
时尚 shíshàng ⑤ |명||형| 패션. 스타일. 유행(에 맞다)
风凉话 fēngliánghuà |명| 비아냥거리는 말. 빈정대는 말
实话 shíhuà ⑤ |명| 진실한 말. 참말. 정말
实说 shíshuō |동| 사실대로 말하다. 솔직하게 말하다

밉상과 헤어스타일

아내: 여보, 오늘 미장원에서 새로운 헤어스타일로 커트했어요.
남편: 그래?
아내: 당신 보기엔 어때요? 옷 잘입는 연예인 같아요?
남편: 연예인은 무슨!

아내: 비아냥거리지 말고, 사실대로 말해봐요. 안 예뻐요?
남편: 그럴 리가 있나!
아내: 정말이에요?
남편: 그럼! 당신의 밉상은 헤어스타일과는 무관하거든!

영도자 领导者 领导

영도자		뜻	참고사항
한	領導者	영도자. 지도자. 지도간부. 상급자	(유) 领导者 lǐngdǎozhě, 领导人 lǐngdǎorén, 负责人 fùzérén, 首长 shǒuzhǎng
중	⑤ 领导 lǐdǎo		

예문
- 我们相信领导。 우리는 지도자를 믿는다.
  Wǒmen xiāngxìn lǐngdǎo.

- 领导必须经常深入群众。 영도자는 반드시 항상 대중 속으로 깊이 파고들어야 한다.
  Lǐngdǎo bìxū jīngcháng shēnrù qúnzhòng.

유머 한 토막

 会拍马屁的爸爸 Huì pāi mǎpì de bàba (아부 잘 하는 아빠)

孩子: Háizi:	爸爸，我想问你一个问题。 Bàba, wǒ xiǎng wèn nǐ yí ge wèntí.
爸爸: Bàba:	什么问题? Shénme wèntí?
孩子: Háizi:	你以前喂过马吗? Nǐ yǐqián wèiguo mǎ ma?
爸爸: Bàba:	是呀，过去住在乡下时喂过。 Shì ya, guòqù zhùzài xiāngxia shí wèiguo.
孩子: Háizi:	我就知道。 Wǒ jiù zhīdao.
爸爸: Bàba:	你知道什么? Nǐ zhīdao shénme?
孩子: Háizi:	怪不得大家都说你在公司上级**领导**面前很会拍马屁。 Guàibude dàjiā dōu shuō nǐ zài gōngsī shàngjí lǐngdǎo miànqián hěn huì pāi mǎpì.

어휘

拍马屁 pāi mǎpì 아첨을 하다(말 궁둥이를 쓰다듬다). 아부를 떨다. 알랑거리다
喂 wèi 1 | 동 기르다. 사육하다
乡下 xiāngxia 명 시골. 촌
上级 shàngjí 6 | 명 상급자. 상급기관

아부 잘 하는 아빠

아이: 아빠, 한 가지 여쭙고 싶은 질문이 있어요.
아빠: 무슨 질문인데?
아이: 아빤 전에 말 길러본 적 있어요?
아빠: 그래, 예전에 시골에 살았을 때 길러본 적이 있지.
아이: 그럴 줄 알았어요.
아빠: 뭐가 그럴 줄 알아?
아이: 어쩐지 다들 아빠가 회사 상급자 앞에서 아첨을 아주 잘 떤다고 하더라니까!

완성품 / 完成品 / 成品

완성품	뜻	참고사항
한 完成品		
중 成品 chéngpǐn	완성품. 완제품	(유) 完成品 wánchéngpǐn, 产成品 chǎnchéngpǐn, 制成品 zhìchéngpǐn (반) 半成品 bànchéngpǐn (반제품), 半制品 bànzhìpǐn, 在制品 zàizhìpǐn (미완성품)

예문
- 我们负责**成品**检查。 우리는 완제품 검사를 담당하고 있다.
  Wǒmen fùzé chéngpǐn jiǎnchá.

- 我们公司主要进口半**成品**，再加工销售。
  Wǒmen gōngsī zhǔyào jìnkǒu bànchéngpǐn, zài jiāgōng xiāoshòu.
  우리 회사는 주로 반제품을 수입하여, 가공 판매한다.

유머 한 토막

 求婚 Qiúhūn (구혼)

男友: 水对任何生命都是必不可少的，对不对?
Nányǒu: Shuǐ duì rènhé shēngmìng dōu shì bìbù kěshǎo de, duì bu duì?

女友: 那还用说吗?
Nǚyǒu: Nà hái yòng shuō ma?

男友: 水是由什么组成的?
Nányǒu: Shuǐ shì yóu shénme zǔchéng de?

女友: 氧气和氢气。你在考我吗?
Nǚyǒu: Yǎngqì hé qīngqì. Nǐ zài kǎo wǒ ma?

男友: 不是考你，我想说的是……
Nányǒu: Bú shì kǎo nǐ, wǒ xiǎng shuō de shì ...

女友: 你想说的是什么?
Nǚyǒu: Nǐ xiǎng shuō de shì shénme?

男友: 我是氧气(O),你是氢气(H),我们俩要化学结合才能像水(H_2O)一样稳定。换句话说,因为你和我都还是半成品,非互相融合才能成成品。
Nányǒu: Wǒ shì yǎngqì(O), Nǐ shì qīngqì(H), wǒmen liǎ yào huàxué jiéhé cái néng xiàng shuǐ(H_2O) yíyàng wěndìng. Huàn jù huà shuō, yīnwèi nǐ hé wǒ dōu háishi bànchéngpǐn, fēi hùxiāng rónghé hái néng chéng chéngpǐn.

女友: 你说什么?那么,你的另外一个H在哪里?
Nǚyǒu: Nǐ shuō shénme? Nàme, nǐ de lìngwài yí ge H zài nǎli?

어휘

- 任何 rènhé 4 | 대 어떠한. 어느
- 必不可少 bìbù kěshǎo 없어서는 안 된다. 반드시 필요하다
- 由 yóu 4 | 개 ~에 의해. ~으로부터
- 组成 zǔchéng 4 | 동 구성하다. 구성되다. 조성하다
- 氧气 yǎngqì 6 | 명 산소
- 氢气 qīngqì 명 수소
- 稳定 wěndìng 5 | 형 안정되다. 확고하다. 흔들리지 않다
- 半成品 bànchéngpǐn 명 반제품
- 互相 hùxiāng 1 | 부 서로
- 融合 rónghé 동 융합하다

구혼

남학우: 물은 어떤 생명체에게도 필수불가결한 것이지, 그렇지?
여학우: 그야 두말하면 잔소리지.
남학우: 물은 무엇으로 이루어져 있지?
여학우: 산소와 수소. 나를 시험하고 있는 거야?
남학우: 그런 게 아니라, 내가 하고 싶은 말은…
여학우: 하고 싶은 말이 뭔데?
남학우: 나는 산소(O)이고, 넌 수소(H)라서, 우리 두 사람은 화학적으로 결합해야만 물(H_2O)과 같이 안정될 수 있다고. 다시 말하면 너와 나는 아직은 반제품이기 때문에, 서로 융합하지 않으면 완성품이 될 수 없다는 거야.
여학우: 뭐라고? 그럼 또 다른 H는 어디 있어?

외국어		뜻	참고사항
한	外國語	외국어	
중	外语 wàiyǔ		(유) 外国语 wàiguóyǔ

예문
- 学外语，语言环境是很重要的。 외국어를 배우는 데에는 언어환경이 중요하다.
  Xué wàiyǔ, yǔyán huánjìng shì hěn zhòngyào de.

- 学外语就跟学游泳一样，主要是实践。
  Xué wàiyǔ jì gēn xué yóuyǒng yíyàng, zhǔyào shì shíjiàn.
  외국어를 배우는 건 수영을 배우는 것과 같아서, 중요한 건 실천이다.

유머 한 토막

 掌握外语 Zhǎngwò wàiyǔ (외국어 습득)

一日，一只母耗子带着小耗子们出来闲逛，突然一只猫出现在它们面前。当小耗子个个都吓得直哆嗦的时候，母耗子冲着猫大叫两声：汪！汪！猫被这狗叫声吓跑了。
Yí rì, yì zhī mǔhàozi dàizhe xiǎo hàozimen chūlai xiánguàng, tūrán yì zhī māo chūxiàn zài tāmen miànqián. Dāng xiǎohàozi gègè dōu xià de zhí duōsuō de shíhou, mǔhàozi chòngzhe māo dà jiào liǎng shēng: Wāng! Wāng! Māo bèi zhè gǒu jiào shēng xiàpǎo le.

母耗子洋洋得意地回过头来对小耗子们说：
Mǔhàozi yángyángdéyì de huíguò tóu lái duì xiǎohàozimen shuō:

母耗子: 孩子们，吓了一大跳吧？
Mǔhàozi: Háizimen, xià le yí dà tiào ba?

小耗子1: 差点儿把我们都吓死了！
Xiǎohàozi: Chàdiǎnr bǎ wǒmen dōu xiàsǐ le!

母耗子: 从这件事，你们明白了什么道理？
Mǔhàozi: Cóng zhè jiàn shì, nǐmen míngbai le shénme dàoli?

小耗子1: 我明白了，妈妈很勇敢。
Xiǎohàozi: Wǒ míngbai le, māma hěn yǒnggǎn.

母耗子: 还有呢?
Mǔhǎozi: Hái yǒu ne?

小耗子2: 我认识到掌握一门**外语**是多么重要！
Xiǎo hàozi: Wǒ rènshì dào zhǎngwò yì mén wàiyǔ shì duōme zhòngyào!

母耗子: 我就是这个意思。
Mǔhàozi: Wǒ jiù shì zhè ge yìsi.

어휘

掌握 zhǎngwò ⑤|동 장악하다. 정복하다. 파악하다. 숙달하다

耗子 hàozi 명 쥐 (방언)

闲逛 xiánguàng 동 할 일 없이 돌아다니다. 빈둥거리며 돌아다니다

吓 xià ⑤|동 놀라다. 놀라게 하다

哆嗦 duōsuo ⑥|동 떨다 (=发抖 fādǒu)

冲 chòng 동 향하다. 직면하다

吓跑 xià//pǎo 동 놀라 도망가다. 놀라 달아나다

洋洋得意 yángyángdéyì 동 득의양양하다 (=得意洋洋)

回头 huí//tóu 동 고개를 돌리다

门 mén ② 양 (학문 기술 등)

외국어 습득

하루는 어미 쥐 한 마리가 새끼 쥐들을 데리고 나와 한가로이 돌아다니는데, 갑자기 고양이 한 마리가 그들 앞에 나타났다. 새끼 쥐들은 하나같이 놀라서 모두 다 부들부들 떨고 있을 때, 엄마 쥐가 고양이를 향해 '왕왕'하고 두 번을 크게 짖었다. 고양이는 이 개 짖는 소리에 놀라 달아나버렸다.
엄마 쥐가 득의양양하게 고개를 돌려 새끼 쥐들에게 말했다.

엄마 쥐: 애들아, 많이 놀랐지?

새끼 쥐: 하마터면 우리 모두 놀라 죽을 뻔했어요!

엄마 쥐: 이 일을 통해서, 너희들은 무슨 이치를 알 수 있었지?

새끼 쥐1: 우리 엄마가 참 용감하다는 것을 알 수 있었어요.

엄마 쥐: 그리고 또?

새끼 쥐2: 외국어를 하나 할 줄 안다는 것이 얼마나 중요한 것인가를 깨달았어요.

엄마 쥐: 내 말이 바로 그 말이야.

우체국		뜻	참고사항
한	郵遞局	우체국	
중	5 邮局 yóujú		(유) 邮政局 yóuzhèngjú

예문
- 这个宾馆里没有**邮局**。 이 호텔 안에는 우체국이 없다.
  Zhè ge bīnguǎn li méiyǒu yóujú.

- 离这儿最近的**邮局**在哪儿? 여기서 가장 가까운 우체국은 어디에 있습니까?
  Lí zhèr zuì jìn de yóujú zài nǎr?

유머 한 토막

 总统的屈辱 Zǒngtǒng de qūrǔ (대통령의 굴욕)

某国总统为了提高自己的声望，决定发行一种印有自己肖像的邮票。发行了一个多月后，他到**邮局**查看销售情况。
Mǒu guó zǒngtǒng wèile tígāo zìjǐ de shēngwàng, juédìng fāxíng yì zhǒng yìn yǒu zìjǐ xiàoxiàng de yóupiào. Fāxíng le yí ge duō yuè hòu, tā dào yóujú chákàn xiāoshòu qíngkuàng.

总统: 销售情形怎么样啊?
Zǒngtǒng: Xiāoshòu qíngxing zěnmeyàng a?

员工: 还不错，只是常常有人抱怨贴不牢。
Yuángōng: Hái búcuò, zhǐshì chángcháng yǒu rén bàoyuàn tiē bu láo.

总统: 怎么会这样呢?
Zǒngtǒng: Zěnme huì zhèyàng ne?

总统顺手抄起了一张邮票，在背面吐了一口口水，用力粘在一张纸上。
Zǒngtǒng shùnshǒu chāoqǐ le yì zhāng yóupiào, zài bèimiàn tǔ le yì kǒu kǒushuǐ, yònglì zhānzài yì zhāng zhǐ shàng.

总统： 你看，这不是贴得很牢吗？
Zǒngtǒng: Nǐ kàn, zhè bú shì tiē de hěn láo ma?

员工： 可是，……大家都……大家都……把口水……吐在正面……
Yuángōng: Kěshì, …dàjiā dōu…dàjiā dōu…bǎ kǒushuǐ…tǔzài zhèngmiàn…

어휘

屈辱 qūrǔ 동 굴욕을 당하다. 모욕을 받다
声望 shēngwàng 명 명성
查看 chákàn 동 살펴보다. 점검하다. 조사하다
销售 xiāoshòu 5 ㅣ동 팔다. 판매하다
员工 yuángōng 명 종업원
抱怨 bàoyuàn 6 ㅣ동 불평하다. 투덜거리다. 탓하다
贴 tiē 동 붙이다

顺手 shùnshǒu 부 내친 김에. ~하는 김에. 겸사겸사
抄 chāo 5 ㅣ동 쥐다. 잡다. 움켜잡다. 거머쥐다
背面 bèimiàn 명 뒷면
口水 kǒushuǐ 명 침
用力 yòng//lì 동 힘을 쓰다. 힘을 들이다. 힘을 내다
粘 zhān 동 붙다. 붙이다

대통령의 굴욕

어떤 나라 대통령이 자기의 명성을 높이기 위해, 자신의 얼굴이 인쇄된 우표를 발행하기로 결정했다. 발행한 지 1개월 남짓 지난 후에, 그는 우체국으로 판매 상황을 살펴보러 갔다.

대통령: 판매상황이 어떻소?
종업원: 그런대로 괜찮습니다. 다만 잘 붙일 수가 없다고 불평하는 사람들이 종종 있습니다.

대통령: 어떻게 그럴 수가 있지?

대통령은 내친 김에 우표 한 장을 집어서, 뒷면에 침을 뱉고, 힘껏 종이 위에 붙였다.

대통령: 봐요, 이렇게 잘 붙잖아?!
종업원: 하지만, 다들…다들… 침을… 정면에 뱉어서…

우체통 邮递筒 邮筒

	우체통	뜻	참고사항
한	郵遞筒	우체통	
중	邮筒 yóutǒng		(유) 邮箱 yóuxiāng, 信筒 xìntǒng, 信箱 xìnxiāng

예문 ・ 我们的校园里没有**邮筒**。 우리 캠퍼스 내에는 우체통이 없다.
Wǒmen de xiàoyuán li méiyǒu yóutǒng.

・ 随着电话、传真和伊妹儿等信息传递方式的普及，**邮筒**里的信件越来越少了。
Suízhe diànhuà, chuánzhēn hé yímèir děng xìnxī chuándì fāngshì de pǔjí, yóutǒng li de xìnjiàn yuèláiyuè shǎo le.
전화, 팩스, E-mail 등 정보전달 방식의 보급에 따라, 우체통 안의 우편물이 갈수록 줄어든다.

유머 한 토막

 超重 Chāozhòng (중량초과)

老人: 小姐，我要往国外寄信，信封这样写对吗?
Lǎorén: Xiǎojie, wǒ yào wǎng guówài jìxìn, xìnfēng zhèyàng xiě duì ma?

职员: 对。
Zhíyuán: Duì.

老人: 要贴多少钱的邮票?
Lǎorén: Yào tiē duōshao qián de yóupiào?

职员: 不超重的话，贴上十块钱的邮票，投进**邮筒**里就可以了。
Zhíyuán: Bù chāozhòng dehuà, tiēshàng shí kuài qián de yóupiào, tóujìn yóutǒng li jiù kěyǐ le.

老人: 请您称称看，我这封信超重了没有。
Lǎorén: Qǐng nín chēngcheng kàn, wǒ zhè fēng xìn chāozhòng le méiyǒu.

职员: 您的信怎么这么重呢?
Zhíyuán: Nín de xìn zěnme zhème zhòng ne?

老人: 这封信里有几张照片。
Lǎorén: Zhè fēng xìn li yǒu jǐ zhāng zhàopiàn.

职员: 超重了，请再贴一张邮票。
Zhíyuán: Chāozhòng le, qǐng zài tiē yì zhāng yóupiào.

老人: 再贴一张邮票? 那不是更重了吗！
Lǎorén: Zài tiē yì zhāng yóupiào? Nà bú shì gèng zhòng le ma!

超重 chāo//zhòng 동 중량을 초과하다
称 chēng 5 동 (무게를) 달다. 재다
照片 zhàopiàn 3 명 사진

중량초과

노인: 아가씨, 해외로 편지를 부치려고 하는데, 편지봉투 이렇게 쓰면 되나요?
직원: 맞습니다.
노인: 얼마짜리 우표를 붙여야 해요?
직원: 중량을 초과하지 않으면, 10위안짜리 우표를 붙여서, 우체통에 넣으면 됩니다.

노인: 무게를 한번 재보세요, 이 편지가 중량을 초과하는지.
직원: 편지가 왜 이렇게 무겁지요?
노인: 편지 안에 사진이 몇 장 있어요.
직원: 중량 초과입니다. 우표를 한 장 더 붙여주세요.
노인: 한 장을 더 붙여요? 그럼 더 무거워지잖아요!

원고지 原稿紙 / 稿纸

	원고지	뜻	참고사항
한	原稿紙	원고지. 원고용지	
중	稿纸 gǎozhǐ		

예문
- 他的书桌上堆满了各种书籍和**稿纸**。 그의 책상 위에는 서적과 원고지가 잔뜩 쌓여있다.
  Tā de shūzhuō shang duīmǎn le gèzhǒng shūjí hé gǎozhǐ.

- 现在的作家可以把作品通过网络传给出版社，不用**稿纸**了。
  Xiànzài de zuòjiā kěyǐ bǎ zuòpǐn tōngguò wǎngluò chuángěi chūbǎnshè, búyòng gǎozhǐ le.
  요즘 작가는 인터넷을 통해 작품을 출판사에 전해줄 수 있기 때문에, 원고지를 쓰지 않게 되었다.

유머 한 토막

电脑迷的说法 Diànnǎomí de shuōfǎ (컴퓨터광의 화법)

作家丈夫跟电脑迷妻子说：
Zuòjiā zhàngfu gēn diànnǎomí qīzi shuō:

丈夫： 你把我的**稿纸**放在哪儿呢？
Zhàngfu: Nǐ bǎ wǒ de gǎozhǐ fàngzài nǎr ne?

妻子： 在回收站里面。
Qīzi: Zài huíshōuzhàn lǐmian.

丈夫： 回收站在哪里？
Zhàngfu: Huíshōuzhàn zài nǎli?

妻子： 真烦人！当然在桌面。
Qīzi: Zhēn fánrén! Dāngrán zài zhuōmiàn.

丈夫就一直在桌上找，可是……
Zhàngfu jiù yìzhí zài zhuō shang zhǎo, kěshì…

어휘

说法 shuōfǎ 명 화법. 표현법. 논법
回收站 huíshōuzhàn 명 (컴퓨터의) 휴지통
桌面 zhuōmiàn 명 (컴퓨터의) 바탕화면
烦人 fánrén 형 귀찮다. 짜증스럽다. 성가시다. 번거롭다
一直 yìzhí ③ 부 줄곧. 내내. 끊임없이

컴퓨터광의 화법

저작자인 남편이 컴퓨터광인 아내에게 말했다.

남편: 내 원고 당신 어디다 치웠어?
아내: '回收站(컴퓨터 휴지통)' 안에 있어요.
남편: '回收站'이 어디 있는데?

아내: 정말 귀찮게 하네! 당연히 '桌面(바탕화면)'에 있죠.

남편은 책상에서 찾고 찾았지만…

유람선		뜻	참고사항
한	遊覽船	유람선	
중	游船 yóuchuán		(유) 游艇 yóutǐng

예문
- 我还没坐过游船。 나는 아직까지 유람선을 타본 적이 없다.
  Wǒ hái méi zuòguo yóuchuán.

- 这是我第一次乘游船。 이게 저로서는 처음 유람선을 타는 겁니다.
  Zhè shì wǒ dìyīcì chēng yóuchuán.

유머 한 토막

 实现梦想的办法 Shíxiàn mèngxiǎng de bànfǎ (꿈을 실현하는 방법)

儿子: 我常常梦见坐豪华游船环游世界。
érzi: Wǒ chángcháng mèngjiàn zuò háohuá yóuchuán huányóu shìjiè.

妈妈: 是吗? 真是美好的梦啊!
Māma: Shì ma? Zhēn shì měihǎo de mèng a!

儿子: 有办法让这个梦想实现吗?
érzi: Yǒu bànfǎ ràng zhè ge mèngxiǎng shíxiàn ma?

妈妈: 那还用说! 你一定会实现的。
Māma: Nà hái yóng shuō! Nǐ yídìng huì shíxiàn de.

儿子: 你说我怎么办好?
érzi: Nǐ shuō wǒ zěnme bànhǎo?

妈妈: 其实没有什么难的, 少睡点儿觉就可以。
Māma: Qíshí méiyǒu shénme nán de, shǎo shuì diǎnr jiào jiù kěyǐ.

어휘

豪华 háohuá 5 | 형 호화롭다. 사치스럽다
环游 huányóu 동 일주하다. 주유하다. 두루 돌아다니다
美好 měihǎo 형 아름답다. 행복하다. 뛰어나다
其实 qíshí 3 | 부 실은. 사실은. 실제로는

꿈을 실현하는 방법

학생: 저는 종종 호화유람선을 타고 세계일주 여행하는 꿈을 꾸어요.
엄마: 그래? 정말 멋진 꿈이로구나!
아들: 그 꿈을 실현할 방법이 있을까요?
엄마: 두말하면 잔소리지! 넌 반드시 실현할 수 있을 거야.
아들: 제가 어떻게 하면 될까요?
엄마: 사실 별로 어려울 것도 없지, 잠만 좀 적게 자면 가능해.

유목민 游牧民 牧民

유목민	뜻	참고사항
한	遊牧民	유목민. 목축민	
중	牧民 mùmín		(유) 游牧民 yóumùmín

예문
- 他出生在一个贫苦的**牧民**家庭。 그는 가난한 유목민 가정에서 태어났다.
  Tā chūshēng zài yí ge pínkǔ de mùmín jiātíng.

- 蒙古包是蒙古**牧民**的主要住房。 '빠오(이동식 천막집)'는 몽골 유목민의 주요 주택이다.
  Měnggǔbāo shì Měnggǔ mùmín de zhǔyào zhùfáng.

유머 한 토막

 一幅抽象画 Yì fú chōuxiànghuà (한 폭의 추상화)

一天美术课上，老师要学生们画一幅抽象画。一会儿工夫，一个学生交了他的作品。老师看了看，可上面什么也没有，只是一张白纸。
Yì tiān měishù kè shang, lǎoshī yào xuéshēngmen huà yì fú chōuxiànghuà. Yíhuìr gōngfu, yí ge xuésheng jiāo le tā de zuòpǐn. Lǎoshī kàn le kàn, kě shàngmian shénme yě méi yǒu, zhǐ shì yì zhāng báizhǐ.

老师: 我看，这只不过是一张白纸，你画的是什么呀？
Lǎoshī: Wǒ kàn, zhè zhǐ búguò shì yì zhāng báizhǐ, nǐ huà de shì shénme ya?

学生: 牧民的羊群吃草的情景。
Xuésheng: Mùmín de yángqún chī cǎo de qíngjǐng.

老师: 看不见草。
Lǎoshī: Kàn bu jiàn cǎo.

学生: 羊群把它给吃光了。
Xuésheng: Yángqún bǎ tā gěi chīguāng le.

老师: 那么，羊群在哪儿呀？
Lǎoshī: Nàme, yángqún zài nǎr ya?

学生: 吃完草，它们便喝水去了。
Xuésheng: Chīwán cǎo, tāmen biàn hē shuǐ qù le.

어휘

羊群 yángqún 명 양떼
情景 qíngjǐng 5|명 전경. 광경. 모습
光 guāng 4|형 하나도 남지 않다. 아무 것도 없다
吃光 chīguāng 깡그리 먹다. 다 먹어치우다

한 폭의 추상화

하루는 미술 수업 시간에 선생님이 학생들에게 추상화를 한 폭씩 그리도록 했다. 잠시 후, 한 학생이 자기 작품을 제출했다. 선생님이 보고 또 보았지만, 위엔 아무 것도 없고, 단지 백지일 뿐이었다.

선생: 내 보기엔 그냥 단지 백지인데, 네가 그린 게 뭐지?

학생: 유목민의 양떼가 풀을 먹는 풍경이에요.
선생: 풀이 안 보이는데?
학생: 양떼가 다 먹어버렸어요.
선생: 그럼, 양떼는 어디 있니?
학생: 풀을 다 먹고, 양떼는 물을 마시러 갔지요.

음식물 / 饮食物 / 食物

음식물		뜻	참고사항
한	飮食物	음식물. 먹이	
중	5 食物 shíwù		

예문
- 夏季要特別注意**食物**。 여름철에는 음식물에 특히 주의해야 한다.
  Xiàjì yào tèbié zhùyì shíwù.

- 大熊猫主要以竹子为**食物**。 판다는 주로 대나무를 먹이로 한다.
  Dàxióngmāo zhǔyào yǐ zhúzi wéi shíwù.

유머 한 토막

 恢复视力 Huīfù shìlì (시력 회복)

患者: 我的眼睛越来越花，有什么好办法吗?
Huànzhě: Wǒ de yǎnjing yuèláiyuè huā, yǒu shénme hǎo bànfǎ ma?

医生: 您考虑一下激光矫正手术。
Yīshēng: Nín kǎolǜ yíxià jīguāng jiǎozhèng shǒushù.

患者: 我不想做任何手术。有没有什么改善视力的好**食物**?
Huànzhě: Wǒ bù xiǎng rènhé shǒushù. Yǒu méiyǒu shénme gǎishàn shìlì de hǎo shíwù?

医生: 既然这样的话，得多吸取维生素。特别是维生素A对视力有好处。
Yīshēng: Jìrán zhèyàng dehuà, děi duō xīqǔ wéishēngsù. Tèbié shì wéishēngsù A duì shìlì yǒu hǎochù.

患者: 哪些食品中含有维生素A呢?
Huànzhě: Nǎxiē shípǐn zhōng hányǒu wéishēngsù A ne?

医生: 兔子喜欢吃的红萝卜和菠菜中含有丰富的维生素。
Yīshēng: Tùzi xǐhuan chī de hóngluóbo hé bōcài zhōng hányǒu fēngfù de wéishēngsù.

患者:	多吃这些的话，可以恢复视力吗?
Huànzhě:	Duō chī zhè xiē dehuà, kěyǐ huīfù shìlì ma?

医生:	你怀疑啊? 你见过兔子带眼镜吗?
Yīshēng:	Nǐ huáiyí a? Nǐ jiànguo tùzi dài yǎnjìng ma?

어휘

花 huā ⑤ 형 (눈이) 침침하다. 흐릿하다
激光 jīguāng 명 레이저
矫正 jiǎozhèng 동 교정하다. 개정하다
吸取 xīqǔ ⑥ 동 흡수하다. 받아들이다. 섭취하다
维生素 wéishēngsù ⑥ 명 비타민

含有 hányǒu 동 가지다. 함유하다
红萝卜 hóngluóbo 명 홍당무
菠菜 bōcài 명 시금치
丰富 fēngfù ④ 형 풍부하다
怀疑 huáiyí ④ 동 의심하다

시력.회복

환자: 제 눈이 날이 갈수록 침침해지는데, 무슨 좋은 방법이 없을까요?
의사: 레이저교정 수술을 한번 고려해보시죠.
환자: 수술은 어떤 것도 싫어요. 시력을 개선할 좋은 음식물이 뭐 없을까요?
의사: 정 그러시다면, 비타민을 많이 섭취하십시오. 특히 비타민A가 시력에 좋습니다.

환자: 어떤 식품에 비타민A가 함유되어 있는데요?
의사: 토끼가 좋아하는 홍당무와 시금치에 비타민이 풍부합니다.
환자: 그런 것들을 많이 먹으면 시력이 회복될 수 있을까요?
의사: 의심스러운가요? 토끼가 안경 끼는 걸 본 적 있어요?

이모부		뜻	참고사항
한	姨母夫	이모부. 이숙	
중	姨夫 yífu		(유) 姨父 yífu

part B 음절을 줄여서 쓰는 어휘

- 예문
  - **姨夫**是母亲的姐夫或妹夫。 이모부는 어머니의 형부나 제부이다.
    Yífu shì mǔqīn de jiěfu huò mèifu.
  - 他的**姨夫**做古董买卖已经有20多年了。
    Tā de yífu zuò gǔdǒng mǎimai yǐjīng yǒu èrshí duō nián le.
    그의 이모부는 골동품 장사를 한 지 벌써 20여 년이 되었다.

유머 한 토막

有什么关系 Yǒu shénme guānxi (무슨 관계가 있는가)

男子A: 你怎么了？胡子都剃了？
NánzǐA: Nǐ zěnme le? Húzi dōu tì le?

男子B: 没什么。
NánzǐB: Méi shénme.

男子A: 多年来留的胡子，怎么突然把它给剃掉了？
NánzǐA: Duō nián lái liú de húzi, zěnme tūrán bǎ tā gěi tìdiào le?

男子B: 因为我一位**姨夫**的狗刚刚死去了。
NánzǐB: Yīnwèi wǒ yí wèi yífu de gǒu gānggāng sǐqù le.

男子A: 你**姨夫**的狗死了跟你剃胡子有什么关系？
NánzǐA: Nǐ yífu de gǒu sǐ le gēn nǐ tì húzi yǒu shénme guānxi?

男子B: 哎呀，你管得真宽哪！我剃胡子跟你又有什么关系？
NánzǐB: Āyā, nǐ guǎn de zhēn kuān na! Wǒ tì húzi gēn nǐ yòu yǒu shéme guānxi?

어휘

胡子 húzi 명 수염　　　　　　　　　　留 liú 4 동 (머리카락이나 수염을) 기르다
剃 tì 동 깎다　　　　　　　　　　　　管 guǎn 동 관여하다. 거들다. 참견하다. 상관하다

무슨 관계가 있는가
남자A: 어떻게 된 거예요? 수염을 다 자르고?
남자B: 별거 아니에요.
남자A: 수년 동안 길러온 수염을 왜 갑자기 잘라버렸냐고요?
남자B: 이모부네 강아지가 얼마 전에 죽었거든요.
남자A: 이모부네 강아지가 죽은 것과 당신 수염을 자른 게 무슨 상관이죠?
남자B: 나원참, 참 오지랖도 넓으셔! 내 수염 자른 것과 당신은 또 무슨 관곈데요?

인내심		뜻	참고사항
한	忍耐心	① 인내심. 참을성	우리말 인내심(忍耐心)은 ②와 같이 형용사로는 쓰이지 않는다.
중	4 耐心 nàixīn		(유) 耐性 nàixìng, 忍性 rěnxìng (반) 急性 jíxìng
		② 인내심이 강하다. 참을성이 있다. 끈기가 있다	(반) 6 急躁 jízào

예문   ① 인내심. 참을성

- 耐心也有限度。 인내심에도 한계가 있다.
  Nàixīn yě yǒu xiàndù.

- 他是个很有耐心的人。 그는 참을성이 많은 사람이다.
  Tā shì ge hěn yǒu nàixīn de rén.

② 인내심이 강하다. 참을성이 있다. 끈기가 있다

- 别着急，耐心点儿！ 조급해하지 말고, 좀 참을성 있게 굴어!
  Bié zháojí, nàixīn diǎnr!

- 只要耐心地学习，什么都能学会。 끈기 있게 배우기만 하면, 무엇이든 습득할 수 있다.
  Zhǐyào nàixīnde xuéxí, shénme dōu néng xuéhuì.

유머 한 토막

 两者选一 Liǎngzhě xuǎnyī (양자택일)

邻居的狗生了一窝小狗。
Línjū de gǒu shēng le yì wō xiǎogǒu.

丈夫非常讨厌这些小狗，想把它们卖了，但是怎么也卖不掉。
Zhàngfu fēicháng tǎoyàn zhèxiē xiǎogǒu, xiǎng bǎ tāmen mài le, dànshì zěnme yě mài bu diào.

丈夫敦促道："快登广告将小狗卖了，它们不走我就走！"
Zhàngfu dūncù dào: 'Kuài dēng guǎnggào jiāng xiǎogǒu mài le, tāmen bù zǒu wǒ jiù zǒu!'

妻子于是登了下面的广告：
Qīzi yúshì dēng le xiàmian de guǎnggào:

"我的先生说小狗不走他就走。小狗肥胖可爱，血统纯正，脾气好。
'Wǒ de xiānsheng shuō xiǎogǒu bù zǒu tā jiù zǒu. Xiǎogǒu féipàng kě'ài, xuètǒng chúnzhèng, píqi hǎo.

先生则肥胖粗鲁，血统不纯，脾气急躁，也没有耐心。随便两者选一！"
Xiānsheng zé féipàng cūlǔ, xuètǒng bùchún, píqi jízào, yě méiyǒu nàixīn. Suíbiàn liǎngzhě xuǎnyī!'

어휘

窝 wō ⑥|양 동물이 새끼나 알을 낳은 횟수
敦促 dūncù 동 재촉하다. 독촉하다
登 dēng 동 게재하다. 실리다
肥胖 féipàng 형 통통하다. 뚱뚱하다. 토실토실하다
纯正 chúnzhèng 형 순수하다
脾气 píqi ③|명 성격. 성질
粗鲁 cūlǔ ⑥|형 거칠다. 사납다
急躁 jízào ⑥|형 (성격이) 급하다. 조급하다

양자택일

옆집 개가 강아지를 낳았다.
남편은 강아지를 몹시 싫어하여, 그것들을 팔아버리고 싶었지만, 도무지 팔아치울 수가 없었다.
남편은 재촉해 말하길 "빨리 광고를 내어 강아지를 팔아버려, 그것들이 안 나가면, 내가 나갈 테니까!"라고 말했다.

그리하여 아내는 다음과 광고를 실었다.
"나의 남편은 강아지가 나가지 않으면 자기가 나가겠다고 합니다. 강아지는 토실토실하고 귀여우며, 혈통은 순종이고, 성격도 좋습니다. 남편은 뚱뚱하고 사나우며, 혈통도 순수하지 않고, 성격은 급하며, 인내심도 없습니다. 마음대로 양자택일하세요!"

자서전		뜻	참고사항
한	自敍傳	자서전	
중	自传 zìzhuàn		

예문
- 他在自传中详细记录了他俩的恋爱经过。
  Tā zài zìzhuàn zhōng xiángxì jìlù le tā liǎ de lián'ài jīngguò.
  그는 자서전 안에 그들 두 사람의 연애과정을 상세히 기록해 두었다.

- 国内的一家出版社也已经把他的中文版自传出版了。
  Guónèi de yì jiā chūbǎnshè yě yǐjing bǎ tā de Zhōngwénbǎn zìzhuàn chūbǎn le.
  국내의 한 출판사도 이미 그의 중문판 자서전을 출판했다.

유머 한 토막

 奇异的自传 Qíyì de zìzhuàn (기이한 자서전)

精神病院里，有两位患者在交谈：
Jīngshén bìngyuàn li, yǒu liǎng wèi huànzhě zài jiāotán:

患者1:　这就是你常跟我说的你的自传吗？
Huànzhě1:　Zhè jiù shì nǐ cháng gēn wǒ shuō de nǐ de zìzhuàn ma?

患者2:　是啊！你看这本自传怎么样？
Huànzhě2:　Shì a! Nǐ kàn zhè běn zìzhuàn zěnmeyàng?

患者1:　你真的好像是个了不起的人。
Huànzhě1:　Nǐ zhēn de hǎoxiàng shì ge liǎobuqǐ de rén.

患者2:　这有什么了不起！
Huànzhě2:　Zhè yǒu shénme liǎobuqǐ!

患者1:　但是，但是……
Huànzhě1:　Dànshì, dànshì...

患者2:　　但是什么?
Huànzhě2:　Dànshì shénme?

患者1:　　不错是不错，就是出场的人数太多。
Huànzhě1:　Búcuò shì búcuò, jiù shì chūchǎng de rénshù tài duō.

此时一个护士对他们大声嚷道："嘿，你们俩快把电话簿放回原处！"
Cǐshí yí ge hùshi duì tāmen dàshēng rǎngdào: 'Hēi, nǐmen liǎ kuài bǎ diànhuàbù fànghuí yuánchù!'

어휘

奇异 qíyì 형 기이하다. 별나다. 묘하다
交谈 jiāotán 동 교담하다. 서로 말을 주고받다. 이야기를 나누다
不错 búcuò 형 좋다. 괜찮다. 훌륭하다
出场 chū//chǎng 동 무대에 오르다. 출장하다
嚷道 rǎngdào 동 큰소리로 말하다
嘿 hēi 6 탄 (누구를 부르거나 주의를 환기할 때)
电话簿 diànhuàbù 명 전화번호부
原处 yuánchù 명 원래의 위치. 본래의 자리

기이한 자서전

정신병원에서 환자 두 사람이 이야기를 나누고 있었다.

환자1: 이게 당신이 내게 늘 말하던 당신의 자서전입니까?
환자2: 그래요! 당신 보기엔 이 자서전이 어떤 것 같아요?
환자1: 당신 참으로 대단한 사람 같네요.
환자2: 이게 대단할 게 뭐 있겠어요!
환자1: 하지만, 하지만…
환자2: 하지만 뭐요?
환자1: 훌륭하긴 한데, 다만 등장인물이 너무 많아요.

이때 간호사 한 사람이 그들에게 큰소리로 이렇게 외쳤다. "이봐요, 거기 두 사람 어서 전화번호부 제자리에 갖다 놓으세요!"

잠재력 潜在力 潜力

	잠재력	뜻	참고사항
한	潜在力	잠재력. 숨은 힘. 저력	
중	6 潜力 qiánlì		(유) 潜能 qiánnéng

• 他有很大的潜力。 그는 아주 많은 잠재력을 가지고 있다.
　　　　Tā yǒu hěn dà de qiánlì.

• 他只要充分发挥潜力，就能做成这个事情。
　Tā zhǐyào chōngfèn fāhuī qiánlì, jiù néng zuòchéng zhè ge shìqing.
　그가 잠재력을 충분히 발휘만 하면, 이 일을 해낼 수 있다.

유머 한 토막

 放心好了 Fàngxīn hǎole (안심하세요)

爸爸:	你正在学习吧?
Bàba:	Nǐ zhèngzài xuéxí ba?
儿子:	爸爸，进来吧。
érzi:	Bàba, jìnlai ba.
爸爸:	不妨碍你吗?
Bàba:	Bù fáng'ài nǐ ma?
儿子:	没关系。爸爸! 如果这次我在全班考了第一，你会怎么样?
érzi:	Méi guānxi. Bàba! Rúguǒ zhècì wǒ zài quánbān kǎo le dìyī, nǐ huì zěnmeyàng?
爸爸:	那我可就高兴死了。
Bàba:	Nà wǒ kě jiù gāoxìng sǐle.
儿子:	爸爸，你放心好了，我是不会让你死的，我这次就不发挥我的潜力了。
érzi:	Bàba, nǐ fàngxīn hǎole, wǒ shì bú huì ràng nǐ sǐ de, wǒ zhècì jiù bú fāhuī wǒ de qiánlì le.

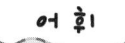

妨碍 fáng'ài　5｜동　방해하다. 지장을 주다　　发挥 fāhuī　5｜동　발휘하다

안심하세요

아빠: 너 공부하고 있구나?
아들: 아빠, 들어오세요.
아빠: 방해되지 않겠어?
아들: 괜찮아요. 아빠! 제가 만약 이번에 반에서 1등을 하면, 어떠실 것 같아요?

아빠: 그럼 난 정말 기뻐 죽을 거야.
아들: 아빠, 안심하세요. 제가 아빠를 죽게 할 일 없을 거예요. 저는 이번에 제 잠재력을 다 발휘하지 않을 거거든요.

잠재의식 潜在意识 潜意识

	잠재의식	뜻	참고사항
한	潛在意識	잠재의식	
중	潜意识 qiányìshí		(유) 潜在意识 qiánzài yìshí

예문

- 本能和**潜意识**常支配人的情感、行动。
  Běnnéng hé qiányìshí cháng zhīpèi rén de qínggǎn, xíngdòng.
  본능과 잠재의식은 인간의 감정과 행동을 지배한다.

- 人的心理由意识、前意识、**潜意识**三部分构成。
  Rén de xīnlǐ yóu yìshí qiányìshí qiányìshí sān bùfēn gòuchéng.
  인간의 심리는 의식과 전의식과 잠재의식 3부분으로 이루어진다.

유머 한 토막

😀 同病相怜 Tóngbìng xiānglián (동병상련)

妻管严A: 这不是老李吗？怎么这么晚你还一个人在这儿呢？
QīguǎnyánA: Zhè bú shì Lǎo Lǐ ma? Zěnme zhème wǎn nǐ hái yí ge rén zài zhèr ne?

妻管严B: 跟老婆吵了一架，烦死人了。
QīguǎnyánB: Gēn lǎopo chǎo le yí jià, fánsǐ rén le.

妻管严A: 怎么连你也成了"妻管严"？来，抽一支。
QīguǎnyánA: Zěnme lián nǐ yě chéng le 'qīguǎnyán'? Lái, chōu yì zhī.

妻管严B: 你别说我了！看样子你的处境也跟我一样。
QīguǎnyánB: Nǐ bié shuō wǒ le! Kàn yàngzi nǐ de chǔjìng yě gēn wǒ yíyàng.

妻管严A: 可不是！我老婆只要和我一吵架，就成了历史学家。
QīguǎnyánA: Kě bú shì! Wǒ lǎopo zhǐyào hé wǒ yì chǎojià, jiù chéng le lìshǐxuéjiā.

妻管严B: 怎么了？
QīguǎnyánB: Zěnme le?

妻管严A: 一张口就揭我的老底子，我要疯了。
QīguǎnyánA: Yì zhāngkǒu jiù jiē wǒ de lǎodǐzi, wǒ yào fēng le.

妻管严B: 老婆都是一个样儿！那惊人的记忆力和无限的潜意识啊！
QīguǎnyánB: Lǎopo dōu shì yí ge yàngr! Nà jīngrén de jìyìlì hé wúxiàn de qiányìshí a!

어휘

同病相怜 tóngbìng xiānglián 동병상련
烦 fán [형][동] 짜증나다. 싫증나다. 귀찮다; 짜증나게 하다. 싫증나게 하다. 귀찮게 하다
处境 chǔjìng 6 [명] 처지. 상황. 지경
张口 zhāng//kǒu [동] 입을 떼다. 입을 열다
揭 jiē [동] 까발리다. 폭로하다. 들추어내다

老底子 lǎodǐzi [명] 지난날의 약점. 이력. 경력
样儿 yàngr [명] 모양. 모습
惊人 jīngrén [형] 사람을 놀라게 할 정도의. 놀랄 만하다
无限 wúxiàn [형] 무한하다. 한이 없다. 끝이 없다

동병상련

공처가A: 이거 이 형 아니세요? 이 늦은 시간에 왜 혼자 여기 계세요?
공처가B: 마누라하고 말다툼을 해서, 짜증이 나 죽겠어.
공처가A: 어떻게 형님까지 공처가가 되셨어요! 자, 담배나 한 대 피우세요.
공처가B: 남 말 할 것 없네. 내 보기엔 자네 처지도 나와 같은 것 같은데?
공처가A: 그러게 말이에요! 제 마누라는 저와 다퉜다 하면, 역사학자가 된다니까요.
공처가B: 어떻게?
공처가A: 입만 열었다 하면 나의 지난 나쁜 내력을 들춰내니, 미치겠어요!
공처가B: 마누라들이란 다 똑같다니까! 그 놀라운 기억력과 무한한 잠재의식이라니!

장모 丈母 / 丈母娘

장모		뜻	참고사항
한	丈母	장모	
중	丈母娘 zhàng muniáng		(유) 丈母 zhàngmu, 岳母 yuèmǔ (반) 丈人 zhàngren, 岳父 yuèfù, 老丈人 lǎozhàngrén

예문
- **丈母娘**看女婿越看越中意。 장모는 사위를 보면 볼수록 마음에 들어 한다.
  Zhàngmuniáng kàn nǚxu yuè kàn yuè zhòngyì.

- 听到**丈母娘**被车撞的消息，他急忙到医院去了。
  Tīngdào zhàngmuniáng bèi chē zhuàng de xiāoxi, tā jímáng dào yīyuàn qù le.
  장모가 차에 치었다는 소식을 듣고, 그는 급히 병원으로 갔다.

유머 한 토막

 最长的六个月 Zuì cháng de liù ge yuè (가장 긴 6개월)

男士1: 要是六个月后世界末日来临的话，你会做什么呢?
Nánshì: Yàoshi liù ge yuè hòu shìjiè mòrì láilín dehuà, nǐ huì zuò shénme ne?

男士2: 我会让我的**丈母娘**搬来一起住。
Nánshì: Wǒ huì ràng wǒ de zhàngmuniáng bānlái yìqǐ zhù.

男士1: 不会吧?
Nánshì: Bú huì ba?

男士2: 因为那样将会成为我一生中最长、最难熬的六个月。
Nánshì: Yīnwèi nàyàng jiāng huì chéngwéi wǒ yìshēng zhōng zuì cháng, zuì nán'áo de liù ge yuè.

어휘

来临 láilín 동 오다. 이르다. 도래하다   熬 áo 6 동 참다. 견디다

가장 긴 6개월
남자1: 만약 6개월 후에 세계의 종말이 온다면, 당신은 무엇을 할 것 같습니까?
남자2: 나는 나의 장모를 이사 오게 해서 함께 살 것입니다.
남자1: 정말요?
남자2: 왜냐하면, 그렇게 하면 내 일생에서 가장 길고 가장 견디기 힘든 6개월이 될 테니까요.

재봉사		뜻	참고사항
한	裁縫師	재봉사	
중	6 裁缝 cáifeng		(유) 裁缝匠 cáiféngjiàng [cáifeng]이라고 발음하면, 우리와 마찬가지로 '재봉하다'는 뜻이 된다.

예문
- 她是个有一手好裁缝手艺的裁缝。 그녀는 훌륭한 재봉 기술을 가진 재봉사이다.
  Tā shì ge yǒu yìshǒu hǎo cáifeng shǒuyì de cáifeng.

- 从韩国来的这些裁缝们本事很大。 한국에서 온 이 재봉사들은 기술이 아주 대단하다.
  Cóng Hánguó lái de zhèxiē cáifengmen běnshì hěn dà.

유머 한 토막

 勉强的借口 Miǎnqiǎng de jièkǒu (억지스러운 변명)

一个主顾的欠款拖得时间太长了，裁缝决定亲自去讨债。
Yí ge zhǔgù de qiànkuǎn tuō de shíjiān tài cháng le, cáifeng juédìng qīnzì qù tǎozhài.

当他来到那个主顾家时，正赶上那人在宰杀一只肥大的火鸡。
Dāng tā láidào nà ge zhǔgù jiā shí, zhèng gǎnshàng nà rén zài zǎishā yì zhī féidà de huǒjī.

裁缝:	您还不还给我那笔欠款啊？
Cáifeng:	Nín hái bù huángěi wǒ nà bǐ qiànkuǎn a?

主顾:	啊，我的朋友，我实在没有钱，请再等一等。
Zhǔgù:	Ā, wǒ de péngyou, wǒ shízài méiyǒu qián, qǐng zài děng yi děng.

裁缝:	没有钱？那您怎么还杀火鸡呢？
Cáifeng:	Méiyǒu qián? Nà nín zěnme hái shā huǒjī ne?

主顾:	您别误会，这是因为我拿不出什么东西来喂它。
Zhǔgù:	Nín bié wùhuì, zhè shì yīnwèi wǒ nábuchū shénme dōngxi lái wèi tā.

어휘

勉强 miǎnqiǎng ⑥ |형| 논리가 부족하다. 억지스럽다

主顾 zhǔgù |명| 고객. 단골손님

欠款 qiànkuǎn |명| 빚. 부채

拖 tuō |동| (시간을) 끌다. 지연하다. 연장하다. 늦추다. 미루다

讨债 tǎo//zhài |동| 빚을 청구하다. 빚을 독촉하다.

赶上 gǎnshàng |동| (어떤 시기 등을) 우연히 만나다

宰杀 zǎishā |동| 잡다. 죽이다. 도살하다

肥大 féidà |형| 비대하다

火鸡 huǒjī |명| 칠면조

억지스러운 변명

한 고객의 부채가 지연되어 시간이 너무 길어지자, 재봉사가 직접 가서 빚을 독촉하기로 했다.
그가 그 고객의 집에 갔을 때, 마침 그 사람이 아주 살찐 칠면조 한 마리를 잡고 있었다.

재봉사: 당신 아직 빚을 갚지 않았죠?

고객: 아, 친구, 정말 돈이 없어 그러니, 조금만 더 기다려 줘.

재봉사: 돈이 없다고요? 그런데 어떻게 칠면조를 잡는 거죠?

고객: 오해하지마, 그건 내가 이 칠면조에게 갖다 먹일 게 아무 것도 없어서 그러는 거니까.

전당포 典当铺 / 当铺

전당포		뜻	참고사항
한	典當鋪	전당포	
중	当铺 dàngpù		(유) 典当铺 diǎndàngpù

예문
- 现在在韩国已经不好找**当铺**了。 한국에서는 이제 전당포 찾기가 쉽지 않다.
  Xiànzài zài Hánguó yǐjing bù hǎo zhǎo dàngpù le.

- 我打算把这个结婚戒指拿到**当铺**去典当。
  Wǒ dǎsuan bǎ zhè ge jiéhūn jièzhǐ nádào dàngpù qù diǎndàng.
  나는 이 결혼반지를 전당포에 가져가 저당을 잡힐까 한다.

유머 한 토막

 人上有人，天外有天 Rén shàng yǒu rén, tiān wài yǒu tiān (뛰는 놈 위에 나는 놈)

一个人坐上出租汽车，当快到自己家时，发现身上没有钱。
Yí ge rén zuòshang chūzū qìchē, dāng kuài dào zìjǐ jiā shí, fāxiàn shēnshang méiyǒu qián.

乘客: Chéngkè:	在**当铺**门口停一下。 Zài dàngpù ménkǒu tíng yíxià.
司机: Sījī:	怎么？还没到目的地。 Zěnme? Hái méi dào mùdìdì.
乘客: Chéngkè:	我到路旁的便利店买包香烟就来。 Wǒ dào lùpáng de biànlìdiàn mǎi bāo xiāngyān jiù lái.
司机: Sījī:	明白了。请便，请便。 Míngbai le. Qǐngbiàn, qǐngbiàn.
乘客: Chéngkè:	我掉在车上100块钱，座位下边太暗，一时找不到，先借我一点零钱买烟吧。 Wǒ diàozài chēshang yìbǎi kuàiqián, zuòwèi xiàbian tài àn, yìshí zhǎo bu dào, xiān jiè wǒ yìdiǎn língqián mǎi yān ba.
司机: Sījī:	好吧，给您。请快点儿。 Hǎo ba, gěi nín. Qǐng kuài diǎnr.
乘客: Chéngkè:	谢谢！我马上就来。 Xièxie! Wǒ mǎshàng jiù lái.

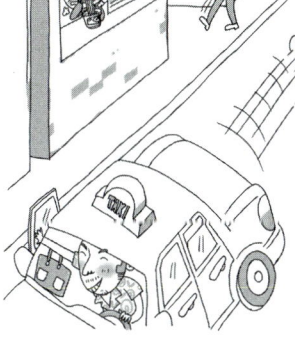

他接过钱快步进了便利店，回头一看，就像他预想的那样，出租车飞快地开跑了。
Tā jiēguò qián kuàibù jìn le biànlìdiàn, huítóu yí kàn, jiù xiàng tā yùxiǎng de nàyàng, chūzūchē fēikuài de kāipǎo le.

어휘

便利店 biànlìdiàn 명 편의점
香烟 xiāngyān 명 담배
请便 qǐngbiàn 동 편한[좋은. 내키는] 대로 하세요
一时 yìshí 명 부 잠시. 짧은 시간; 갑자기. 우연히

零钱 língqián 5 명 잔돈
快步 kuàibù 부 명 빠른 걸음으로; 속보. 빠른 걸음
飞快 fēikuài 형 신속하다. 재빠르다. 쏜살같다

뛰는 놈 위에 나는 놈

어떤 사람이 택시를 타고는, 자기 집에 가까이 갔을 때, 몸에 돈이 없다는 것을 알았다.

승객: 저 전당포 건물 앞에 잠시 세워주세요.
기사: 왜요? 목적지에 아직 도착하지 않았는데요.
승객: 길 옆 편의점에 가서 담배 한 갑 사올까 하고요.
기사: 알았습니다. 편할 대로 하십시오.
승객: 내가 100위안을 차에 떨어뜨렸는데, 자리 밑이 너무 어두워, 잠시 찾을 수가 없으니, 담배를 사게 먼저 잔돈을 좀 빌려주세요.
기사: 그러지요, 여기 있습니다. 서둘러 주세요.
승객: 감사합니다. 금방 오겠습니다.

그가 돈을 받아 빠른 걸음으로 편의점에 들어가, 고개를 돌려보니, 그가 예상했던 대로 택시는 쏜살같이 달아나버렸다.

전문가 / 专门家 / 专家

전문가		뜻	참고사항
한	專門家	전문가	
중	[5] 专家 zhuānjiā		(유) 内行 nèiháng, 行家 hángjia (반) [6] 外行 wàiháng

예문
- 这个问题太复杂，就是**专家**也不容易理解。
  Zhè ge wèntí tà fùzá, jiùshì zhuānjiā yě bù róngyì lǐjiě.
  이 문제는 아주 복잡하여, 전문가라도 이해하기가 쉽지 않다.

- 他是这方面的**专家**。 그는 이 방면의 전문가이다.
  Tā shì zhè fāngmiàn de zhuānjiā.

유머 한 토막

😊 **岗位重复** Gǎngwèi chóngfù (직위 중복)

工作效率**专家**在办公室巡视，他问一个办事员：
Gōngzuò xiàolǜ zhuānjiā zài bàngōngshì xúnshì, tā wèn yí ge bànshìyuán:

专家: 你在做什么呢?
Zhuānjiā: Nǐ zài zuò shénme ne?

办事员1: 今天该做的事都刚做完，没有事。
Bànshìyuán1: Jīntiān gāi zuò de shì dōu gāng zuòwán, méiyǒu shì.

专家: 你正在做什么?
Zhuānjiā: Nǐ zhèngzài zuò shénme?

办事员2: 现在没有事做。
Bànshìyuán2: Xiànzài méiyǒu shì zuò.

专家: 啊哈！原来问题就在这里。
Zhuānjiā: Āhā! Yuánlái wèntí jiù zài zhèli.

专家在笔记簿上记下：岗位重复。
Zhuānjiā zài bǐjìbù shang jìxià: Gǎngwèi chóngfù.

어휘

岗位 gǎngwèi ⑥ |명 직위. 자리. 직책. 직장
重复 chóngfù ⑤ 동 중복하다. 중복되다
巡视 xúnshì 동 순시하다. 돌아다니며 시찰하다
办事员 bànshìyuán 명 사무원
笔记簿 bǐjìbù 명 노트. 수첩. 메모장

직위 중복

업무효율 전문가가 사무실에서 이곳저곳 순시하며, 한 사무원에 물었다.

전문가: 지금 무엇을 하는 중인가요?
사무원1: 오늘 해야 할 일은 방금 다 끝내서, 일이 없습니다.

전문가: 당신은 뭘 하고 있는 거죠?
사무원2: 지금은 할 일이 없습니다.
전문가: 아하! 알고 보니 문제가 바로 여기에 있었군.

전문가는 소리치며, 노트에 '직위 중복'이라고 기록했다.

전시실	뜻	참고사항
한 展示室	전시실. 전람실	
중 展室 zhǎnshì		(유) 展览室 zhǎnlǎnshì, 陈列室 chénlièshì

- 这个展览馆内有100个展室。 이 전람관 내에 100개의 전시실이 있다.
  Zhè ge zhǎnlǎnguǎn nèi yǒu yìbǎi ge zhǎnshì.

- 野生动物保护中心的展室里，有数百种保护动物。
  Yěshēng dòngwù bǎohù zhōngxīn de zhǎnshì li, yǒu shù bǎi zhǒng bǎohù dòngwù.
  야생동물 보호센터의 전시실 안에는 수백 종의 보호동물이 있다.

유머 한 토막

最关心的事 Zuì guānxīn de shì (최대 관심사)

一位业余摄影家举办个人图片展。
Yí wèi yèyú shèyǐngjiā jǔbàn gèrén túpiànzhǎn.

一位贵妇人来到展室，站在一幅照片前面端详了许久，说：
Yí wèi guìfùrén láidào zhǎnshì, zhànzài yì fú zhàopiàn qiánmian duānxiáng le xǔjiǔ, shuō:

妇人： 我要是能认识这幅照片的作者，那该多好啊！
Fùrén: Wǒ yàoshi néng rènshi zhè fù zhàopiàn de zuòzhě, nà gāi duō hǎo a!

摄影家： 夫人，我就是。您有什么想知道的吗？
Shèyǐngjiā: Fūren, wǒ jiù shì. Nín yǒu shénme xiǎng zhīdao de ma?

妇人:	这幅相片拍得太妙了！
Fùrén:	Zhè fù xiàngpiàn pāi de tài miào le!

摄影家:	哪里哪里，您过奖了。
Shèyǐngjiā:	Nǎli nǎli, nín guòjiǎng le.

妇人:	您能不能告诉我，照片里这位模特儿小姐是谁?
Fùrén:	Nín néng bu néng gàosu wǒ, zhàopiàn li zhè wèi mótèr xiǎojie shì shéi?

摄影家:	您找她干吗？
Shèyǐngjiā:	Nín zhǎo tā gànmá?

妇人:	我想知道她的衣服是在哪儿买的。
Fùrén:	Wǒ xiǎng zhīdao tā de yīfu shì zài nǎr mǎi de.

어휘

业余 yèyú ⑤ | 형 여가의. 아마추어의
摄影家 shèyǐngjiā 명 사진작가. 촬영가. 카메라맨
举办 jǔbàn ④ | 동 열다. 개최하다. 거행하다
图片 túpiàn 명 사진. 그림

端详 duānxiáng 동 자세히 보다. 꼼꼼히 보다
许久 xǔjiǔ 명 오랜 시간. 긴 시간. 한참
妙 miào 형 아름답다. 훌륭하다. 미묘하다. 절묘하다
模特儿 mótèr 명 모델

최대 관심사

한 아마추어 사진작가가 개인 사진전을 열었다.
한 귀부인이 전시실에 와서, 한 폭의 사진 앞에 서서 오랜 시간 동안 꼼꼼하게 보더니 말했다.

부인: 이 사진의 작가를 알 수 있다면, 얼마나 좋을까요!
사진작가: 부인, 제가 바로 작가입니다만, 뭐 궁금한 거라도 있으세요?
부인: 이 사진 참으로 아름답게 찍었군요!
사진작가: 천만에요. 과찬이십니다.
부인: 사진 속의 이 모델 아가씨가 누구인지 제게 말씀해주실 수 있을까요?
사진작가: 그 여자를 찾아서 뭐하시게요?
부인: 그녀가 입고 있는 옷을 어디서 샀는지 알고 싶어서요.

전시품 展示品 / 展品

	전시품	뜻	참고사항
한	展示品	전시품, 전시물	
중	展品 zhǎnpǐn		(유) 展览品 zhǎnlǎnpǐn, 陈列品 chénlièpǐn

예문
- 请勿触摸展品。 전시품에 손대지 마시오.
  Qǐng wù chùmō zhǎnpǐn.

- 这些展品基本上都是国宝级展品。 이 전시품들은 대체로 국보급이다.
  Zhèxiē zhǎnpǐn jīběnshang dōu shì guóbǎojí zhǎnpǐn.

유머 한 토막

 夸张 Kuāzhāng (과장)

驻扎在北极圈的部队有两个会吹牛的老兵。
Zhùzhā zài běijíquān de bùduì yǒu liǎng ge huì chuīniú de lǎobīng.

老兵1: 这根本不算冷，我在西伯利亚驻扎过，那地方才冷呢！
Lǎobīng1: Zhè gēnběn bú suàn lěng, wǒ zài Xībólìyà zhǔzhāguo, nà dìfang cái lěng ne!

老兵2: 究竟有多冷？
Lǎobīng2: Jiūjìng yǒu duō lěng?

老兵1: 别提了！连炉子里的火都冻住了，怎么吹也吹不灭。我们把那块火苗捐给了博物馆做展品。
Lǎobīng1: Bié tí le! Lián lúzi li de huǒ dōu dòngzhù le, zěnme chuī yě chuī bu miè. Wǒmen bǎ nà kuài huǒmiáo juāngěi le bówùguǎn zuò zhǎnpǐn.

老兵2: 啊？
Lǎobīng2: Ā?

老兵1: 后来我们才知道，那个博物馆到了春天发生火灾被烧毁了。
Lǎobīng1: Hòulái wǒmen cái zhīdao, nà ge bówùguǎn dào le chūntiān fāshēng huǒzāi bèi shāohuǐ le.

老兵2:　　这算什么！在我呆过的一个地方，讲话时，话一出口就冻住了！ 这样一来，我们只得把冰冻的单词放在开水里溶化，才能理解命令！

Lǎobīng2:　Zhè suàn shénme! Zài wǒ dāiguo de yí ge dìfang, jiǎnghuà shí, huà yì chūkǒu jiù dòngzhù le! Zhèyàng yì lái, wǒmen zhǐdé bǎ bīngdòng de dāncí fàngzài kāishuǐ li rónghuà, cái néng lǐjiě mìnglìng!

어휘

夸张 kuāzhāng 동/명 과장(하다)
驻扎 zhùzhā 6 동 주둔하다
吹牛 chuī//niú 6 동 허풍을 치다. 허풍을 떨다. 흰소리를 하다
根本 gēnběn 5 부 전혀. 아예. 도무지
算 suàn 4 동 ~인 셈이다. ~인 편이다. ~이라 여겨지다. 생각되다
西伯利亚 Xībólìyà 명 시베리아
才 cái 3 부 정말. ~이야말로
炉子 lúzi 명 화로. 난로
冻 dòng 5 동 얼다

灭 miè 동 (불이) 꺼지다. 끄다
火苗 huǒmiáo 명 불꽃. 화염
捐 juān 5 동 바치다. 기부하다. 헌납하다
火灾 huǒzāi 명 화재
烧毁 shāohuǐ 동 소각하다. 불태워 없애다
呆 dāi 5 동 머물다. 머무르다
只得 zhǐdé 부 부득이. 할 수 없이. 어쩔 수 없이
冰冻 bīngdòng 동 얼다. 냉동하다; 얼리다. 냉동시키다
开水 kāishuǐ 6 명 끓인 물
溶化 rónghuà 동 녹다. 용해되다

과장

북극권에 주둔하고 있는 부대에 허풍을 잘 떠는 노병 두 사람이 있었다.

노병1: 이건 전혀 추운 게 아니야, 내가 시베리아에 주둔한 적이 있는데, 그곳이야말로 정말 춥지!
노병2: 대체 얼마나 춥기에요?
노병1: 말도 마! 난로 안의 불까지 다 얼어버려, 아무리 불어도 끌 수가 없으니까 우리는 그 불꽃을 박물관에 전시품으로 쓰도록 기증했었지.
노병2: 네?
노병1: 나중에야 알게 되었는데, 그 박물관은 봄이 되자 불이 나서 소실되어버렸대.
노병2: 그게 뭐 그리 대단하다고! 내가 머물렀던 곳에서는, 말을 할 때 말이 입에서 나오자마자 얼어버렸지! 그래서, 우린 어쩔 수 없이 얼어버린 단어를 끓인 물속에 넣어 녹이고 나서야, 명령을 이해할 수 있었다니까!

전용기 / 专用机 / 专机

	전용기	뜻	참고사항
한	專用機	전용기. 특별기	
중	专机 zhuānjī		

예문
- 她今天乘**专机**从罗马回到北京。그녀는 오늘 전용기를 타고 로마에서 베이징으로 돌아온다.
  Tā jīntiān chéng zhuānjī cóng Luómǎ huídào Běijīng.

- 他今天乘总统**专机**抵达北京，开始对中国进行国事访问。
  Tā jīntiān chéng zǒngtǒng zhuānjī dǐdá Běijīng, kāishǐ duì Zhōngguó jìnxíng guóshì fǎngwèn.
  그는 오늘 대통령 전용기로 베이징에 도착하여, 중국을 상대로 공식방문 활동을 시작한다.

유머 한 토막

 没有假的 Méiyǒu jiǎ de (가짜가 없어서)

妻子过生日时，丈夫给妻子买了一副首饰，妻子很高兴地说：
Qīzi guò shēngrì shí, zhàngfu gěi qīzi mǎi le yí fù shǒushi, qīzi hěn gāoxìng de shuō:

妻子: 亲爱的，如果你给我买辆高档轿车，不是更实惠吗?
Qīzi: Qīn'ài de, rúguǒ nǐ gěi wǒ mǎi liàng gāodàng jiàochē, bú shì gèng shíhuì ma?

丈夫: 你说什么? 你不会不喜欢这个礼物吧?
Zhàngfu: Nǐ shuō shénme? Nǐ bú huì bù xǐhuan zhè ge lǐwù ba?

妻子: 没什么，我只不过是说说罢了。
Qīzi: Méi shénme, wǒ zhǐ búguò shì shuōshuo bàle.

丈夫: 我不仅想给你买高档轿车，甚至连**专机**也想给你买，可惜……
Zhàngfu: Wǒ bùjǐn xiǎng gěi nǐ mǎi gāodàng jiàochē, shènzhì lián zhuānjī yě xiǎng gěi nǐ mǎi, kěxī…

妻子: 可惜什么?
Qīzi: Kěxī shénme?

丈夫: 可惜那些还没有假的！
Zhàngfu: Kěxī nàxiē hái méiyǒu jiǎ de!

어휘

假 jiǎ　4｜형　거짓의. 가짜의
副 fù　6｜양　짝. 세트를 세는 양사
首饰 shǒushi　명　장신구
高档 gāodàng　5｜형　고급의. 고급스러운. 고품질

의
轿车 jiàochē　명　세단. 승용차
实惠 shíhuì　6｜형　실용적이다. 실속이 있다
不仅 bùjǐn　4｜연　~뿐만 아니라

가짜가 없어서

아내의 생일에 남편이 아내를 위해 장신구를 한 세트 샀더니, 아내가 매우 기뻐서 말했다.

아내: 여보, 당신이 나한테 고급 승용차를 한 대 사주는 것이 더 실용적이지 않을까요?
남편: 무슨 말이야? 이 선물이 마음에 안 든다는 건 아니겠지?

아내: 아니에요. 그냥 해본 소리예요.
남편: 나도 고급 승용차뿐만 아니라, 전용기라도 사주고 싶지만, 안타깝게도…
아내: 안타깝게 뭐요?
남편: 애석하게도 그것들은 아직 가짜가 없단 말이야!

정육점　精肉店　肉店

정육점		뜻	참고사항
한	食肉店	정육점. 식육점. 푸줏간	
중	肉店 ròudiàn		(유) 肉铺 ròupù

예문

- 人们在**肉店**门前排队买肉。 사람들이 정육점 문 앞에 줄을 서서 고기를 산다.
  Rénmen zài ròudiàn ménqián páiduì mǎi ròu.

- 他先后开过**肉店**、水果店和小吃店。 그는 잇달아 정육점과 과일가게, 스낵가게를 열었다.
  Tā xiānhòu kāiguo ròudiàn, shuǐguǒdiàn hé xiǎochīdiàn.

유머 한 토막

🍵 **质量很差的舌头** Zhìliàng hěn chà de shétou (품질 떨어지는 혀)

主妇从肉店买了猪舌头回家，正在楼上收拾房间，她对在楼下看书的儿子说:
Zhǔfù cóng ròudiàn mǎi le zhū shétou huíjiā, zhèngzài lóushang shōushí fángjiān, tā duì zài lóuxia kàn shū de érzi shuō:

妈妈: Māma:	如果肉店有人来收账，就从我钱包里拿一百元给他。 Rúguǒ ròudiàn yǒu rén lái shōuzhàng, jiù cóng wǒ qiánbāo li ná yìbǎi yuán gěi tā.
儿子: érzi:	没问题，你放心好了! Méi wèntí, nǐ fàngxīn hǎole!

刚好有一位和尚来访，儿子叫道:
Gānghǎo yǒu yí wèi héshang láifǎng, érzi jiàodào:

儿子: érzi:	妈妈，有人来了。 Māma, yǒu rén lái le.
妈妈: Māma:	给他一百块钱，告诉他，他那儿的舌头质量很差，我不喜欢。 Gěi tā yì bǎi kuài qián, gàosu tā, tā nàr de shétou zhìliàng hěn chà, wǒ bù xǐhuan.

어휘

质量 zhìliàng ④ 명 질. 품질
楼上 lóushàng 명 2층. 위층
收拾 shōushi ④ 동 정리하다. 청소하다
楼下 lóuxià 명 아래층
收账 shōu//zhàng 동 (외상값을) 수금하다

放心 fàng//xīn ③ 동 안심하다. 마음을 놓다
刚好 gānghǎo 부 마침. 때마침. 우연히. 공교롭게도
和尚 héshang 명 중. 승려. 스님
来访 láifǎng 동 내방하다. 방문하다
叫道 jiàodào 동 소리지르다. 외치다

품질 떨어지는 혀

주부가 정육점에서 돼지 혀를 사서 집에 돌아와, 위층에서 방을 청소하면서, 아래층에서 공부하고 있는 아들에게 말했다.

엄마: 만약 정육점에서 누가 외상값을 받으러 오면, 내 지갑에서 100위안을 꺼내 드려라.
아들: 문제없으니, 염려 마세요!

때마침 스님 한 분이 방문하여 아들이 소리쳤다.

아들: 엄마, 누가 오셨어요.
엄마: 그 사람한데 100위안을 주고 말해라. 그 사람네 혀가 품질이 형편없어서, 내가 좋아하지 않는다고.

조미료 调味料 调料

조미료		뜻	참고사항
한	调味料	조미료, 양념	
중	⑥ 调料 tiáoliào		(유) 佐料 zuǒliào, 作料 zuòliao, 调味品 tiáowèipǐn

 예문

- 烹调时经常放的调料有葱、蒜、辣椒等。
  Pēngtiáo shí jīngcháng fàng de tiáoliào yǒu cōng, suàn, làjiāo děng.
  요리를 할 때 항상 넣는 조미료에는 파나 마늘, 고춧가루 등이 있다.

- 我们公司以经营各种副食和调料、包装小食品为主。
  Wǒmen gōngsī yǐ jīngyíng gèzhǒng fùshí hé tiáoliào, bāozhuāng xiǎoshípǐn wéizhǔ.
  우리 회사는 각종 부식과 조미료 그리고 포장식품을 위주로 취급한다.

유머 한 토막

 做菜的手艺 Zuòcài de shǒuyì (음식솜씨)

妻子: 亲爱的，今天的汤可口吗?
Qīzi: Qīn'ài de, jīntiān de tāng kěkǒu ma?

丈夫: 你煮的汤真不错！可是我们家里还有盐吗?
Zhàngfu: Nǐ zhǔ de tāng zhēn búcuò! Kěshì wǒmen jiā li hái yǒu yán ma?

妻子: 当然有啦！我现在就去拿给你。
Qīzi: Dāngrán yǒu la! Wǒ xiànzài jiù qù ná gěi nǐ.

丈夫: 等一下，你不用拿盐给我了。
Zhàngfu: Děng yíxià, nǐ búyòng ná yán gěi wǒ le.

妻子: 怎么？你还要别的调料吗?
Qīzi: Zěnme? Nǐ hái yào bié de tiáoliào ma?

丈夫: 不，什么也不要。
Zhàngfu: Bù, shénme yě bú yào.

妻子: 你刚才不是问家里有盐吗?
Qīzi: Nǐ gāngcái bú shì wèn jiā li yǒu yán ma?

丈夫: 我以为你把所有的盐都放进汤里去了!
Zhàngfu: Wǒ yǐwéi nǐ bǎ suǒyǒu de yán dōu fàngjìn tāng li qù le!

어휘

手艺 shǒuyì　6 | 명　솜씨. 손재간. 수공 기술
汤 tāng　4 | 명　탕. 국. 수프
可口 kěkǒu　6 | 형　맛있다. 입에 맞다
煮 zhǔ　5 | 동　삶다. 끓이다
盐 yán　4 | 명　소금
所有 suǒyǒu　4 | 형　모든. 일체의

음식솜씨

아내: 여보, 오늘 국 맛있어요?
남편: 당신이 끓인 국은 참 훌륭해! 그런데 우리 집에 아직 소금이 있어?
아내: 당연히 있지요! 지금 가서 갖다줄게요.
남편: 잠깐요, 소금 가져올 것 없어.

아내: 왜요? 다른 조미료 필요해요?
남편: 아니, 아무 것도 필요 없어.
아내: 당신 아까 집에 소금이 있느냐고 묻지 않았어요?
남편: 난 당신이 소금을 몽땅 국 속에 넣어버렸나 생각이 들어서!

중매인 / 中媒人 / 媒人

중매인	뜻	참고사항
한　中媒人	중매인. 중매쟁이	
중　媒人 méiren		(유) 月下老人 yuèxià lǎorén, 媒婆 méipó, 红娘 hóngniáng

예문
- 我妹妹就是我们夫妻的媒人。 나의 여동생이 우리 부부의 중매인이다.
  Wǒ mèimei jiù shì wǒmen fūqī de méiren.

- 1999年我经媒人介绍, 跟她结婚。 1999년 나는 중매인의 소개로 그녀와 결혼했다.
  Yī jiǔ jiǔ jiǔ nián wǒ jīng méiren jièshào, gēn tā jiéhūn.

유머 한 토막

 马的代言人 Mǎ de dàiyánrén (말의 대변인)

一天，国王骑着一匹公马，随行人员骑着一匹母马，一起去打猎，突然，国王的马冲着随行人员的马长嘶几声，国王戏弄随行人员说:
Yì tiān, guówáng qízhe yì pǐ gōngmǎ, suíxíng rényuán qízhe yì pǐ mǔmǎ, yìqǐ qù dǎliè, tūrán, guówáng de mǎ chòngzhe suíxíng rényuán de mǎ cháng sī jǐ shēng, guówáng xìnòng suíxíng rényuán shuō:

国王: 我的马爱上了你的马，它说要娶你的马做老婆哩！
Guówáng: Wǒ de mǎ àishàng le nǐ de mǎ, tā shuō yào qǔ nǐ de mǎ zuò lǎopo li!

国王刚讲完，随行人员的马也鸣叫了一声，随行人员立刻说道:
Guówáng gāng jiǎngwán, suíxíng rényuán de mǎ yě míngjiào le yì shēng, suíxíng rényuán lìkè shuōdào:

随行人员: 国王陛下，我的马回答说:"要我嫁给国王的马，国王必须亲自出面为我当媒人。"
Suíxíng rényuán: Guówáng bìxià, wǒ de mǎ huídá shuō: 'Yào wǒ jiàgěi guówáng de mǎ, guówáng bìxū qīnzì chūmiàn wèi wǒ dāng méiren.'

国王: 麻烦你转告它我很乐意这样。哈哈！
Guówáng: Máfan nǐ zhuǎngào tā wǒ hěn lèyì zhèyàng. Hāhā!

代言人 dàiyánrén 명 대변인(=发言人)
打猎 dǎ//liè 6 동 사냥을 하다
突然 tūrán 3 부 갑자기. 돌연
嘶 sī 동 (말이) 울다
戏弄 xìnòng 동 놀리다. 희롱하다
爱上 àishang 동 사랑하게 되다. 좋아하게 되다
娶 qǔ 5 동 장가가다. 아내를 얻다. 아내를 들이다

鸣叫 míngjiào 동 울다. 울부짖다
陛下 bìxià 명 폐하
出面 chū//miàn 동 얼굴을 내밀다. 직접 나서다. 나타나다. 모습을 보이다
乐意 lèyì 6 동 기꺼이 ~하려고 하다. ~하고 싶다
转告 zhuǎngào 5 동 전하다. 전달하다

part B 음절을 줄여서 쓰는 어휘

말의 대변인

어느 날, 국왕은 수말을 타고, 수행원은 암말을 타고 함께 사냥을 하러 갔는데, 갑자기 국왕의 말이 수행원의 말을 향해 몇 번 울자, 국왕이 수행원을 놀리며 말했다.

국왕: 짐의 말이 그대의 말을 사랑하게 되어, 그대의 말에 장가들어 아내로 삼겠다고 하오.

국왕이 말을 마치기가 무섭게, 수행원의 말도 한 번 울부짖자, 수행원이 곧바로 말했다.

수행원: 국왕 폐하, 소인의 말이 대답하기를 "국왕 폐하의 말에게 시집을 가려 하는데, 국왕 폐하께서 친히 반드시 자기의 중매인이 되어 주셔야 한다"고 합니다.

국왕: 번거롭겠지만 그대 말한테 짐이 기꺼이 그리 하겠노라고 전해주시오. 하하!!

증거물 证据物 / 证物

증거물		뜻	참고사항
한	證據物	증거물	
중	证物 zhèngwù		(유) 5 证据 zhèngjù

예문
- 警察还没有找到什么**证物**。 경찰은 아직 어떠한 증거물도 찾지 못했다.
  Jǐngchá hái méiyǒu zhǎodào shénme zhèngwù.

- 如果你有什么**证物**，请出示！ 만약 당신이 증거물을 가지고 있다면 제시해보세요!
  Rúguǒ nǐ yǒu shénme zhèngwù, qǐng chūshì!

유머 한 토막

 确凿的证物 Quèzáo de zhèngwù (확실한 증거물)

爸爸: 你看，我的头发怎么样?
Bàba: Nǐ kàn, wǒ de tóufa zěnmeyàng?

儿子: 白了一半儿了。
érzi: Bái le yíbànr le.

爸爸: Bàba:	你知不知道我的头发是怎么白的呢? Nǐ zhī bu zhīdao wǒ de tóufa shì zěnme bái de ne?
儿子: érzi:	这可说不好。 Zhè kě shuō bu hǎo.
爸爸: Bàba:	全是因为你不听话，我和你生气生的。 Quán shì yīnwèi nǐ bù tīnghuà, wǒ hé nǐ shēngqì shēng de.
儿子: ér4zi:	那么，爸爸一定比我更不听话了。 Nàme, bàba yídìng bǐ wǒ gèng bù tīnghuà le.
爸爸: Bàba:	你凭什么这样说? Nǐ píng shénme zhèyàng shuō?
儿子: érzi:	有确凿的**证物**嘛！爷爷全白的头发！ Yǒu quèzái de zhèngwù ma! Yéye quán bái de tóufa!

어휘

确凿 quèzáo 형 확실하다. 분명하다. 명확하다
头发 tóufa ③ 명 머리카락. 두발

一半(儿) yíbànr 명 반. 절반. 반절
说不好 shuō bu hǎo 모른다. 잘 알 수 없다

확실한 증거물

아빠: 내 머리가 어떤지 좀 봐라.
아들: 절반이 하얀데요.
아빠: 내 머리가 왜 하얀지 넌 아느냐?
아들: 그건 잘 모르겠는데요.
아빠: 그건 다 네가 말을 안 들어, 내가 너한테 화를 냈기 때문이란다.
아들: 그렇다면, 아빠는 틀림없이 나보다 더 말을 안 들었겠네요!
아빠: 무슨 근거로 그렇게 말하는 거지?
아들: 확실한 증거물이 있잖아요! 할아버지의 완전 백발!

증정품 / 赠呈品 / 赠品

증정품		뜻	참고사항
한	赠呈品	증정품. 경품	
중	赠品 zèngpǐn		

예문
- 买整套就能得到**赠品**。　세트를 사면 증정품을 받을 수 있다.
  Mǎi zhěngtào jiù néng dédào zèngpǐn.

- 随着业内促销竞争变得激烈，**赠品**活动越来越频繁。
  Suízhe yènèi cùxiāo jìngzhēng biànde jīliè, zèngpǐn huódòng yuèláiyuè pínfán.
  업계의 판촉 경쟁이 가열되면서, 경품행사가 갈수록 빈번해지고 있다.

유머 한 토막

 光盘驱动器的用途 Guāngpán qūdòngqì de yòngtú (CD드라이브의 용도)

有一天，电脑公司服务中心接到了一个顾客的电话。
Yǒu yì tiān, diànnǎo gōngsī fúwù zhōngxīn jiēdào le yí ge gùkè de diànhuà.

顾客: Gùkè:	喂，是服务中心吗? Wéi, shì fúwù zhōngxīn ma?
技术员: Jìshùyuán:	是的。有什么事情需要我们帮忙吗? Shì de. Yǒu shénme shìqing xūyào wǒmen bāngmáng ma?
顾客: Gùkè:	我的电脑还没过保修期，电脑上的茶杯架坏了。 Wǒ de diànnǎo hái méi guò bǎoxiūqī, diànnǎo shang de chábēijià huài le.
技术员: Jìshùyuán:	对不起，您刚才说是要修茶杯架吗? Duìbuqǐ, nín gāngcái shuō shì yào xiū chábēijià ma?
顾客: Gùkè:	不错。它原来就安装在电脑的前部。 Bú cuò. Tā yuánlái jiù ānzhuāngzài diànnǎo de qiánbù.

技术员: 实在对不起。那个茶杯架是不是您收到的赠品?
Jìshùyuán: Shízài duìbuqǐ. Nà ge chábēijià shì bu shì nín shōudào de zèngpǐn?

顾客: 我不知道有什么赠品。那是电脑本身带的。
Gùkè: Wǒ bù zhīdao yǒu shénme zèngpǐn. Nà shì diànnǎo běnshēn dài de.

技术员: 天哪!我这才明白了!请你不要挂断,稍等一下。
Jìshùyuán: Tiān na! Wǒ zhè cái míngbai le! Qǐng nǐ búyào guàduàn, shāo děng yíxià.

这位技术员忍不住想笑,无法再和对方谈下去了。
Zhè wèi jìshùyuán rěn bu zhù xiǎng xiào, wúfǎ zài hé duìfāng tán xiàqu le.

原来那位顾客把光盘驱动器上的光盘托架拉出来当成了茶杯架。
Yuánlái nà wèi gùkè bǎ guāngpán qūdòngqì shang de guāngpán tuōjià lā chūlai dàngchéng le chábēijià.

어휘

光盘 guāngpán 명 콤팩트디스크(CD)
驱动器 qūdòngqì 명 구동기. 드라이브
用途 yòngtú 5 명 용도
顾客 gùkè 4 명 고객. 손님
保修期 bǎoxiūqī 명 무상수리 기간
安装 ānzhuāng 5 동 설치하다. 고정시키다
赠品 zèngpǐn 명 경품. 증정품

本身 běnshēn 6 명 자체. 그 자신
挂断 guàduàn 동 (전화를) 끊다
稍 shāo 부 조금. 약간
忍不住 rěn bu zhù 5 참을 수가 없다. 억누르지 못하다
托架 tuōjià 6 명 받침대. 브래킷
拉 lā 4 동 당기다. 끌어당기다. 잡아당기다

CD드라이브의 용도

어느 날, 컴퓨터회사 서비스센터에서 한 고객의 전화를 받았다.

고객: 여보세요, 서비스센터입니까?
기술원: 그렇습니다. 저희가 도와드릴 일이 있습니까?
고객: 제 컴퓨터는 무상수리 보장기간이 아직 지나지 않았는데, 컴퓨터의 찻잔걸이가 망가졌어요.
기술원: 죄송합니다만, 방금 찻잔걸이 수리를 원하신다고 하셨나요?
고객: 맞아요. 그게 원래 컴퓨터 앞쪽에 설치되어 있었거든요.
기술원: 정말 죄송한데요. 그 찻잔걸이 혹시 경품으로 받으신 거 아닌가요?
고객: 난 무슨 경품이 있었는지는 몰라요. 그건 컴퓨터 자체에 부착된 것이거든요.
기술원: 맙소사! 이제야 알겠습니다! 전화를 끊지 마시고, 잠시만 기다리세요.

이 기술원은 웃음이 터져 나오려는 것을 참을 수가 없어, 상대방과 계속 더 이야기할 수 없었다.
알고 보니 그 고객은 CD드라이브의 CD받침대를 빼내 찻잔걸이로 삼았던 것이었다.

지하도 地下道 地道

지하도		뜻	참고사항
한	地下道	지하도. 지하갱도	
중	⑤ 地道 dìdào		(유) 地下道 dìxiàdào

- 他们是通过一楼的地道逃跑的。 그들은 1층 지하도를 통해 도주했다.
  Tāmen shì tōngguò yī lóu de dìdào táopǎo de.

- 由于这次的大雨，地道都被淹没了。 이번 큰 비로 지하도가 다 물에 잠겨버렸다.
  Yóuyú zhècì de dàyǔ, dìdào dōu bèi yānmò le.

유머한 토막

老实巴交的妻子 Lǎoshi bājiāo de qīzi (고지식한 아내)

一个妇人探视完狱中的丈夫后，立即去找监狱长，她苦苦哀求监狱长为她的丈夫安排一个比较轻便的工作。
Yí ge fùrén tànshìwán yù zhōng de zhàngfu hòu, lìjí qù zhǎo jiānyùzhǎng, tā kǔkǔ āiqiú jiānyùzhǎng wèi tā de zhàngfu ānpái yí ge bǐjiào qīngbiàn de gōngzuò.

妇人: 请别无情地拒绝我的恳求。
Fùrén: Qǐng bié wúqíng de jùjué wǒ de kěnqiú.

监狱长: 在我们这里可没有像你希望的那样轻松的活计。
Jiānyùzhǎng: Zài wǒmen zhèli kě méiyǒu xiàng nǐ xīwàng de nàyàng qīngsōng de huójì.

妇人: 是的，这我知道。可是你不觉得对我丈夫过分严厉吗？
Fùrén: Shì de, zhè wǒ zhīdao. Kěshì nǐ bù juéde duì wǒ zhàngfu guòfèn yánlì ma?

监狱长: 你怎么这么想呢？
Jiānyùzhǎng: Nǐ zěnme zhème xiǎng ne?

妇人: 他告诉我，他每夜都在不停地挖地道啊。
Fùrén: Tā gàosu wǒ, tā měi yè dōu zài bùtíng de wā dìdào a.

监狱长: 什么？
Jiānyùzhǎng: Shénme?

어휘

老实巴交 lǎoshi bājiāo 정직하다. 솔직하다. 반듯하다
探视 tànshì [동] 찾아가보다. 문안하다
监狱 jiānyù [6][명] 감옥. 교도소
哀求 āiqiú [동] 애원하다. 애절하게 구하다
安排 ānpái [4][동] 안배하다. 배정하다. 배치하다

轻便 qīngbiàn [형] 쉽다. 용이하다. 수월하다
无情 wúqíng [형] 무정하다. 무자비하다. (인정)사정 없다.
恳求 kěnqiú [동] 간청하다. 애원하다
活计 huójì [명] 육체노동. 품
过分 guòfèn [5][형] 지나치다. 과분하다. 도를 넘다

고지식한 아내

한 부인이 옥중의 남편을 면회하고 난 후, 즉시 교도소장을 찾아가 자기 남편에게 수월한 일을 배정해 달라고 간절히 애원했다.

부인: 부디 저의 간청을 매정하게 거절하지 마세요.
감옥장: 여기에는 결코 당신의 바람처럼 그렇게 수월한 노동은 없어요.
부인: 그렇겠죠. 그건 저도 압니다. 하지만 제 남편에 대해서는 지나치게 엄하다고 생각하지 않나요?
감옥장: 왜 그렇게 생각하시는 거죠?
부인: 그이가 제게 그러더군요. 매일 밤 어김없이 쉬지도 않고 지하도를 파고 있다고.
감옥장: 뭐라고요?

지하철 地下铁 地铁

지하철		뜻	참고사항
한	地下鐵	지하철	
중	[3] 地铁 dìtiě		[地下铁道 dìxià tiědào]의 줄임말

part B 음절을 줄여서 쓰는 어휘

예문

- 坐地铁又方便又便宜。지하철을 타는 게 편리하고 싸다.
  Zuò dìtiě yòu fāngbiàn yòu piányi.

- 你快走吧，再晚一点儿，就赶不上末班地铁了。
  Nǐ kuài zǒu ba, zài wǎn yìdiǎnr, jiù gǎnbushàng mòbān dìtiě le.
  빨리 가세요. 조금 더 늦으면, 지하철 막차를 놓치게 됩니다.

유머 한 토막

扶手与领带 Fúshǒu yú lǐngdài (손잡이와 넥타이)

快速行驶的地铁，突然停电，一时车厢里变得很暗。
Kuàisù xíngshǐ de dìtiě, tūrán tíngdiàn, yìshí chēxiāng li biàn de hěn àn.

乘客1: 哎呀，真讨厌！这地铁怎么动不动就停电，又晃得这么厉害？
Chéngkè: Āiyā, zhēn tǎoyàn! Zhè dìtiě zěnme dòngbudòng jiù tíngdiàn, yòu huàng de zhème lìhai?

乘客2: 谁说不是！好像系统上有什么毛病似的。
Chéngkè: Shéi shuō bú shì! Hǎoxiàng xìtǒng shang yǒu shénme máobìng shìde.

这时一位绅士很客气地对站在身旁的一位女士说：
Zhèshí yí wèi shēnshì hěn kèqi de duì zhànzài shēnpáng de yí wèi nǚshì shuō:

绅士: 车厢里又黑，又晃得很难站住，请允许我为您找扶手吧！
Shēnshì: Chēxiāng li yòu hēi, yòu huàng de hěn nán zhànzhù, qǐng yǔnxǔ wǒ wèi nín zhǎo fúshǒu ba!

女士: (冷冰冰地) 我已经有扶手了！
Nǚshì: (lěngbīngbīng de) Wǒ yǐjing yǒu fúshǒu le!

绅士: (气喘吁吁地) 那么请放开我的领带吧！
Shēnshì: (qìchuānxūxu de) Nàme qǐng fàngkāi wǒ de lǐngdài ba!

어휘

扶手 fúshǒu 명 손잡이
行驶 xíngshǐ 동 다니다. 운항하다. 운행하다
晃 huàng 동 흔들다. 요동하다. 흔들리다
好像……似的 hǎoxiàng...shìde 4 ~하는 것 같다(추측)/마치 ~같다(비유)

系统 xìtǒng 5 명 계통. 체계. 시스템
身旁 shēnpáng 명 신변. 몸 가까이
允许 yǔnxǔ 4 동 허락하다. 허가하다
冷冰冰 lěngbīngbīng 형 차갑고 쌀쌀맞다
气喘吁吁 qìchuānxūxu 숨이 가빠서 헐떡이는 모양

손잡이와 넥타이

빠른 속도로 달리던 지하철이 갑작스런 정전으로 졸지에 객실 안이 매우 어두워졌다.

승객1: 아이고, 짜증나! 이 지하철은 왜 걸핏하면 정전에, 또 이렇게 심하게 흔들리는 거야?

승객2: 누가 아니래요! 뭔가 시스템에 결함이 있는 것 같아요.

이때 어떤 신사 한 사람이 매우 정중하게 옆에 서있는 여사에게 말했다.

신사: 객차 안이 너무 어두운데다, 또 흔들려서 서있기 아주 힘든데, 제가 당신에게 손잡이를 찾아드릴게요.

여사: (아주 쌀쌀맞게) 난 이미 손잡이가 있는데요!

신사: (숨을 헐떡이며) 그럼 제 넥타이는 좀 놓아주시지요!

진료비 诊疗费 诊费

진료비		뜻	참고사항
한	診療費	진료비. 진찰비	
중	诊费 zhěnfèi		(유) 诊疗费 zhěnliáofèi

예문

- 这样高额的**诊费**，对他们来说，是一个不小的负担。
  Zhèyàng gāo'é de zhěnfèi, duì tāmen láishuō, shì yí gè bù xiǎo de fùdān.
  이러한 고액 진료비가 그들에게는 적지 않은 부담이다.

- 既然弄清楚是他的过错，他就得承担一切**诊费**。
  Jìrán nòng qīngchu shì tā de guòcuò, tā jiù děi chéngdān yíqiè zhěnfèi.
  그의 과실임이 밝혀진 이상, 그가 일체의 진료비를 책임져야 한다.

part B 음절을 줄여서 쓰는 어휘

유머 한 토막

健忘症 Jiànwàngzhèng (건망증)

医生: 看样子，现在好像比以前好多了。
Yīshēng: Kàn yàngzi, xiànzài hǎoxiàng bǐ yǐqián hǎo duōle.

病人: 是吗？谢谢！
Bìngrén: Shì ma? Xièxie!

医生: 您要走了吗? **诊费**付了没有？
Yīshēng: Nín yào zǒu le ma? Zhěnfèi fù le méiyǒu?

病人: 呀，我忘了，我患的是健忘症，请原谅！
Bìngrén: Yā, wǒ wàng le, wǒ huàn de shì jiànwàngzhèng, qǐng yuánliàng!

病人拿出10元，交给医生。
Bìngrén náchū shí yuán, jiāogěi yīshēng.

医生: 再见！
Yīshēng: Zàijiàn!

病人: 还得找我5元呢？
Bìngrén: Hái děi zhǎo wǒ wǔ yuán ne?

医生: 哦！请你原谅，我也有点儿健忘症。
Yīshēng: Ō! Qǐng nǐ yuánliàng, wǒ yě yǒudiǎnr jiànwàngzhèng.

病人: 有健忘症的医生可以治疗健忘症？
Bìngrén: Yǒu jiànwàngzhèng de yīshēng kěyǐ zhìliáo jiànwàngzhèng?

医生: 您应该明白，您的健忘症，经我医治后好了许多，所以还记得要回5元呢。
Yīshēng: Nín yīnggāi míngbai, nín de jiànwàngzhèng, jīng wǒ yīzhì hòu hǎo le xǔduō, suǒyǐ hái jìde yào huí wǔ yuán ne.

어휘

健忘症 jiànwàngzhèng 명 건망증(=健忘. 忘性)
看样子 kàn yàngzi 보아하니
患 huàn 동 병에 걸리다. 병을 앓다
付 fù 동 내다. 주다. 지불하다
经 jīng 동 통하다. 거치다. 경험하다. 경과하다
医治 yīzhì 동 치료하다
记得 jìde 3 동 기억하고 있다. 잊지 않고 있다

건망증

의사: 보아하니, 이제 전보다 많이 좋아진 것 같아요.
환자: 그래요? 감사합니다!
의사: 가시게요? 진료비는 지불하셨나요?
환자: 아, 제가 깜박했군요. 제가 앓고 있는 게 건망증이니, 양해해 주세요!

환자가 10위안을 꺼내, 의사한테 지불했다.

의사: 잘 가요!
환자: 5위안 거슬러 주셔야 하는데요?
의사: 오! 이해해줘요. 나도 건망증이 좀 있거든요.
환자: 건망증을 가진 의사가 건망증을 치료할 수 있나요?
의사: 환자분의 건망증은 제 치료를 통해 많이 좋아졌기 때문에, 5위안을 돌려받아야 한다는 걸 기억하고 있는 것을 아셔야 합니다.

진료소 诊疗所 诊所

진료소		뜻	참고사항
한	診療所	진료소	
중	诊所 zhěnsuǒ		(유) 诊疗所 zhěnliáosuǒ

예문
- 这是一个非盈利性的儿童诊所。 이건 비영리성 아동 진료소이다.
  Zhè shì yí ge fēi yínglìxìng de értóng zhěnsuǒ.

- 他从牙科专业毕业后，开了一间牙科诊所。
  Tā cóng yákē zhuānyè bìyè hòu, kāi le yì jiān yákē zhěnsuǒ.
  그는 치과대학을 졸업한 후, 치과진료소를 개업했다.

유머 한 토막

 特效药 Tèxiàoyào (특효약)

一位修女满脸怒气地从诊断室跑出来，诊费也未付就走出了诊所。职员问医生到底是怎么回事。
Yí wèi xiūnǚ mǎnliǎn nùqìde cóng zhěnduànshì pǎo chūlai, zhěnfèi yě wèi fù jiù zǒuchu le zhěnsuǒ. Zhíyuán wèn yīshēng dàodǐ shì zěnme huí shì.

职员: 那位修女到底生什么气?
Zhíyuán: Nà wèi xiūnǚ dàodǐ shēng shénme qì?

医生: 哦，我给她检查了一下，然后告诉她她怀孕了罢了。
Yīshēng: Ō, wǒ gěi tā jiǎnchá le yíxià, ránhòu gàosu tā tā huáiyùn le bàle.

职员: 那怎么可能?
Zhíyuán: Nà zěnme kěnéng?

医生: 当然不可能，不过，这么一说就治好了她的打嗝儿。
Yīshēng: Dāngrán bù kěnéng, búguò, zhème yì shuō jiù zhìhǎo le tā de dǎgér.

职员: 哦，原来是这么回事！
Zhíyuán: Ō, yuánlái shì zhème huí shì!

어휘

满脸 mǎnliǎn 명 만면. 온 얼굴(=满面)
怒气 nùqì 명 노기
怀孕 huái//yùn 4 동 임신하다. 새끼를 배다
打嗝儿 dǎ//gér 동 딸꾹질(을 하다)

특효약

수녀 한 분이 몹시 화가 나서 진료실을 뛰쳐나와 진료비도 내지 않고 진료소를 나가버렸다. 직원은 의사에게 도대체 무슨 일이냐고 물었다.

직원: 그 수녀님은 도대체 뭣 때문에 그렇게 화가 난 거죠?

의사: 아, 검사를 하고 나서, 임신을 했다고 그 분께 말했을 뿐이야.

직원: 어떻게 그럴 수가?

의사: 당연히 불가능하지. 하지만, 그렇게 말하자 딸꾹질이 치료되었거든!

직원: 아, 그랬었군요!

찰과상 擦过伤 擦伤

	찰과상	뜻	참고사항
한	擦過傷	찰과상	
중	[4] 擦伤 cāshāng		

예문

- 这种药水治疗<u>擦伤</u>很有效。 이 물약은 찰과상 치료하는 데 아주 효과가 좋다.
  Zhè zhǒng yàoshuǐ zhìliáo cāshāng hěn yǒuxiào.

- 他让汽车撞了，幸亏只<u>擦伤</u>了一点。 그는 차에 치었지만, 다행히도 찰과상만 입었다.
  Tā ràng qìchē zhuàng le, xìngkuī zhǐ cāshāng le yìdiǎn.

유머 한 토막

 我也不是新手 Wǒ yě bú shì xīnshǒu (나도 초보가 아니야)

大街上发生了一起车祸。好在被撞的行人仅有几处<u>擦伤</u>，而且都不太严重。
Dàjiē shang fāshēng le yì qǐ chēhuò. Hǎozài bèi zhuàng de xíngrén jǐn yǒu jǐ chù cāshāng, érqiě dōu bútài yánzhòng.

司机愤怒地对行人喊道：
Sījī fènnù de duì xíngrén hǎn dào:

司机: 你把眼睛忘在家里了吗？为什么不注意？
Sījī: Nǐ bǎ yǎnjing wàngzài jiā li le ma? Wèi shénme bú zhùyì?

行人: 你注意了吗？
Xíngrén: Nǐ zhùyì le ma?

司机: 你知道吗？我开车十年从没出过一次事！
Sījī: Nǐ zhīdao ma? Wǒ kāichē shí nián cóng méi chūguo yí cì shì!

行人: 我也不是新手，我步行已经有五十多年了！
Xíngrén: Wǒ yě bú shì xīnshǒu, wǒ bùxíng yǐjing yǒu wǔshí duō nián le.

어휘

新手 xīnshǒu 명 신참. 신인. 새내기. 신출내기
车祸 chēhuò 명 교통사고. 차사고
好在 hǎozài 부 다행히도. 운 좋게
仅 jǐn 부 겨우. 다만. 단지
步行 bùxíng 동 보행하다. 걸어 다니다

나도 초보가 아니야

대로에서 교통사고가 발생했다. 다행히도 차에 친 행인은 몇 군데 찰과상만 입었는데, 그 또한 별로 심하지 않았다.
기사는 화가 나서 행인에게 소리를 질렀다.

기사: 당신 눈을 집에 두고 나왔어? 왜 주의하질 않는 거야?
행인: 그러는 당신은 주의했나요?
기사: 당신 알아? 난 10년 운전에 사고 한 번 낸 적이 없단 말이오!
행인: 나도 초보가 아니라, 보행 경력 벌써 50년이 넘었단 말입니다!

처방전 处方笺 处方

처방전		뜻	참고사항
한	處方箋	처방전. 약방문	
중	处方 chǔfāng		(유) 药方 yàofāng, 处方单 chǔfāngdān

예문
- 请按这个**处方**配药。 이 처방전대로 약을 조제해 주십시오.
  Qǐng àn zhè ge chǔfāng pèiyào.

- 这是大夫给我开的**处方**。 이것은 의사가 나에게 지어 준 처방전이다.
  Zhè shì dàifu gěi wǒ kāi de chǔfāng.

유머 한 토막

😀 **绝妙的提问** Juémiào de tíwèn (절묘한 질문)

一天，一位中年男人找医生检查。
Yì tiān, yí wèi zhōngnián nánrén zhǎo yīshēng jiǎnchá.

男人:	我有什么不好的地方吗?
Nánrén:	Wǒ yǒu shénme bù hǎo de dìfang ma?
医生:	没有什么。
Yīshēng:	Méiyǒu shénme.
男人:	顺便问一下，怎样才能活到100岁?
Nánrén:	Shùnbiàn wèn yíxià, zěnyàng cái néng huódào yìbǎi suì?
医生:	虽然不太好说，但是第一，戒酒。
Yīshēng:	Suīrán bútài hǎo shuō, dànshì dìyī, jièjiǔ.
男人:	我平时滴酒不沾。
Nánrén:	Wǒ píngshí dījiǔ bùzhān.
医生:	第二，戒色。
Yīshēng:	Dì'èr, jièsè.
男人:	我一点不讨女人喜欢。
Nánrén:	Wǒ yìdiǎn bù tǎo nǚrén xǐhuan.
医生:	第三，少吃肉。
Yīshēng:	Dìsān, shǎo chī ròu.
男人:	我是个素食者，没问题！请给我开个处方。
Nánrén:	Wǒ shì ge sùshízhě, méi wèntí! Qǐng gěi wǒ kāi ge chǔfāng.
医生:	那么您为什么想活这么久呢?
Yīshēng:	Nàme nín wèi shénme xiǎng huó zhème jiǔ ne?

어휘

绝妙 juémiào 형 절묘하다
提问 tíwèn 5 동 질문(하다)
平时 píngshí 4 명 평소. 평시. 평상시
滴酒不沾 dījiǔ bùzhān 한 방울의 술도 입에 안 대다
讨 tǎo 동 초래하다. 야기하다. 받다. 사다
素食 sùshí 명 동 채식(하다)

절묘한 질문

하루는 중년 남자가 의사를 찾아와 검진을 받았다.

남자: 좋지 않은 곳이라도 있나요?
의사: 아무 것도 없습니다.
남자: 이 김에 좀 여쭙겠는데, 어떻게 해야 100살까지 살 수 있을까요?
의사: 딱 꼬집어 말할 수는 없지만, 첫째는 금주지요.
남자: 저는 평소 술 한 방울 입에 대지 않아요.
의사: 둘째는 색을 멀리 하는 것이지요.
남자: 저는 여자들한테 전혀 호감을 사지 않지요.
의사: 셋째는 고기를 적게 먹어야 합니다.
남자: 저는 채식주의자이니, 문제없습니다! 저한테 최상의 처방전을 한 장 써주십시오.
의사: 그럼 당신은 뭣 때문에 그렇게 오래 살려고 하는 거죠?

	특산물	뜻	참고사항
한	特産物	특산물. 특산품	
중	特产 tèchǎn		(유) 特产品 tèchǎnpǐn, 名产 míngchǎn

예문
- 人参是韩国的**特产**之一。 인삼은 한국 특산품 중 하나이다.
  Rénshēn shì Hánguó de tèchǎn zhī yī.

- 这个地方出产好多种**特产**。 이곳에서는 여러 가지 특산물이 나온다.
  Zhè ge dìfang chūchǎn hǎoduō zhǒng tèchǎn.

유머 한 토막

 幸运 Xìngyùn (행운)

某**特产**商店有强盗光顾，第二天，店主对来调查案件的警察说：
Mǒu tèchǎn shāngdiàn yǒu qiángdào guānggù, dì'èr tiān, diànzhǔ duì lái diàochá ànjiàn de jǐngchá shuō:

店主: 谢天谢地！幸好强盗不是前天晚上而是昨晚来的。
Diànzhǔ: Xiètiān xièdì! Xìnghǎo qiángdào bú shì qiántiān wǎnshang érshì zuówǎn lái de.

警察: 什么不同吗?
Jǐngchá: Shénme bùtóng ma?

店主: 有很多的不同。从昨天起我把全部特产降价百分之五十，要是前天晚上来，我的损失可大了。
Diànzhǔ: Yǒu hěn duō de bù tóng. Cóng zuótiān qǐ wǒ bǎ quánbù tèchǎn jiàngjià bǎifēnzhī wǔshí, yàoshi qiántiān wǎnshang lái, wǒ de sǔnshī kě dà le.

어휘

谢天谢地 xiètiān xièdì 천지신명께 감사하다
光顾 guānggù 동 왕림하다. 찾아주시다
调查 diàochá 4 동 조사하다
案件 ànjiàn 6 명 사건

幸好 xìnghǎo 6 부 다행히도. 운 좋게
降价 jiàng//jià 동 값을 내리다. 인하하다. 할인하다
损失 sǔnshī 5 명 동 손실(하다). 손해(보다)

행운

어떤 특산품 가게에 강도가 들었는데, 다음날 주인이 사건을 조사하러 온 경찰에게 말했다.

점주: 천지신명께 감사합니다! 다행스럽게도 강도가 그저께 밤이 아니라 어젯밤에 오다니!

경찰: 다를 게 뭐 있죠?
점주: 아주 많이 다르지요. 어제부터 모든 특산품에 50% 가격할인을 했는데, 만약 그저께 밤에 왔다면, 나의 손실이 정말 컸을 뻔 했잖아요.

편집인		뜻	참고사항
한	編輯人	편집인. 편집자	
중	⑤ 编辑 biānjí		

- 他是一个女性月刊杂志社的编辑。 그는 한 여성월간 잡지사의 편집인이다.
  Tā shì yí ge nǚxìng yuèkān zázhìshè de biānjí.

- 那个出版社的编辑校稿很认真, 不放过任何错误。
  Nà ge chūbǎnshè de biānjí jiàogǎo hěn rènzhēn, bú fàngguò rènhé cuòwù.
  그 출판사의 편집자는 교정 보는 것이 매우 꼼꼼하여, 어떠한 잘못도 그냥 지나치지 않는다.

유머 한 토막

😀 指南针的用处 Zhǐnánzhēn de yòngchu (나침반의 용도)

儿子: 爸爸，这是我送给你的礼物。
érzi: Bàba, zhè shì wǒ sònggěi nǐ de lǐwù.

爸爸: 乖孩子，谢谢你！这不是指南针吗?
Bàba: Guāi háizi, xièxie nǐ! Zhè bú shì zhǐnánzhēn ma?

儿子: 对啊。
érzi: Duì a.

爸爸: 我是出版社的编辑, 指南针有什么用！你留着玩儿吧。
Bàba: Wǒ shì chūbǎnshè de biānjí, zhǐnánzhēn yǒu shénme yòng! Nǐ liúzhe wánr ba.

儿子: 我看这个肯定会用得着, 你还是随身带着吧。
érzi: Wǒ kàn zhè ge kěndìng huì yòng de zháo, nǐ háishi suíshēn dàizhe ba.

爸爸: 你为什么这么想?
Bàba: Nǐ wèi shénme zhème xiǎng?

儿子: 你不是常常从酒吧间里出来就迷路了吗?
érzi: Nǐ bú shì chángcháng cóng jiǔbājiān li chūlai jiù mílù le ma?

어휘

指南针 zhǐnánzhēn ⑥ 명 나침반
用处 yòngchu 명 용도. 용처. 쓸모
礼物 lǐwù ③ 명 선물
乖 guāi ⑤ 형 얌전하다. 착하다. 말을 잘 듣다
用得着 yòng de zháo 필요하다. 쓸모가 있다. 소용
이 되다
随身 suíshēn ⑥ 동 몸에 지니다. 휴대하다
酒吧间 jiǔbājiān 명 술집. 바
迷路 mí//lù ⑤ 동 길을 잃다

나침반의 용도

아들: 아빠, 이거 아빠한테 드리는 선물이에요.
아빠: 착한 녀석, 고맙구나! 그런데 이건 나침반 아니냐?
아들: 맞아요.
아빠: 아빠는 출판사 편집자인데, 나침반이 무슨 소용 있겠어! 네가 갖고 있다가 놀아.

아들: 이건 분명히 필요할 거라고 생각하니, 아빠가 가지고 다니세요.
아빠: 왜 그렇게 생각하는데?
아들: 아빠는 술집에서 나오실 때, 자주 길을 잃어버리 잖아요?

피부색 皮膚色 肤色

피부색		뜻	참고사항
한	皮膚色	피부색	
중	肤色 fūsè		(유) 皮肤色 pífūsè

예문
- 我们反对肤色和人种差别的任何形式的歧视。
  Wǒmen fǎnduì fūsè hé rénzhǒng chābié de rènhé xíngshì de qíshì.
  우리는 피부색과 인종의 차이에 대한 어떤 형식의 차별에 반대한다.

- 口红颜色的选择必须考虑到季节、场合、服装搭配和个人肤色等等。
  Kǒuhóng yánsè de xuǎnzé bìxū kǎolǜ dào jìjié, chǎnghé, fúzhuāng dāpèi hé gèrén fūsè děngděng.
  립스틱 색깔의 선택은 계절이나 장소, 복장과의 조화와 개인 피부색 등등을 고려해야 한다.

🔊 **母女对话** Mǔnǚ duìhuà (모녀의 대화)

一个犹太姑娘和她的母亲通电话。
Yí ge Yóutài gūniang hé tā de mǔqīn tōng diànhuà.

妈妈: Māma:	好长时间没见面了，过得怎么样？还好吧？ Hǎo cháng shíjiān méi jiànmiàn le, guò de zěnmeyàng? Hái hǎo ba?	
女儿: Nǚ'ér:	什么好不好的！混日子呗！ Shénme hǎo bu hǎo de! Hùn rìzi bei!	
妈妈: Māma:	你要是抽点儿时间回家一趟就好了。 Nǐ yàoshi chōu diǎnr shíjiān huíjiā yí tàng jiù hǎo le.	
女儿: Nǚ'ér:	好的，一定。妈，告诉你一个消息，我已经结婚了。 Hǎo de, yídìng. Mā, gàosu nǐ yí ge xiāoxi, wǒ yǐjing jiéhūn le.	
妈妈: Māma:	是吗？这真是个好消息。我祝你幸福。 Shì ma? Zhè zhēn shì ge hǎo xiāoxi. Wǒ zhù nǐ xìngfú.	
女儿: Nǚ'ér:	妈妈，我的丈夫是个新教徒。 Māma, wǒ de zhàngfu shì ge xīnjiàotú.	
妈妈: Māma:	不可能人人都是犹太人。 Bù kěnéng rénrén dōu shì Yóutàirén.	
女儿: Nǚ'ér:	可是，妈妈，他是黑人。 Kěshì, māma, tā shì hēirén.	
妈妈: Māma:	我的女儿，世界是由各种**肤色**的人组成的，对任何人种都要能够容忍。 Wǒ de nǚ'ér, shìjiè shì yóu gèzhǒng fūsè de rén zǔchéng de, duì rènhé rénzhǒng dōu yào nénggòu róngrěn.	
女儿: Nǚ'ér:	妈妈，他没有工作。 Māma, tā méi yǒu gōngzuò.	
妈妈: Māma:	你爸爸也不是什么时候都有工作。 Nǐ bàba yě bú shì shénme shíhou dōu yǒu gōngzuò.	
女儿: Nǚ'ér:	可是，妈妈，我们还没有房子呢。 Kěshì, māma, wǒmen hái méiyǒu fángzi ne.	

妈妈:	你和你的丈夫什么时候都可以睡在我们这里，爸爸可以睡在沙发上。
Māma:	Nǐ hé nǐ de zhàngfu shénme shíhou dōu kěyǐ shuìzài wǒmen zhèli, bàba kěyǐ shuìzài shāfā shang.
女儿:	可是，妈妈你睡到什么地方去呢?
Nǚ'ér:	Kěshì, māma nǐ shuìdào shénme dìfang qù ne?
妈妈:	不要替我担心，亲爱的，一放下电话，我就不在人世了。
Māma:	Búyào tì wǒ dānxīn, qīn'ài de, yí fàngxià diànhuà, wǒ jiù bú zài rénshì le.

어휘

能够 nénggòu 동 ~할 수 있다
混日子 hùn rìzi 그럭저럭 나날을 보내다. 되는 대로 세월을 보내다
呗 bei 조 그만이다. ~할 따름이다. ~뿐이다 (이유가 분명하여 많은 말이 필요 없다는 어기)

抽 chōu 동 (시간이나 틈을) 내다
容忍 róngrěn 6 동 참다. 용인하다. 용납하다
沙发 shāfā 4 명 소파
人世 rénshì 명 세상. 인간세상

모녀의 대화

한 유태 아가씨가 자기 어머니와 전화통화를 하고 있다.

엄마: 꽤 오랫동안 못 봤는데, 어떻게 지내니? 잘 지냈어?
딸: 좋고 나쁘고 할 것도 없어! 그냥 그럭저럭 지내죠 뭐!
엄마: 네가 시간을 좀 내서 집에 한 번 다녀가면 좋을 텐데.
딸: 알았어요, 그럴게요. 그런데 엄마, 한 가지 소식이 있는데, 나 벌써 결혼했어.
엄마: 그래? 정말 좋은 소식이로구나. 행복하길 바란다.
딸: 엄마, 내 남편은 신교도야.
엄마: 모든 사람이 다 유태인일 수는 없는 거야.
딸: 하지만 엄마, 그는 흑인이거든.
엄마: 나의 딸아, 세계는 각종 피부색의 사람들로 구성되어 있는데, 어떤 인종이든 다 용인할 수 있어야지.
딸: 엄마, 그 사람 직업이 없어요.
엄마: 아빠도 항상 직업이 있었던 건 아니란다.
딸: 하지만 엄마, 우리는 아직 집도 없는 걸요.
엄마: 너와 네 남편은 언제든 여기서 잠을 자도 돼. 아빠는 소파에서도 잘 수 있으니까.
딸: 그러면, 엄마는 어디 가서 주무시게요?
엄마: 날 걱정할 건 없다, 얘야. 수화기를 놓자마자 나는 이 세상에 없을 테니까.

	혈액형	뜻	참고사항
한	血液型	혈액형	
중	血型 xuèxíng		

예문
- 你是什么血型? 당신의 혈액형은 무엇입니까?
  Nǐ shì shénme xuèxíng?

- 血型和性格之间有什么关系吗? 혈액형과 성격 사이에는 어떤 관계가 있나요?
  Xuèxíng hé xìnggé zhījiān yǒu shénme guānxi ma?

유머 한 토막

 大象与蚂蚁 Dàxiàng yú mǎyǐ (코끼리와 개미)

一只蚂蚁在路上看见一头大象走过来, 钻进土里, 只有一只腿露在外面。
Yì zhī mǎyǐ zài lùshang kànjiàn yì tóu dàxiàng zǒu guòlai, zuānjìn tǔ li, zhǐyǒu yì zhī tuǐ lòuzài wàimian.

兔子看见不解地问:
Tùzi kànjiàn bùjiě de wèn:

兔子: 你为什么把腿露在外面?
Tùzi: Nǐ wèi shénme bǎ tuǐ lòu zài wàimian?

蚂蚁: 嘘!别出声, 老子绊那家伙一跤!
Mǎyǐ: Xū! Bié chūshēng, lǎozi bàn nà jiāhuo yì jiāo!

第二天, 兔子看见整窝的蚂蚁排着队急匆匆赶路, 问何故:
Dì'èr tiān, tùzi kànjiàn zhěng wō de mǎyǐ páizhe duì jícōngcōng gǎnlù, wèn hé gù:

兔子： 今天是什么日子？你们有什么特别的事吗？
Tùzi: Jīntiān shì shénme rìzi? Nǐmen yǒu shénme tèbié de shì ma?

蚂蚁： 昨天有头大象被我们一兄弟绊倒，摔成重伤，我们给它献血去。
Mǎyǐ: Zuótiān yǒu tóu dàxiàng bèi wǒmen yì xiōngdi bàndǎo, shuāichéng zhòngshāng, wǒmen gěi tā xiànxuè qù.

没多久，兔子见大批蚂蚁又回来了，就问怎么回事，一只蚂蚁说：
Méi duō jiǔ, tùzi jiàn dàpī mǎyǐ yòu huílai le, jiù wèn zěnme huí shì, yì zhī mǎyǐ shuō:

蚂蚁： 哦，只有一个跟那大象的**血型**一致，留他一个在那儿抽血呢，也许足够吧。
Mǎyǐ: Ō, zhǐyǒu yí ge gēn nà dàxiàng de xuèxíng yízhì, liú tā yí ge zài nàr chōuxuè ne, yěxǔ zúgòu ba.

어휘

- 蚂蚁 mǎyǐ 명 개미
- 钻 zuān 동 뚫다
- 露 lòu 동 드러내다. 나타내다
- 兔子 tùzi 5 명 토끼
- 不解 bùjiě 동 이해하지 못하다
- 出声 chū//shēng 동 소리를 내다. 말하다
- 老子 lǎozi 명 이 몸. 이 어른 (농담 또는 화를 낼 때 자신을 일컫는 말로 거만의 뜻이 담김)
- 绊 bàn 동 (발을) 걸다
- 跤 jiāo 양 (넘어지는 동작에 대한 양사)
- 窝 wō 6 명 둥지. 둥우리. 굴. 집
- 排队 pái//duì 5 동 줄을 서다. 정렬하다
- 急匆匆 jícōngcōng 형 매우 황급한 모양
- 赶路 gǎn//lù 동 길을 재촉하다. 서둘러 가다
- 何故 hégù 부 왜. 뭣 때문에. 무슨 까닭으로
- 摔 shuāi 5 동 넘어지다. 쓰러지다
- 抽血 chōu//xuè 동 채혈하다. 피를 뽑다
- 留 liú 4 동 남기다. 머무르게 하다
- 足够 zúgòu 형 족하다. 충분하다

코끼리와 개미

개미 한 마리가 길에서 코끼리가 오는 게 보이자, 흙을 뚫고 들어가, 한쪽 다리만 밖으로 드러냈다.
토끼가 보고는 이해를 못한 듯 물었다.

토끼: 너는 왜 다리를 밖에 내놓는 거지?
개미: 쉿! 소리내지 마, 이 몸이 저 녀석 발을 걸어 넘어뜨릴 거니까.

다음날, 토끼가 온 개미굴의 개미들이 줄을 지어 매우 황급히 길을 재촉하고 있는 것을 보고, 그 이유를 물었다.

토끼: 오늘 무슨 날이야? 너희들 무슨 특별한 일이라도 있는 거야?
개미: 어제 코끼리 한 마리가 우리 동생한테 걸려 넘어지는 바람에, 중상을 입었는데, 우리가 그에게 헌혈 해주러 가는 거야.

얼마 지나지 않아, 토끼가 한 무리의 개미들이 다시 돌아오는 것을 보고, 무슨 일이냐고 물으니, 개미 한 마리가 말했다.

개미: 아, 딱 한 녀석만 그 코끼리의 혈액형과 일치해서, 그 녀석 혼자만 거기 남겨 피를 뽑고 있는데, 아마 충분할 거야.

회의장		뜻	참고사항
한	會議場	회의장	
중	会场 huìchǎng		

예문
- 这个**会场**可以容纳500人。 이 회의장은 5백 명을 수용할 수 있다.
  Zhè ge huìchǎng kěyǐ róngnà wǔbǎi rén.

- 那个**会场**具有五种语言的同声翻译设备。
  Nà ge huìchǎng jùyǒu wǔ zhǒng yǔyán de tóngshēng fānyì shèbèi.
  그 회의장은 5개국어 동시통역 설비를 갖추고 있다.

유머 한 토막

 幼稚的辩解 Yòuzhì de biànjiě (유치한 변명)

某职员开会时打盹儿，被老板发现。
Mǒu zhíyuán kāihuì shí dǎdùnr, bèi lǎobǎn fāxiàn.

| 老板:
lǎobǎn: | 你为什么老在**会场**打盹儿？昨晚没睡吗？
Nǐ wèishénme lǎo zài huìchǎng dǎdùnr? Zuówǎn méi shuì ma? |

职员:　　我没打盹儿啊！
zhíyuán:　Wǒ méi dǎdùnr a!

老板:　　那你为什么闭上眼睛？
lǎobǎn:　 Nà nǐ wèi shénme bìshàng yǎnjing?

职员:　　我在闭目沉思！
zhíyuán:　Wǒ zài bìmù chénsī!

老板:　　那你为什么直点头？
lǎobǎn:　 Nà nǐ wèishénme zhí diǎntóu?

职员:　　您刚才讲得很有道理！
zhíyuán:　Nín gāngcái jiǎng de hěn yǒu dàolǐ!

老板: 那你为什么直流口水?
lǎobǎn: Nà nǐ wèi shénme zhí liú kǒushuǐ?

职员: 那是老板您说得津津有味!
zhíyuán: Nà shì lǎobǎn nín shuō de jīnjīn yǒuwèi!

어휘

幼稚 yòuzhì ⑥ 형 유치하다
打//盹儿 dǎdǔnr 동 졸다

闭目沉思 bìmù chénsī 눈을 감고 깊이 생각하다
津津有味 jīnjīnyǒuwèi ⑥ 흥미진진하다

유치한 변명

한 직원이 회의 중에 졸다가, 사장한테 들켰다.

사장: 자넨 왜 자꾸 회의장에서 조는 건가? 어젯밤 잠 안 잤나?
직원: 저는 졸지 않았습니다!
사장: 그럼 눈은 왜 감았나?

직원: 눈을 감고 깊이 생각에 잠겨 있었던 겁니다.
사장: 그럼 고개는 왜 계속 끄덕였지?
직원: 사장님 아까 하신 말씀이 아주 일리가 있어서죠!
사장: 그럼 침은 왜 계속 흘린 건가?
직원: 그건 사장님 말씀이 흥미진진해서죠!